유아교육실습

Student Teaching for Early Childhood Education

추 정 훈 저

청목출판사

머리말

유아교사가 되기 위해서 교원양성체제인 대학에서 교양과정과 교직과정(교육학), 그리고 전공과정(유아교육 관련 교과)을 이수해야 한다. 그 중에서 전 과정을 마칠 때쯤, 4주에서 6주간의 '교육실습'을 하게 된다. 교육실습은 교직과정의 일부로서 '교원자격검정령 시행규칙'에 근거해 운용되고 있다. '교육실습'은 교직과정의 일부로서 과목명이기도 하지만 유아교사가 되기 위해 예비유아교사가 하는 교육실습을 유아교육실습이라고 할 수 있을 것이다.

교육실습은 교사가 되기 전에 미리 교사로서의 역할을 담당해 보는 것이다. 교원양성체제에서 배운 이론과 실기방법을 총동원하여 현장과 연계시킨다는 점에서 교육실습은 교사가 되기 위한 교사수업으로서 매우 중요한 것이다. 교육실습은 특정 과목이나 이론, 방법 어느 하나에 치우치지 않고 종합적으로 접근해야 하는 것이다. 그럼에도 불구하고 현장에서는 교사 자격증을 따기 위해 거쳐야 하는 과정 정도로 인식하고 교육실습을 등한시 하는 경향이 있으며, 이는 교원양성체제에서 의도하는 교육실습의 의의를 크게 약화시킬 것이다.

교육실습이 마지막에 그냥 통과해야 하는 과정으로 인식된다면 교육실습으로 발견한 문제점을 시정하지 못한 채 졸업하여 교육현장으로 나가게 된다. 현장에 나가게 되면 교육은 사실상 교사의 재량이며, 교사가 학생지도와 관련하여 직접적인 교육 받을 기회는 거의 없게 된다. 따라서 부실한 교사교육은 부실한 교육을 가져올 수밖에 없다. 그러므로 교육실습은 그 기간과 내용기준을 충실히 하여 하나의 과정으로 독립해서 발전시켜야 한다고 본다. 그리고 그 시기에 있어서도 교사양성체제의 초반과 중간 그리고 마지막과정으로 교원양성체제 내내 수련해야할 과정으로 인식을 전환해야 한다고 생각된다. 교육을 국가와 사회를 유지 발전시키는 자산이자 토대로 인식한다면, 교사를 제대로 양성하는 체제에 대하여 보다 심사숙고하여야 할 것이다.

유아교육실습은 지도교수와 지도교사의 지도를 받으며 유치원 풍토(원장의 가치관, 학부모의 요구 등)의 영향을 받아 유아교육실습생이 유아를 상대로 수업지도를 하고, 생활지도를 하며, 학급운영의 경험을 하는 것이다. 그런데 사실상 유아교사를 만들기 위한 유아교육실습은 유치원에 일임하고 있다는데 유아교사 양성에 있어서 부실한 점을 더욱 노출시키고 있다. 현실적으로 예비교사에 대한 유아교육실습은 지도교사의 지도와 당해 유치원 풍토의 영향을 받으면서 이루어진다.

이에 보다 현장감 있고 정밀한 교재가 필요하다고 생각되었다. 현행 제도 하에서 볼 때 대학에서 이론과 실기를 먼저 경험해 보고, 현장에서는 지침서가 될 교재가 필요하다고 판단하여 본 교재를 집필하였지만 막상하고 보니 생각대로 되지 않았다.

본 교재 『유아교육실습』은 크게 두 부분으로 구성하였다. '제1부 유아교육실습의 이해'는 유아교육실습의 기초적인 이해를 위해 '제1장 유아교육실습의 의의', '제2장 유아교육실습의 현황과 제도'를 고찰하고 실질적인 구성원의 역할과 자세 및 관련된 인간관계를 알아보기 위해 '제3장 유아교육실습 구성원의 역할', '제4장 유아교육실습생의 인간관계'를 설정하였다. 그리고 '제2부 유아교육실습의 실제'는 '제5장 유아교육실습의 준비'를 거쳐 보다 실무적 차원에서 현장에서 바로 적용 가능한 분야를 기술하고자 하였다. '제6장 교육계획안'은 현장에게 부딪히게 될 문제를 바로 숙지시키고 지침으로 삼고자 하였다. 그리고 '제7장 수업지도,' '제8장 유아생활지도,' '제9장 학급운영,' '제10장 문서관리'는 유아교육실습의 주된 업무로 생각되어 장별로 나누어 기술하였다. 그리고 '제11장 유아교육실습 평가'는 실습의 결과를 확인하는 과정이며 마지막으로 '제12장 유아교육실습일지 작성의 실제'는 현장에서 학생이 실제로 교육실습한 내용을 체계적으로 기록한 유아교육실습일지를 전편 게재하였다. 유아교육실습생들에게 실질적으로 도움을 주고자 하였지만 결과는 아직 알 수가 없다. 비판이 있으면 겸허히 수용하겠다.

본서 『유아교육실습』(*Student Teaching for Early Childhood Education*)을 저술함에 선배 제현들의 연구와 저술에 힘입은 바 매우 크다. 이 자리를 빌어 감사드리며 아울러 미흡한 부분에 대해서는 질책과 조언을 기대한다.

본서를 출판하는 데 도움을 주신 청목출판사 유성열 사장님과 최이사님, 관계자 여러분께 감사의 말씀을 전한다. 아울러 자료를 제공하거나, 정리를 도와준 학생들 민진, 현규에게도 감사드린다. 그리고 언제나 든든한 진우와 새로 맞이한 며느리 순하의 새 출발을 축복하고, 열심히 국시 공부하는 지윤을 격려하며, 묵묵히 나의 힘이 되어 주는 사랑하는 아내에게 깊은 감사를 전한다.

2012년 1월

이원퍼스트에서 추 정 훈 識

차 례

유아교육실습의 이해

제1부

제 1 장

유아교육실습의 의의

1. 유아교육실습의 개념

교육실습(student teaching)은 교사양성기관에서 예비교사가 교사가 되기 위해 이미 배운 이론을 토대로 하여 교육현장에서 현장 지도교사의 도움을 받아 실제 학생들을 지도하고 학급을 운영하고 실무에 필요한 문서를 처리하는 등의 과정을 익히는 과정이라 할 수 있다. 현실적으로 교사양성체제(사범대학, 교육대학, 교직과정 설치대학 등)에서 교사자격증을 획득하기 위해 교양, 교직, 전공영역의 과목을 이수하여야 한다. 즉, 교양과정(과목)에서의 소양과 교직과정에서의 교육학의 제 과목을 이수하고 이를 토대로 하여 실제 현장에서 가르치게 되는 내용을 전공영역의 제 과목들로 편성하여 이수하도록 하는 것이다. 교양과 교직을 바탕으로 하여 전공영역을 가르친다는 것은 교양에서의 기본적인 소양을 기초로 하여 교육학의 지식을 쌓아 전공영역의 내용을 교육학적으로 재조직하여 현장에서 가르친다는 개념이다.

그런데 교육학의 지식을 습득하면 자연히 전공영역의 내용을 학생의 발달단계에 맞게 재조직할 수 있을 것인가에 대하여 의문이 있다. 실상에 있어서 교육학과 내용학이 되는 전공영역을 배운 학생이 교육학적으로 내용학을 재구성한다는 것은 거의 불가능하다는 것을 경험으로 체득할 수 있었다. 그러다 보니 사범대학에서 교직과정인 교육학의 제과목과 내용학인 전공의 제 과목은 전혀 별개의 영역으로 따로 진행하며 그것을 가르치는 교수마저 어떤 관련을 갖는지 구체적으로 설명하기가 난해하였다. 막연하게 교육학은 전공과목의 내용영역을 가르치는데 도움이 될 것이라고 기대하는 수준이었다. 그러다가 교과교육에 대한 문제가 제기되었다. 즉 교육학을 바탕으로 하여 각과별 내용학을 조직하고 독특한 교수법과 평가법을 개발하는 것이다. 교과교육학은 교육학의 하위분류로 정리되지만 내용학인 전공분야와 직결되는 내용학의 교육학적 체계화인 셈이다. 교과교육은 내용학의 분류에 따라 중등에서는 국어교육, 수학교육, 사회과교육, 영어교육, 과학교육, 음악교육, 미술교육, 체육교육, 실업교육 등으로 분류되지만, 발달단계로 볼 때 유아교육, 초등교육의 형태로 분류할 수 있다. 그리고 유아교육과 초등교육은 내부에서 발달단계에 맞는 내용 영역으로 세분된다. 즉, 유아교육은 유아언어교육, 유아수학교육, 유아과학교육, 유아사회(과)교육 등과 초등교육은 초등국어, 초등수학, 초등사회, 초등과학 등으로 내용학에 따라 세분된다.

이러한 교과교육은 처음에는 교직과목의 한 분류로 취급하다가 '교육과학기술부고시(제2009-29호)' 이래로 전공영역의 일부로 간주되었다. 그런데 여기서 논의 대상이 되는 교육실습은 교직과목의 일부로 분류된다. 처음에는 현장실습을 중심으로 이루어지다가 '교육과학기술부고시(제2009-29호)' 이래로 학교현장실습과 교육봉사활동으로 세분화되었다. 여기서 교육실습은 내용상 볼 때 교육학과목으로 편성된 교직과정에 포함하는 것이 적합할 것인가의 문제가 제기된다. 교직과목인 교육학과 내용학인 전공으로 분류한다면 현장실습이 중간자의 성격을 띠므로 어디에 분류하든 문제가 없을 것으로 보이지만, 이미 교과교육학이 각과별로 연구되고 상당히 진척되어 있으며 전공의 일부로 분류되는 상황이라면 교육실습은 성격상 볼 때 교과교육학의 영역으로 분류되어야 한다고 본다. 그리고 좀 더 진척된다면 교과교육학의 일부를 넘어 보다 종합적으로 교육학과 교과교육학, 내용학(전공)을 아우르고 현실적 실무와 인간관계의 기법까지 아우르는 독자적인 영역으로 발전시키는 것이 교사양성체제에서의 중요성으로 볼 때 바람직하다고 본다.

정리하면 교육실습은 교육학의 이론과 실기, 내용학의 이론과 실기를 이수하고 이를 토대로 마지막으로 현장적응을 하기위한 과정으로 인식되고 있다. 교사가 되기 위한 과정의 마지막 코스로서 교육실습이 시행되고 있으며, 일회성 과정으로 인식되고 있다.

그런데 교사 양성교육과정 중 한두 번의 실습으로 과연 그 효과를 얼마나 볼 수 있을 것인가에 의문이 제기된다. 매우 당연시 되었던 것을 교육실습의 중요성에 비추어 되돌아볼 필요가 있을 것이다. 앞에서 제기한 바와 같이 교육실습을 교사양성체제에서 독립된 영역으로 발전시킴으로써 교육실습의 효과를 극대화하고자 한다면 더욱 그러하다. 왜냐하면 교육실습의 단계를 정하고 단계별로 기간과 내용을 어느 정도 정한 다음, 교사교육의 초기에 실습을 하여, 교육실습생 스스로 문제를 발견하고 개선점을 탐색케 하고, 다시 중간에 실습을 하여 문제점을 보완하고, 마지막으로 종합적으로 실습을 하여 스스로 실습에 대한 개념을 잡아 현장적응성을 키워 나가도록 하는 것이다. 즉, 교육실습을 한 단계로서 완수하기보다 다단계로 나누어 단계별 접근하는 것이 어떨까 하는 논의를 제기하는 것이며, 이를 통해 실질적으로 교육실습을 통해 얻고자 하는 목표에 접근하기가 용이할 것으로 보인다.

이런 입장에서 교육실습을 본다면 교육실습은 최종적 의미의 현장 적응이라기보다 교사양성교육 전 과정을 통해 부여되는 교육현장에 대한 탐색 및 실천 과정이라고 본다. 교육실습은 예비교사가 교육에 필요한 지식을 활용하고, 교수의 기술과 교사로서의 실무를 연마하며, 교사로서의 태도와 가치관을 습득하는 전 과정으로 보아야 한다. 그리고 이러한 과정 속에서 이를 계획하고 실천하는 모든 활동으로 인식해야 할 때가 왔다고 본다.

2. 유아교육실습의 목적

유아교육실습의 목적은 교육학 및 유아교육이론의 현장적용, 유치원 현장 환경의 이해, 유아교사 직무의 이해 및 실천을 통한 현장 적응, 유아교육관련 인간관계의 체험 및 방향정립 등으로 요약할 수 있다. 이러한 유아교육실습의 목적을 보다 구체적으로 논한다면 유아교사로서의 철학 및 교직관 형성, 유아교사로서의 정체성 형성, 실천적이고 전문적 지식 및 기술 습득, 유아교사직에 대한 적성 파악 등(박은혜 · 조운주, 2006 : 19)으로 들 수 있다.

먼저, 유아교사로서의 철학과 교직관형성에는 유아교육 철학 발전시키기, 유아교사로서의 교직관 발전시키기를 들 수 있다.

둘째, 유아교사로서의 정체성 및 자긍심을 형성하기 위해서 유아교사직의 특성 이해하기, 유아교사의 역할, 책임 이해하기 및 유아교사로서의 신뢰감을 형성하여야 한다.

셋째, 실천적이고 전문적 지식 및 기술 습득으로서는 유아교육 목표 인식하기, 수업계획 및 교수방법 배우기, 교수자료 경험하기, 유아들에 대한 이해 심화하기, 유들의 성장과 발전 촉진하기, 유아의 행동 지도하기, 학급환경 구성이해하기, 유아교육기관의 일과 알기, 효율적으로 평가하기, 유아교육기관의 행정 및 사무, 업무 알기, 유아, 교직원, 부모들과 관계 형성하기, 의사소통 기술 배우기, 창의적인 문제해결 기술 발달시키기 등을 들 수 있다.

넷째, 유아교사직에 대한 적성파악하기로는 유아교육에 대한 의욕 증진시키기, 유아교사로서의 자신의 장·단점 파악하기, 자신을 알고 수용하기 등을 들 수 있다.

이렇게 볼 때 유아교육실습의 목적은 유아교사로서의 본인에 대한 고찰 즉 정체성의 형성과 유아교육현장에서의 유아교육이론의 활용 및 현장적응, 현장의 지도교사, 학부모, 유아, 원장, 지도교수 등과의 인간관계의 기술 향상 그리고 현장의 사무능력 함양으로 정의할 수 있다.

3. 유아교육실습의 유형

(1) 실습시기별 유형

유아교육실습은 실습의 시기에 따라 사전실습, 정규실습, 사후실습으로 나누어 볼 수 있다. 교육과학기술부에서 요구하는 4주간의 의무적 정규실습을 전후하여 사전실습과 사후실습으로 구분하여 실습간의 연계를 의도하고 있다.

가. 사전실습

사전실습(pre student-teaching)은 정규실습 이전에 일정기간 또는 각 교과목별로 일시적으로 현장경험을 하게 하는 실습과정이다. 대부분의 교사양성대학에서 정규실습 전에 예비교사로 하여금 현장을 관찰하거나 수업이나 현장업무를 보조하는 등 사전실습을 과하고 있다. 이 과정을 통해 예비교사들은 현장에서 유아들을 직접 접하며, 현장교사의 수업활동을 관찰하고 대학에서 배운 이론이 어떻게 활용되는가를 체험하게 된다. 또한 유아교육기관의 환경을 경험하고, 유아들의 특성을 이해하는 데 도움을 얻게 된다. 그리고 현장교사의 교육활동이나 환경조성활동, 자유선택활동시간의 놀이지도, 소집단활동의 진행 등을 관찰하거나 일부수업에 참여 또는 수업을 보조함으로써 정규실습을 보다 체계적으로 준비할 수 있게 한다.

대부분 교사양성대학에서는 한 두 학기 간에 걸쳐 독립된 교과목을 개설하여 현장에 참여하여 교사의 역할, 유아의 특성, 유아교육환경의 적응 등을 위한 사전실습의 기회를 제공하고 있다.

나. 정규실습

정규실습(regular student-teaching)은 현장에서 일정기간 교사로서의 경험을 하게 하는 것이다. 우리나라에서는 정교사의 자격을 획득하기 위하여 필수적인 과정이며 교육실습 중 학교현장실습은 4주 이상(교원자격 검정 실무편람)을 요구하고 있다. 이것은 외국의 경우 한 학기 이상의 교육실습을 요하는 것과 비교할 때 짧다고 볼 수 있다. 정규실습은 사전실습에 비하여 비교적 장기간 연속적으로 이루어지므로 예비교사가 현장에 참여하여 현장의 지도교사의 지도아래 관찰실습, 부분수업, 연계수업, 전일제 수업, 지도교사 보조, 유아 생활지도, 학급운영과 관리, 학급 환경구성, 교구제작, 등・하교지도 등의 유아교육의 전반적인 내용을 경험하고 교사로서의 소양을 쌓아가는 과정이다.

정규실습의 경우 특정 유아교육기관에 의탁하여 실습을 하게 되므로 실습생이 실제 실습을 하는 유치원의 풍토나 문화, 원장의 방침, 그리고 지도교사의 능력과 태도에 따라 많은 변수를 가지고 있으며 실습이 긍정적이 될 수도 있고 부정적이 될 수도 있다.

다. 사후실습

사후실습(post student-teaching)은 정규실습 후 그 경험을 토대로 교육실습생이 유아교육기관에 나가서 보조교사로서 수업이나 행사에 참여하거나 환경구성이나 교구제작에 참여하여 유아교육 현장에 대한 이해를 심화시킴으로써 정규실습의 효과를 높일 수 있다. 그리고 정규실습의 문제점에서 지적되었듯이 보다 다양한 유아교육기관을 경험함으로써 경험의 폭과 안목을 넓힐 수 있는 기회를 제공해 준다. 그러나 사후실습은 체계적으로 이루어진다기보다 교육실습생과 유아교육기관 간에 이루어지므로 단순히 유아교육기관의 보조인력 정도로 활용되는 경우가 많다. 그러므로 사후실습은 정규실습의 심화와 다양성의 확대에 초점을 두고 보다 체계적인 관리가 필요하다고 본다.

(2) 참여단계별 유형

실습생의 참여단계에 따라 관찰실습, 참여실습, 실제지도실습으로 구분할 수 있다. 관찰실습에서 관찰만 하다가 참여실습에서 보조교사로 참여하고 자신이 스스로 전적으로 맡아서 지도를 해보는 단계로 나아간다. 참여의 정도가 점차 많아지는 것이다.

가. 관찰실습

유아교육실습에서 시작은 관찰에서부터 이다. 관찰의 대상은 유아교육기관의 물리적 환경과 인적구성에서 출발하여 유치원의 하루일과, 지도교사의 시범수업, 유아의 행동특성, 교사의 학급운영 방식에 이르기까지 유아교육과 관련한 전체 일과가 관찰대상이 될 것이다.

관찰은 광범위하게 이루어지게 되므로 자칫하면 초점을 상실하기 쉽다. 그러므로 사전에 관찰목록을 작성하고 관찰된 모습과 일어나는 상황에 대하여 그대로 기술하고, 분석, 평가하는 것이 중요하다. 그리고 대학에서 학습한 것과 관련시키고 관찰을 통해 알게 된 것에 대하여 생각하고 기술해야 한다. 관찰기록을 토대로 지도교사 및 지도교수와 상담하여 관찰의 효과를 높일 수 있다.

관찰은 처음에는 눈에 보이는 부분에서 출발하여 그것을 심화시켜 나가면 지도교사의 교육관, 교수기법의 장점과 단점, 유아의 행동특성과 지도 방법, 기타 물리적 환경의 개선 등에까지 다양하게 접근할 수 있다.

다. 참여실습

참여실습은 지도교사의 지도아래 보조자로서 지도교사의 수업, 유아지도, 학급운영 등의 교육활동에 참여하는 활동이다. 지도교사의 주도하에서 이루어지므로 직접 부담은 없지만 교사의 역할을 직접, 간접적으로 경험할 수 있는 계기가 된다. 그러므로 관찰실습보다는 실질적 활동이며 부분적이지마는 실제지도실습으로 가는 준비과정으로 볼 수 있다.

실습생들은 부분적이지만 직접 교육활동에 참여하기 때문에 책임감을 느끼게 되고 과제를 해결하려고 노력한다. 그리고 실제 유아들을 접했을 때 생각대로 잘 되지 않는다는 것을 깨닫게 된다. 그러므로 유아교육기관에서는 단순한 보조 활동에 그치지 않고 실제지도실습으로 이어질 수 있도록 지도하여야 한다.

다. 실제지도실습

실제지도실습은 지도교사의 지도를 받기는 하지만 실습생이 스스로 교육계획을 하고 교사로서의 역할을 하는 것이다. 즉 현장에서 교사로서 책임을 지고 교육계획을 하여 환경을 조성하여 수업을 실행하고 유아의 생활을 지도하며 학급을 운영하면서 교사의 실무를 보는 등 직접적 교육활동을 하게 된다. 물론 완전히 독립적으로 수업을 하는 것은 아니므로 지도교사와 협의하여야 한다.

(3) 내용별 유형

유아교육실습을 내용에 따라 분류하면 수업활동, 유아생활지도, 학급운영, 실무활동으로 나누어 볼 수 있다.

가. 수업활동

수업은 교육활동의 핵심이라 할 수 있다. 사전에 교육계획을 면밀히 하고 수업할 내용에 대한 수업계획과 교구작성 등을 하여 수업을 한다. 수업은 그 정도에 따라 부분수업과, 연결수업, 종일수업으로 구분된다.

부분수업은 지도교사가 계획한 하루일과 중 한 가지 활동만 교육실습생이 계획하고 준비해서 수행하는 것이다.

연계수업은 지도교사가 계획한 하루 일과 중 두 가지의 활동을 이어서 수행하는 수업이다. 한 활동에서 다른 활동으로 연결하여 수업하는 것을 경험할 수 있다.

종일수업은 교육실습생이 주도적으로 하루일과를 처음부터 끝까지 계획하여 수행하는 종합적 과정이다.

실습생의 수업의 진행은 대부분 부분수업에서 연계수업으로, 그 다음 종일수업으로 이어진다. 이 경우 지도교사와 협의하여 다양한 수업을 경험하고 수업 후 장학협의를 거쳐 반성하고 수정해 나가는 것이 중요하다.

나. 유아생활지도

수업지도와 더불어 중요한 교육활동이 유아의 특성에 기인한 유아생활지도이다. 생활지도는 유아를 관찰하고 유아와 상호작용하면서 유아의 발달적 특성을 이해하고, 유아의 욕구와 흥미, 유아의 인간관계 등을 이해함으로써 효과적인 지도가 가능하다. 그러므로 실습생은 유아를 면밀히 관찰하여 유아의 특성, 욕구와 흥미, 인간관계를 파악하는 것이 중요하다. 이를 토대로 유아의 생활지도를 하며 나아가서는 유아의 잠재력을 발견하고 그것이 발현되는 환경을 조성할 수 있다.

다. 학급운영

유아의 학급운영은 실습생들에게 전혀 이질적 경험을 부여하게 된다. 학급의 운영은 학급의 물리적 환경의 구성, 공간배치, 하루일과 운영, 학급의 규칙, 학급의 비품관리, 학급관련 문서의 정리 등이 포함되며, 학급의 행사를 계획하고 진행하기도 한다.

라. 실무활동

교사는 수업을 하고 유아의 생활을 지도하며 학급을 운영하는 것 외에 공문서를 정리한다든지 각종 보고서류를 작성하는 것, 원장과 원감 및 동료교사와의 관계, 그리고 학부모와의 상담활동 등 교육환경을 조성하고 인간관계를 원만히 관리하는 기법 등을 익혀야 한다. 따라서 예비교사인 교육실습생은 이러한 실무와 기법 등을 지도교사의 도움아래 실제 경험을 통해 익혀야 한다.

4. 유아교육실습의 효과

교육이 교사의 질을 능가할 수 없다면 교사의 질은 교사양성기관의 질을 능가할 수 없을 것이다. 교사양성기관(대학)이 어떤 시스템과 열정을 가지고 예비교사들을 교육하고 훈련하는가에 따라 교사의 질은 결정될 것이다.

교육실습은 교사양성기관에서 배운 교직과목과 전공과목의 지식과 방법을 현장에서 실제적으로 활용하고, 교육대상과 지도교사 그리고 그들과 관련이 있는 원장, 학부모 등과의 제 인간관계를 통해서 교사로서의 자질을 함양하고 교육적 신념과 가치관을 형성하는데 도움을 준다. 그러므로 교육실습은 교사양성기관이 어떻게 해야 하는지를 제시하는 지침을 마련해 주며 동시에 교사양성기관에서 학습한 모든 것을 현장에 적용해 보고 교사로서의 능력과 자질을 연마하는 장이 될 것이다.

그러므로 예비교사들이 교육실습을 경험하고 난 뒤 교육태도가 긍정적으로 변화·발전되었다. 즉, 수업에 임하는 신중한 태도, 편견을 갖지 않으려는 태도, 문제를 가진 어린이들을 수용하고 문제를 해결하려는 태도, 민주적으로 학급을 운영하려는 태도, 개인차를 인정하려는 태도 등이 긍정적으로 변화되었다. 그리고 교사로서의 교수능력이 향상되었다. 어린이들을 바르게 파악하고 이해하는 능력, 교수의 목적 및 목표를 이해하는 능력, 어린이들을 동기화하고 올바르게 평가하는 능력 등이 향상되었다. 또한 교육에 관한 이론과 경험을 토대로 실천적 지식을 구성하는 능력도 발전하였다(배소연, 1993). 특히 유아교육은 실습대상의 미성숙도가 높아 교육현장이 정형화되어 있지 않고 유연성이 높아 교사의 태도와 능력이 매우 중시되는바, 교육실습을 보다 치밀하고 전문적으로 할 필요가 있을 것이다.

교육실습을 통해서 예비교사는 교사로서의 가치관과 신념을 갖게 된다는 것이 매우 중요하다. 대학에서 배운 이론과 방법을 토대로 현장에서 직접 유아를 대상으로 교육해 보고 지도교사의 지도와 자신의 반성을 통해 피드백하는 경험을 통해 예비교사는 교사로서의 신념을 형성하게 되는 것이다.

그런데 이러한 긍정적 효과와 더불어 유아교육기관 관리자(원장 등)의 교육관과 교육방침, 그리고 지도교사의 교육실습에 대한 태도, 지역사회의 유아교육에 대한 요구와 분위기 등은 때로 교육실습을 하는 예비교사에게 부정적 영향을 줄 수도 있다.

즉, 교육실습 후 예비교사들은 유아들에게 무엇을 어떻게 잘 가르칠 것인가의 문제보다 어떻게 하면 조용하고 문제없이 일과를 운영할 것인가에 더 관심을 갖게 되었으며, 새로운 교육이론이나 기술을 적용하거나 유아들의 창의성을 존중하고 유아들의 직접적 경험이나 실험을 중요시하던 태도가 실습 후에는 이야기 나누기만으로 가르치는 방법을 선호하거나 유아의 개인적 욕구에 상관없이 집단적이고 획일적인 방법을 선호하고 새로운 시도는 회피하는 등 무사 안일적 태도를 보였다는 연구 보고(Ricord, 1986)도 있다. 이러한 경우는 교육실습을 한 유아교육기관(유치원)의 풍토와 지도교사의 영향을 많이 받은 것으로 추정된다. 지도교사의 태도가 무사안일하며 교육에 대한 열정이나 유아교육에 대한 탐구 의욕이 없다면 그 실습은 예비교사에게 부정적인 신념이나 교육관을 심어줄 우려가 있다.

이렇게 될 때 예비교사는 교육실습기간 동안 그들이 경험한 것을 실제 현장이 전부 그러한 것으로 판단할 수 있으며, 그것이 최선의 방책으로까지 생각할 수도 있을 것이다. 그러므로 어디서 어떻게 실습하느냐가 교육실습의 효과를 좌우할 것으로 보인다. 그러므로 교육실습기관의 선정은 사전조사와 앞선 실습경험의 종합을 통해 신중하게 접근하여야 할 것이다.

5. 유아교육실습의 발달단계

교육실습을 성공으로 이끄는 4단계는 다음과 같다(Schwebel, 2002 : 28-30).

1단계 : 초기단계

실습생이 처음 유아교육기관에 가게 되면 당혹감에 사로잡힌다. 즉 유치원의 일과를 알아야 하고, 현장의 건물 등에 익숙해져야 하고, 학생의 이름을 알아야 하고, 학교의 규칙이나 방침을 알아야 한다. 교사가 사용하는 자료와 교수기법을 익혀야 하며, 지도교사에게 압도된다. 실습생은 내가 무엇을 할 수 있는지에 대해 자신에게 물어본다.

2단계 : 교사팀의 일원되기

학급활동에의 관찰과 몰입을 통해 교육실습생은 학급과 지도교사에 대한 정확한 관념을 갖기 시작한다. 학생을 개인으로 보기 시작하며 동시에 하나의 단위로 작동하는 집단, 학급 전체에 대한 감각을 갖기 시작한다. 지도교사에 대하여 인간으로서 문제에 대처하는 능력 있는 사람이라는 것을 인식한다. 그리고 다른 아이디어를 생각해내고 학급의 기여하고 어린이들은 교사의 일원으로 인식한다. 교육실습생은 지도교사와 존경과 분노의 감정을 내포하는 상호작용의 감정을 갖는다.

3단계 : 교사로서 홀로서기

때로 실습생의 수행능력을 지도교사와 비교하여 열등감을 느낄 수도 있지만 그것은 경험의 차이에서 오는 것이라는 것을 인식하지 못하기 때문이다. 그러나 전에는 대처할 수 없었던 문제에 대처할 수 있는 그들의 진보와 긍정적인 사실에 주목하게 된다. 아직 판단 기준은 없지만 지도교수와 지도교사, 학생들로부터 피드백을 받게 된다. 이 단계에서는 선택할 수 있는 3가지 응답유형이 있다. 일부는 상황에서 좌절감을 느끼고 스스로 실패로 규정하고 포기하는 것, 다른 사람들은 좌절감을 느끼지만 비난을 지도교사나 가끔 그들에게 준비를 제대로 시키지 못한 대학 등 다른 곳으로 돌리고 과제를 포기해 버린다. 그러나 대부분의 실습생들은 실습을 지나가는 국면으로 보고 긍정적으로 느낀다. 비록 어렵다고 할지라도 문제해결체계를 사용하거나 다른 실습생과 지속적으로 경험을 공유하면서 어려움을 이겨내고 성장한다.

4단계 : 교사처럼 느끼기

실습생은 학생을 상대하는 일과 과정에 전념하고 자신을 교사로 변형시킨다. 지도교사와의 시간은 끝나고 지금부터 스스로 계획하고 실행해야 한다. 그리고 수 주간의 학급 경험을 통해 자신의 스타일을 개발하고 수업에 임함에 편안함을 느껴야 한다. 그렇지만 실습생은 배울 것이 아직 많이 있음을 알고 10주나 10달의 실습을 한다고 할지라도 숙련된 교사가 되지 못한다는 현실을 받아들여야 한다. 그것은 수년이 걸리지만 4단계의 실습생들은 더 많은 확신을 가진다. 나중에 그들의 학급을 전임으로 맡게 될 때, 실습생은 그 업무를 취급할 수 있을 것이다.

제2장

유아교육실습의 현황과 제도

1. 유아교육실습의 현황

교원자격검정령 시행규칙 제12조 ①항 '[별표3] 자격종별 전공과목 및 교직과목의 무시험검정 합격기준'과 이를 보다 구체적으로 명시하고 있는 '유치원 및 초등·중등·특수학교 등의 교사자격 취득을 위한 세부기준'(교육과학기술부고시 제2009-29호) 제6조 ①항 '[별표2][1] 교직과목의 세부이수기준'에 근거하여 교원자격을 취득하기 위하여 교육실습은 4학점 이상 이수하여야 하며, 교육실습은 학교현장실습(2학점 이상)과 교육봉사활동(2학점이내 포함가능)으로 구분하여 이수하게 하고 있다. 그런데 여기서 논의하는 것은 주로 학교현장실습에 관한 것이다. 규정이 개정되기 전 교육실습(2학점 4주 이상)이 바로 학교현장실습이었다. 그리고 이 학교현장실습은 '교원자격검정 실무편람(64쪽)'에 명시된 교육실습 학점 당 기준시간에 의해 실습기간이 연속되지 않은 교육실습(학교현장실습)은 1학점 당 80시간 이상을 이수해야 하므로 2학점이면 160시간 이상을 이수해야 하며, 전일제로 실시하는 교육실습(학교현장실습)의 경우 1학점 당 2주로 하여 학점 당 기준시간 적용을 제외하게 되어 교육실습기간 중 공휴일 등이 포함되어도 상관없게 되어 있어 4주를 이수하면 된다. 그리고 교육실습 중 교육봉사활동은 1학점 당 30시간 이상을 기준으로 하고 있다.

1) 2009학년도 대학 및 교육대학원 입학자부터 적용

그리고 교육실습 중 학교현장실습의 실시 학년 및 시기 등은 대학에서 자율적으로 결정하며 교육실습 대상학교의 방학기간 중 실시는 양교의 협의에 따라 실시가 가능하다. 교육봉사활동은 원칙적으로 실시 학년 및 시기 등의 제한이 없으나, 입학 시부터 졸업 시까지 지속적으로 실시할 수 있도록 하고, 마지막 학기에 교육봉사활동 수강 신청을 하여 이수 여부만 성적표에 표기한다(교원자격검정 실무편람, 2011 : 65).

교육실습(학교현장실습)의 협력학교의 선정은 대학이 책임지고 해야 하나 학생이 희망하는 경우 개별적으로 선정 가능하다. 교육실습 협력학교는 교육실습 대상 인원 및 협력학교의 규모를 감안하여 선정함으로써 실습생이 실습기간 중 실제 수업 또는 실무를 경험할 수 있도록 해야 한다. 유아교육법 제7조[2)]에 의해 설립된 유치원에서 교육실습이 가능하고, 영유아보육법에 의한 보육시설에서는 교육실습이 불가하다.

그리고 교육봉사활동 대상학교는 학생이 선정하는 것을 원칙으로 하나, 대학이 대상학교를 선정할 수 있으며, 취득하고자 하는 교사자격증과 교육봉사활동의 학교급이 일치하지 않아도 된다. 교육봉사활동 실시 가능학교는 교육실습(학교현장실습) 실시 가능학교 전체 및 전공분야와 관련된 사회교육기관(시설)이다. 교육봉사활동은 이수학점을 부여하고, 교원자격 무시험검정 시에 이수여부만 확인하며 성적은 부여하지 않아도 되며 구체적인 사항은 대학의 장이 정한다.

교육실습(이하 학교현장실습)은 참관실습, 수업실습(부분, 연계, 종일), 실무실습 등으로 이루어지며 지도교사의 지도를 받게 된다. 대학에서는 지도교수가 현장을 방문하여 교육실습을 지도하게 된다.

2) 유아교육법 제 7조(유치원의 구분) 유치원은 다음 각호와 같이 구분한다.
1. 국립유치원 : 국가가 설립·경영하는 유치원
2. 공립유치원 : 지방자치단체가 설립·경영하는 유치원(설립주체에 따라 시립유치원과 도립유치원으로 구분할 수 있다)
3. 사립유치원 : 법인 또는 사인(私人)이 설립·경영하는 유치원

〈표 2-1〉 교원자격 검정령 시행규칙 [별표 3] 〈개정 2007.12.31〉

자격종별 전공과목 및 교직과목의 무시험검정 합격기준(제12조제1항 관련)

<table>
<tr><th>자격종별</th><th>전공과목</th><th>교직과목</th></tr>
<tr><td>유치원 정교사
(2급)</td><td>50학점 이상
-기본이수과목 21학점(7과목) 이상 포함
-교과교육영역 8학점(3과목) 이상 포함</td><td rowspan="5">22학점 이상
-교직이론 및 교직소양 : 18학점 이상(교직소양 4학점 이상 포함)
-교육실습 : 4학점 이상
(교육봉사활동 2학점 이내 포함 가능)</td></tr>
<tr><td>초등학교 정교사
(2급)</td><td>50학점 이상
-교과교육 및 교과내용영역 50학점 이상
-기본이수과목 21학점(7과목) 이상 포함</td></tr>
<tr><td>중등학교 정교사
(2급)</td><td>50학점 이상
-표시과목별 기본이수과목 21학점(7과목) 이상 포함
-표시과목별 교과교육영역 8학점(3과목) 이상 포함</td></tr>
<tr><td>특수학교 정교사
(2급)</td><td>80학점 이상
-특수교육 관련 42학점 이상 : 기본이수과목 21학점(7과목) 이상 포함
-유아교육(유치원), 초등교육(초등), 표시과목(중등) 관련 38학점 이상 : 기본이수과목 21학점(7과목) 이상 포함, 교과교육 영역 8학점(3과목) 이상 포함
※교육대학원의 경우 특수교육 관련 30학점 이상(기본이수과목 21학점, 7과목 이상 포함)</td></tr>
<tr><td>보건교사(2급)
영양교사(2급)
사서교사(2급)
전문상담교사(2급)</td><td>50학점 이상
-직무관련영역 50학점 이상
-기본이수과목 21학점(7과목) 이상 포함</td></tr>
<tr><td>준교사</td><td>50학점 이상
-교과내용영역 50학점 이상
-기본이수과목 6학점(2과목) 이상 포함</td><td>10학점(5과목) 이상
-교직이론</td></tr>
<tr><td>실기교사</td><td>50학점 이상
-교과내용영역 50학점 이상</td><td>4학점(2과목) 이상
-교직이론</td></tr>
<tr><td colspan="3">※비고
1. 대학은 교육실습에 소요되는 실비를 해당 학생에게 부담하도록 할 수 있다.
2. 대학은 교육실습에 관한 일반기준을 마련하여야 한다.</td></tr>
</table>

교육실습은 교사자격을 획득하기 위한 필수 사항으로 부과하고 있다. 예비교사에게 현장경험을 많이 주기위하여 교육봉사활동을 통한 사전실습을 하고 정규실습(4주간이상)을 할 수 있게 교육과정을 구성하고 있다. 실습학점의 비중을 높이고 현장 경험을 높이는 것은 바람직한 방향의 개정이라 볼 수 있지만 아직 외국의 경우와 비교하면 교육실습의 기간이나 비중이 적은 편이다.

"영국의 4년제 교사양성대학의 경우 제3학년을 실습학년으로 선정해 3개월 이상의 현장경험을 갖도록 하고 있으며, 독일의 경우 유아교사가 되기 위해서는 3년의 대학 교육과정 중 2년의 이론 교육과정과 1년의 실습기간을 이수하도록 되어 있다. 프랑스의 경우, 교사양성 교육과정의 비율이 이론 75%, 실습 25%로 구성되어 있다"(윤기영 외, 2006 : 33-34). 미국의 경우 학점과 기간은 주에 따라 차이가 있어서 최소 3학점에서 50학점까지 교육실습 학점으로 하고 있으며, 대부분 8-16주 정도를 교육실습 기간으로 운영하고 있다(김은영, 1999 : 박은혜·조운주, 2006에서 재인용).

2. 유아교육실습제도의 문제점과 개선 방안

우리나라의 유아교육실습은 교사양성체제의 마지막 학년에 4주간의 실습을 하게 하며, 유아교육과에서는 현실적으로 보육교사 자격도 부여하게 되므로 보육교사관련과목과 보육실습을 부과하고 있다. 참관실습이나 교육봉사활동 등으로 현장의 경험내지 사전 실습의 형태로 보완이 되고 있지만 우리나라의 유아교육실습은 기간이 외국에 비해 상대적으로 짧다는 데 문제가 있다. 기간이 짧으니 교사자격을 받기 위해 형식적으로 거쳐야 하는 과정으로 인식할 수가 있다. 실습생이나 유아교육기관이나 상당한 시간을 두고 실습생의 변화를 유도할 수 있는 시스템이 부재하다.

그리고 4주간의 실습이라도 표준적인 교육실습과정이 없다. 그러므로 교육실습생 개인이 실습하게 되는 유아교육기관에 따라서 차이가 많이 날 수밖에 없다. 또한 교육실습기관이 대학에 의해서든, 개인의 희망에 의해서든 선정되었을 때, 선정기준이 지나치게 포괄적이어서 교육실습을 위해 적합한지에 대한 구체적 기준이 없다고 볼 수 있다. 그러므로 교육실습의 현장은 유아교육기관의 원장과 원감 그리고 지도교사에 의해 임의적으로 운용되고 있다고 볼 수 있다.

유아교육기관의 입장에서 볼 때 교육실습생의 실습은 부수적 업무이거나 아니면 보조교사나 잡무를 담당할 직원의 활동으로 볼 수도 있다. 그러므로 실습기관을 선정할 때 구체적이고 객관적인 기준을 마련하는 것도 중요하지만 실습기관 자체의 실습에 대한 태도와 가치관이 정립되어 있는 곳이어야 한다.

이러한 현실적 유아교육실습의 문제점을 제기할 수 있지만 그 해결책은 그리 쉬운 일이 아니다. 그리고 제시한다 해서 실현한다는 것 또한 쉽지 않다. 그러나 문제점이 있다면 그 해결을 위한 노력도 분명히 해야 하는 것이다.

먼저 이러한 문제들을 해결하는데 가장 기초가 되어야 하는 것은 유아교사양성체제에서 유아교육실습을 얼마나 중시하는가에 달려 있다. 그리고 그다음에 얼마나 행·재정적 지원체제가 따라주는가의 문제이며, 마지막으로 실제로 운영하는 하는 사람들의 가치관과 태도가 변해야 한다. 요약하면 먼저 하드웨어적 문제를 변화시키고, 그다음 소프트웨어적 문제를 개선해야 한다는 것이다.

첫째, 교사양성체제가 교직과정과 전공과정으로 구분되고 교육실습은 교직과정의 일부로서 시행된다고 할 때 변화는 한계가 있다. 그러므로 교육실습을 교사양성체계에서 독립된 과정으로 구성하여 학점과 시간을 충분히 부여하여 보다 구체적으로 구성해야 한다. 교육실습의 요소도 수업, 유아지도, 실무실습, 환경조성능력 등 세분하여 이수하게 하는 것이다. 4년제 대학의 경우 최소 10주 이상의 실습기간이 전일제로 이어져야 한다고 본다. 이어서 할 수도 있고 중간에 피드백을 위해 5주씩 할 수도 있다고 본다.

둘째, 교육실습기관을 선정할 때 보다 면밀한 실습기준을 마련하여 이를 토대로 협약을 맺어 실습기관을 선정한다. 구체적으로 지도교사의 자격과 실습생 지도계획 및 운영방법, 평가방법까지도 협약을 맺어야 한다. 이렇게 할 경우 실습기관이 실습생을 받는 것을 회피하게 되는 문제가 발생할 수 있다. 그러므로 '부속유치원'을 설립하여 운영하는 것이 바람직하지만, 재원의 문제와 수용능력의 문제가 있어, 실습생을 받아서 교육하는 기관의 경우, 행·재정적 지원하는 방안을 검토하여야 한다. 이것은 어떤 특혜의 문제보다 교사교육을 발전시키기 위한 국가 발전전략의 일환으로 사고를 전환한다면 별 문제가 되지 않을 것으로 본다.

셋째, 교육실습기관을 하나만 지정하지 말고 교사양성체제를 졸업할 때까지 실습생 1인당 반드시 2개 이상의 유아교육기관에서 실습을 하게 한다. 아무리 실습기관과 지도교사를 제도적으로 치밀하게 선정했다하더라도 현장은 다를 수가 있다. 그러므로 다양한 기관과 지도교사를 경험해 볼 필요가 있다. 교육이 교사의 질을 넘지 못하듯 교육실습은 지도교사의 질을 넘지 못한다. 바람직한 덕성과 뛰어난 능력을 갖춘 현장교사를 만난다는 것은 실습생에게는 교육 평생에 지표가 될 수가 있다. 실습기관을 복수로 하는 것은 다양한 기회를 주고자 하는 것이다.

넷째, 교육실습을 실습기관에 일임하는 것은 발전에 저해가 되는 요소이다. 대학의 지도교수 및 학과의 모든 교수, 대학의 장과 유치원의 원장, 원감, 지도교사에 이르는 인적 네트워크를 구축해야 한다. 특히 지도교수와 원장, 지도교사에 이르는 3자의 밀접한 구성은 매우 중요하다. 실습기관과 지도교사가 선정되면 구체적인 교육실습계획과 운용, 평가계획에 이르기까지 사전협의를 하고 정기적으로 협의하는 과정이 필요하다. 이렇게 하기 위해서는 많은 인력과 시간이 소요되는 바, 최소한 실습 전, 실습 중, 실습 후의 긴밀한 의사소통체계가 필요하다고 본다. 그리고 이를 바탕으로 실습생의 취업까지 연계된다면 효능감도 높아지며 현장과 대학이 긴밀하게 연계될 것으로 본다. 그리고 이러한 네트워크를 통해 대학은 협력학교에 대하여 부모교육이나 유아교육프로그램 개발 등을 지원하게 되면 인적 네트워크를 더욱 활성화시키고 현장과 연계된 교육발전에 기여하게 될 것으로 본다. 이렇게 되면 지도교수의 형식적인 현장 방문의 문제가 사라지게 된다. 다만 이러한 지도교수의 노력에 대하여 대학은 행·재정적 지원을 해야 한다.

3. 유아교육실습과 교사양성프로그램

교사양성프로그램별로 추구하는 교사상이 다르므로 어떤 교사 양성프로그램 하에서 실습을 하느냐에 따라 예비교사의 목표와 행동은 달라지게 될 것이다. 교사양성프로 그램은 행동주의적 접근법, 개인적 접근법, 전통적 기예적 접근법, 탐구 지향적 접근법으로 구분할 수 있다(Zeichner, 1986).

행동주의 접근법은 학생의 교육에 관한 구체적이고 가시적인 교수 기술의 개발을 강조하는 것으로 관찰 가능한 세부적인 교수기법을 배워서 터득하는 것을 중시한다. 교사는 다양하고 적절한 교수기술을 구사할 수 있어야 그 역할을 잘 수행한다고 보는 입장이다.

개인적 접근법은 교수기술보다는 교사로서의 성격이나 특질을 강조한다. 이 접근법에서는 효과적인 교사의 성격과 태도 배우기를 요구한다. 실습을 교사양성의 마무리 단계로 보는 입장이다.

전통적 기예적 접근법은 교사교육을 전통적 도제훈련교육으로 보는 것이다. 숙련된 교사의 지도하에 그가 예비교사에게 보여주는 교사로서의 태도와 교수 기술을 관찰하고 모방함으로써 기능을 전수받을 수 있다고 보는 방법이다.

탐구 지향적 접근법은 상황에 따라 가장 적절한 판단을 탐색하는 능력인 탐구력을 강조한다. 세부적인 기술보다 교육전반에 관하여 의문을 가지고 적절한 판단을 내릴 수 있는 능력을 중시한다.

이러한 프로그램들은 각각 내세우는 교사상과 강조하는 점에서 차이가 있다. 하지만 현실적으로 교육실습이 어느 한 가지 프로그램에 좌우된다고 보기 어렵다. 사실상 교육실습은 현장의 지도교사의 역량에 따라 상당히 달라지지만 위에 제시한 4가기 프로그램의 요소들이 종합적으로 학습되는 상황인 것으로 보인다.

제3장

유아교육실습 구성원의 역할

유아교육실습에 있어서 구성원은 교육실습생, 현장의 지도교사, 대학의 지도교수, 유아교육기관의 원장, 교사 등이다. 이 중에서 특히 교육실습생과 지도교사, 지도교수의 역할이 가장 중요하다. 따라서 교육실습생의 역할과 자세, 지도교사의 역할과 자질 및 지도교수의 역할에 대하여 고찰하고자 한다.

1. 교육실습생의 역할과 자세

교육실습생은 학생이면서 예비교사로서 교사가 되어가는 과정에 있는 사람이다. 즉 지도교사와의 관계에서는 학생이지만 유아들과의 관계에서는 교사의 입장을 가진다. 그러므로 교육실습생은 학생의 입장에서 지도교사의 교육철학과 교수방법, 유아지도 방법, 학급경영 방법 등을 관찰하고 배워서 유아들에게 직접적 적용을 해보는 입장에 있는 것이다. 따라서 교육실습생은 지도교사의 교육활동의 장·단점을 파악하여 교육자로서의 자기발전에 도움이 되도록 한다. 다음은 교육실습생의 역할과 책임, 태도 및 자세, 용모에 대하여 기술한다(박은혜·조운주, 2006 :72-78).

(1) 교육실습생의 일반적인 역할

가. 관찰자의 역할

- 유아교육기관의 실내·외 환경 및 시설·설비를 관찰한다.
- 유아들의 흥미, 특성, 발달 등을 관찰한다.
- 지도교사의 교수행동 및 유아와의 상호작용 등을 관찰한다.
- 교육프로그램 전반에 대해서 관찰한다.

나. 보조교사의 역할

- 교수자료 및 교구 등 자료 제작을 돕는다.
- 실내·외 환경의 정리, 청결, 구성을 돕는다.
- 교육활동의 진행을 돕는다.
- 유아지도 및 상호작용을 돕는다.
- 유아들의 건강, 안전, 영양지도를 돕는다.
- 기타 교사의 행정업무를 돕는다.

다. 교사의 역할

- 교육과정을 계획한다.
- 교수자료를 준비, 제작한다.
- 교육환경을 구성한다.
- 교육활동을 진행한다.
- 유아를 지도하고 상호작용을 한다.
- 유아들의 건강, 안전, 영양을 관리하고 지도한다.
- 교사로서의 역할을 평가하고 연구한다.
- 행정업무를 실행한다.

(2) 교육실습생의 하루일과 중의 역할

가. 유아 등원 전

- 교실의 정리와 자료들의 위치를 확인한다.
- 그 날의 교육과정을 확인하고, 필요한 자료를 파악한다.

나. 유아등원 시

- 유아들과 부모를 따뜻하게 맞이한다.
- 유아들이 옷을 벗고 정리하는 것을 돕는다.
- 유아들이 출석 표시하는 것을 돕는다.
- 유아들이 활동을 시작하도록 돕는다.

다. 자유선택활동

- 맡은 흥미영역을 지도한다.
- 유아들과 상호작용하려고 노력하되, 놀이에 방해되지 않도록 주의한다.
- 놀이가 끝난 후에 유아들이 자료를 정리하도록 격려한다.
- 유아들과 눈높이를 맞추기 위해서 의자 또는 바닥에 앉는다.
- 정리 시간을 알려준다.

라. 전이 활동

- 유아들이 정리하고, 손을 씻고, 화장실 가는 것을 지도한다.
- 유아들이 할 수 있는 일은 스스로 하게 격려한다.

마. 소집단 활동

- 유아들이 정해진 집단으로 가게 한다.
- 모든 유아들이 적극 참여하게 한다.

바. 대집단 활동

- 지도교사가 수업을 진행할 때는 수업 및 유아들의 반응을 관찰한다.
- 도움이 필요한 경우 도움을 제공한다.

사. 간식

- 만약 교육실습생이 책임이라면 간식준비를 한다.
- 지도교사와 다른 테이블에서 유아들을 보살핀다.
- 유아들의 대화에 참여한다.
- 유아들 스스로 하게 격려하고, 꼭 필요한 경우에 도와준다.
- 유아들이 음식을 골고루 다 먹을 수 있도록 격려한다.
- 식사 및 간식시간에 좋은 모델을 보여준다.

• 엎지르면 닦을 것을 주고 필요하면 도와준다.

아. 바깥놀이

• 날씨가 추울 때는 유아들에게 외투를 입게 한다.
• 모든 실외영역을 감독한다.
• 유아들이 놀잇감을 공유하게 한다.
• 유아들의 안전을 항상 살핀다.
• 교육실습생들과 대화하지 말고 유아에게 관심을 갖는다.
• 필요한 경우, 휴지나 수건을 가지고 나간다.
• 유아들에게 스스로 놀잇감을 정리하게 하고, 도움이 필요한 경우 돕는다.

자. 귀가지도

• 유아들이 옷을 입고, 물건이나 유인물을 챙기는 것을 돕는다.
• 유아들의 안전한 귀가를 확인한다.
• 유아와 부모에게 인사를 한다.

(3) 교육실습생의 책임

• 지도교수와 지도교사를 전문가로 인식하고 지도를 받는다.
• 교육실습기관의 규칙, 정책, 교육과정, 시설 등을 인식하고 준수한다.
• 교육실습생에게 예상되는 책임을 계획하고 실행한다.
• 현장의 모든 사람들에게 윤리적이어야 한다.
• 교사로서의 태도를 유지하여 교사로서 일하고 교사로 성장한다.
• 유아들과 긍정적인 관계를 형성하고, 유아들의 특성을 고려하여 지도한다.
• 교육계획, 환경구성, 교재 및 자료 준비, 수업 진행 등을 관찰하고 적극 참여한다.
• 교육실습일지를 정리 · 기록하고 지도교사의 지도 · 조언을 받는다.

(4) 교육실습생의 태도 및 자세

가. 교육실습생 기본 태도 및 자세

• 교육실습기관의 규정 및 규칙에 기초하여 행동한다.
• 원장, 원감, 지도교사에 대한 긍정적인 견해를 갖는다.

- 원장, 원감, 지도교사의 지도 및 평가를 수용한다.
- 원장, 원감, 지도교사, 동료 교육실습생, 원아, 부모 등과 원만한 인간관계를 형성한다.
- 교육실습기관, 원장, 지도교사, 부모, 유아 등의 문제 및 단점에 대해서 비밀을 지킨다.
- 교사로서의 언어, 복장, 태도를 유지한다.
- 밝고 친절한 태도와 자세를 갖는다.
- 자신의 활동에 대해서 스스로 평가한다.
- 협의회에 긍정적이고 적극적인 태도로 참여한다.
- 임무를 정확하고 완벽하게 한다.
- 제출 서류는 가능한 빨리 제출한다.
- 이름표를 항상 단다.
- 만약 교육실습기관에서 원하는 경우, 출근부에 서명한다.
- 만약 몸이 아프거나 결근을 해야 한다면, 지도교사와 교수에게 출근 전에 전화를 한다. 특별한 사유로 결근을 할 경우에는 사전에 허락을 받는다.
- 동료실습생들 간에는 선생님이라는 호칭을 사용하고 존댓말을 쓴다.
- 휴대폰은 유치원 내에서는 꺼두고 휴대하지 않는다.
- 유행어나 은어를 사용하지 않도록 주의한다.

나. 수업 · 유아지도 태도 및 자세

- 가르치는 일에 열성을 갖는다.
- 수업계획 및 준비를 철저히 한다.
- 수업계획안을 미리 작성한다.
- 수업계획에 대해서 지도교사와 의논한다.
- 유아들과의 관계형성을 위해 이름을 빨리 외운다.
- 유아들에게 모델이 되기 때문에 모든 행동에 조심하고 좋은 태도를 보인다.
- 하루 일과를 철저히 파악한다.
- 적절한 채광, 실내 온도 등을 유지시킨다.
- 유아들의 건강을 파악한다.
- 유아들을 가르칠 때 적절한 크기의 목소리로 한다.
- 모든 활동에서 유아들의 흥미를 유지시킨다.

다. 대인관계 태도 및 자세

- 지도교사나 다른 교사를 절대로 비판하지 않는다.
- 교육실습기관의 정책을 지도교사와 함께 파악한다.
- 지도교사가 사용하는 규율만을 사용한다.
- 학급에 대한 질문이나 문제에 대해서 지도교사와 논의한다.
- 만나는 모든 사람(지도교사, 유아, 부모 등)에게 밝고 공손하게 대한다.

(5) 교육실습생의 용모

가. 머리

- 머리를 자주 빗어 단정하게 한다.
- 너무 요란한 파마를 하지 않는다.
- 원색적인 염색이나 여러 가지 색의 염색은 피한다.
- 앞머리를 길게 하여 눈을 가리지 않도록 한다.

나. 얼굴

- 입 냄새가 나지 않게 주의한다.
- 가능한 자연색을 선택하여 엷은 화장을 한다.
- 진한 향이 나는 화장품이나 향수는 사용하지 않는다.

다. 손발

- 손톱을 짧고 깨끗하게 관리한다.
- 원색의 매니큐어를 바르지 않는다.
- 손이나 팔에 너무 많은 장신구를 부착하지 않는다.

라. 몸

- 몸에서 나쁜 냄새가 나지 않도록 한다.
- 사치스러운 장신구를 부착하지 않는다.
- 가슴이 많이 파인 옷은 피한다.
- 무릎 위로 올라가는 짧은 치마는 피한다.
- 단정하고 깨끗한 옷을 입는다.
- 속이 훤히 비치는 옷은 피한다.

- 속옷을 잘 갖추어 입는다.
- 계절, 목적, 장소에 적절한 옷을 입는다.

마. 발 · 다리

- 발톱을 짧고 깨끗하게 관리한다.
- 맨발로 다니지 않도록 한다.
- 스타킹은 커피색과 살색을 기본으로 한다.
- 반 스타킹을 신었을 때 맨살이 보이지 않도록 주의한다.
- 굽이 너무 높고 뾰족한 신발을 신지 않는다.
- 구두는 자주 닦아 청결을 유지한다.

이상에서 제시한 교육실습생의 역할과 책임, 자세, 용모 등은 매우 사소한 일상의 당연한 일이지만 그것을 소홀히 했을 경우 다른 부분도 불성실하거나 불결한 것으로 보여지기 쉽다. 어쩌면 언급할 필요 없는 당연한 일이지만 교육실습에 임하기 전에 교육실습생이 마음을 가다듬고, 실습 중에는 자신을 돌아보는 단초가 되리라 본다.

2. 지도교사의 역할과 자질

실습지도교사는 교육실습의 성패를 결정짓는 가장 중요한 역할을 하는 구성원으로 보여진다. 실습지도교사의 역할수행과 그 수행을 위한 자질은 교육실습에 있어서 가장 중요한 요소이다. 지도교사는 교육실습생을 격려하여 교육실습을 원만히 이끌어 가며, 교육실습생에게 시범을 보이고, 교육실습 전반에 걸쳐서 지도 · 조언하며 평가한다.

(1) 지도교사의 역할

지도교사(실습지도교사)의 역할은 실습생들이 실습기간동안 어떤 경험을 할 것이며, 이들 경험을 통해 무엇을 지도할 것인지에 대한 계획을 세우고 실습 중에는 실습생들의 행동이나 태도 등을 관찰하여 평가하며, 실습생들이 작성한 교육계획안 및 학습지도안을 사전에 검토·수정하여 필요한 제언을 해주며, 실습생들의 일과 속에서 부딪히는 문제들에 대해 조언을 해주는 것이다(Emans, 1983).

지도교사의 역할을 좀더 구체적으로 열거한다면, ① 배정된 교육실습생의 인적 배경을 파악하고, ② 교육실습생에게 필요한 학급실태, 교육과정 등에 대한 정보를 제공하며, ③ 실습과 관계된 지도교수, 실습유치원, 실습생들과 협의하여 교육실습 과정에 대한 구체적 지침 및 계획을 세우고, ④ 교육 실습생의 제반 활동을 지도·감독하며, ⑤ 실습생의 상담자가 되며, ⑥ 실습생과 아동과의 상호작용적 관계를 격려하고 도와주며, ⑦ 교육실습에 관한 협의회에 참석하여 실습 문제 전반에 걸쳐 논의하며, ⑧ 교육실습생 활동을 기록, 정리, 평가하며 그 결과를 대학에 통보하고, ⑨ 서신 연락 및 실습생의 유치원 방문 등에 따른 추후지도를 한다(윤기영 외, 2006).

이상에서 볼 때 지도교사의 역할은 첫째, 실습생에게 실습에 관한 전반적인 오리엔테이션을 한다.

둘째, 실습생 지도 계획을 세우고 실습생에게 어떤 경험을 제공하고 그 경험을 통해 어떤 지도를 할 것인지 결정한다.

셋째, 교수의 기술이나 학급운영, 유아지도, 실무에 대하여 시범을 보이고 일정한 범위 내에서 실습생이 실제 수행하도록 지도하고 격려한다. 그리고 피드백을 하여 실습생이 스스로 생각하게 한다.

넷째, 실습생이 일과를 진행할 때 필요시 적절한 도움을 준다.

다섯째, 실습의 전반적인 과정을 통해 실습생의 행동이나 태도를 관찰하고, 평가한다.

여섯째, 실습생의 스트레스에 대하여 진정한 대화를 하고 여러 가지 방법을 활용해 실습생을 따뜻하게 격려한다. 그리고 인간관계의 기법을 지도한다.

그런데 여기서 유의할 점은 지도교사가 이러한 실습지도를 하면서 본인이 시범보인 내용을 실습생들이 반드시 그대로 따라 해야 한다고 강요하지 말아야 한다는 것이다. 업무의 성격에 따라서 그리고 초기단계에 있어서 그대로 모방하는 것이 필요한 것도 있지만 다양한 교수계획이나 지도방법에 있어서 실습생이 보다 창의적 사고를 하고 스스로 기법을 구안할 수 있도록 도와주어야 한다.

(2) 지도교사의 자질

실습지도교사의 역할이 교육실습의 질을 결정한다면 지도교사의 자질은 그 역할 수행을 가능하게 하는 기초가 될 것이다. 지도교사의 자격요건은 전공분야에 대한 자격증, 교육실습 과목에 있어서의 지도경력, 경력, 학위 등(Zerr, 1988)을 들 수 있다. 우리나라의 경우 지도교사에 대한 규정은 없으나, 1급 정교사(보육실습의 지도교사 요건)의 자격을 기본적으로 요구하는 것이 타당하다고 본다. 그리고 1급 정교사연수에는 반드시 실습생지도에 관한 과목을 부과하도록 하는 것이 좋을 것 같다. 이러한 외형적 자격요건 외에 지도교사의 자질은 인성적 자질과 전문적 자질로 나누어 볼 수 있다(박은혜 · 조운주, 2006).

인성적 자질은 교직에 대한 열의와 다른 사람을 도와주려는 의지, 실습생의 요청에 민감하게 반응하고 격려해야 하며, 격려나 도움을 줄 때는 권위적이지 않고 실습생의 의견을 수용한다. 융통성이 있어야 하며, 모든 경우 실습생을 보호해주는 입장을 취하고, 실습생의 비밀도 지켜주어야 한다.

전문적 자질은 자기 지도적이고 적응력이 있어야 하며, 교수 전략과 이론, 전문적 연구에서 발견되는 교수학습에 관한 지식을 알고 있어야 한다. 지도 및 평가 기술과 문제해결력이 있고 다양한 발전적 교수방법을 수용하며, 계속적인 전문성 발달을 위해 끊임없이 노력하며, 교육실습생에게 항상 좋은 모델을 제공하려고 노력하고, 자신의 활동에 대해서 반성한다. 그리고 의사소통기술이 능숙하여 교육실습생과 의사소통에 문제가 없어야 한다.

지도교사는 기본적인 자격과 경력 외에 실습생을 포용하며, 자신의 교육철학을 가지고 교육에 임하며 교수계획과 수행, 유아지도, 실무 등 교사의 업무 수행에 있어서 끊임없이 연구하고 개방적인 자세를 가져야 한다.

3. 지도교수의 역할

교사양성대학에서의 교육실습생의 지도교수는 교육실습이 시기, 기간, 방법 등을 교육실습기관과 협의하고, 실습지도교사와 협력하여 예비교사를 지도한다. 그러므로 지도교수는 대학의 교육실습의 목표가 달성될 수 있도록 현장의 실습지도교사와 실습생을 지원하는 역할을 한다. 실습지도교수는 대학의 교사양성프로그램에서 기대하는 교육실습의 목표가 현장에서 제대로 달성될 수 있도록 지도교사를 도와 예비교사가 현장에 잘 적응할 수 있게 지원하며 예비교사의 변화와 발전을 평가하며 예비교사의 의견을 수렴하여 대학과 현장 간 갈등을 조정해 주는 역할을 한다. 또한 실습기간 동안 세미나 과목을 가르치거나 정기적으로 협의회를 주도하여 예비교사들의 경험을 지도하고 갈등을 해결해 주기도 한다(Taylor, 1983, 윤기영, 2006에서 재인용). 그러므로 지도교수의 역할은 교육실습생 지원역할과 지도교사 지원역할로 나누어 설명할 수 있다(박은혜 · 조운주, 2006 : 84[3])).

(1) 교육실습생 지원

- 교육실습생의 역할 및 자세, 교육실습 일정, 협의회, 평가방법 등에 대해서 교육실습생을 오리엔테이션 한다.
- 교육실습생의 업무와 책임을 계획하고, 교육실습이 시작될 때 교육실습생과 지도교사를 연결시킨다.
- 교육실습 중에는 교육실습생을 관찰하여 장점과 단점을 파악하고, 피드백과 모델을 제공하는 등 발전을 위한 지원을 제공한다.
- 교육실습이 끝날 때 교육실습생의 점수, 통과여부를 결정하는 등 평가활동을 한다.

(2) 지도교사 지원

- 대학과 현장의 협력적인 교육실습을 위해 지도교사와 밀접한 관계를 형성한다.
- 교육실습 중에도 지도교사를 지속적으로 지원하고 협의한다.
- 교육실습 후에는 교육실습 지도과정 중의 문제점을 파악하고 지도교사와 향후 실습생 지도 방안에 대하여 협의한다.

이상 살펴본 바와 같이 지도교수는 교육실습의 전체 과정을 계획, 운영하고 교육실습구성원 모두를 관리하는 전반적인 책임을 수행한다(박은혜 · 조운주, 2006).

---

3) 일부의 논의는 필자가 현실적 입장에서 수정함

지도교수는 대학의 교사양성프로그램의 교육실습목표를 달성하기 위해 현장의 지도교사와 협의하고 지원하여 교육실습생이 현장에 잘 적응할 수 있도록 하며, 실습생의 의견을 수렴하여 대학과 현장 간 갈등을 조정하는 역할을 한다.

제4장

유아교육실습생의 인간관계

유아교육실습에 있어서 유아교육실습생의 인간관계는 실습의 성패를 결정하는 가장 중요한 요소라고 할 수 있다. 인간관계가 긍정적이고 원활하면 그만큼 성공 확률이 높으면 의외의 성과를 얻고 교직에 대한 자부심과 만족감이 높아져서 긍정적인 교직관을 형성할 수 있는 반면, 인간관계가 부정적이고 갈등적이라면 실습생은 교직에 대하여 두려움을 느끼고 인간관계를 회피하게 되고 교직에 대하여 부정적인 가치관을 형성하게 될 것이다.

인간관계의 핵심은 호감과 신뢰이다. 간혹 인간관계에서 감정적 문제를 경시하는 경우가 있는데 사실상 인간관계 전부를 좌우할 만큼 중요하다. 호감은 첫 만남에서 좋은 인상을 주는 데서부터 시작한다. 좋은 인상을 주는 데는 먼저 외모가 중요하다. 호감을 주는 외모와 옷차림은 인간관계의 시작에서 긍정적인 역할을 한다. 그리고 호감을 주는 것은 좋은 태도이다. 좋은 태도는 사람의 관점에 따라 다르지만 수용적인 태도와 긍정적인 태도 그리고 상대를 존중하는 태도를 선호한다. 그리고 명랑하고 밝은 태도를 선호한다. 비판적인 태도나 부정적인 태도를 대부분 좋아하지 않는다.

호감과 더불어 인간관계의 핵심은 신뢰이다. 신뢰의 문제는 호감과 상호작용한다. 즉 호감이 있으면 신뢰하기 쉽고, 신뢰하면 호감의 정도가 깊어진다. 그러나 호감과 신뢰는 엄연히 다르다. 호감이 그 사람에 귀속되는 점이 많다면 신뢰는 그 사람의 행위에 대한 믿음이다. 그러므로 호감이 감성적인데 비하여 신뢰가 더 이성적이라고 볼 수 있다. 신뢰는 약속의 수행에서 비롯된다. 약속을 지키고 안 지키고는 신뢰의 가장 기초가 된다. 그리고 책임감이다. 자신의 위치에서 맡은 바 일을 끝까지 완수하는 자세이다. 책임감은 교육현장에서 매우 중요한 덕목이다. 책임감이 결여된 사람과 어떤 일도 같이 할 수가 없다. 책임감이 없는 사람은 동료교사나 교육기관을 위기에 처하게 할 수도 있다. 그리고 이러한 책임감과 약속을 담보할 수 있는 힘은 자신의 갈고 닦은 능력에서 나온다. 즉 능력이 신뢰의 바탕이다. 따라서 능력 있는 사람을 신뢰한다. 그러나 능력이 있다고 해서 약속을 반드시 지키고 책임감이 투철하다고 단정할 수는 없다. 그러므로 능력은 그 기초가 될 뿐이다.

이상과 같이 인간관계의 핵심을 고찰하였다. 이러한 틀을 기초로 하여 교육실습생의 인간관계를 본다면 먼저 지도교사와의 관계가 가장 중요하다. 지도교사와의 관계를 실습전체의 분위기를 좌우한다. 그리고 원장과 관계, 유아와의 관계, 학부모와의 관계, 동료 실습생과의 관계, 마지막으로 지도교수와의 관계가 있다. 이러한 인간관계는 상호작용을 통해 교육실습에 발전적으로 작용하기도 하고 갈등을 빚기도 한다.

1. 지도교사와의 관계

지도교사와의 인간관계는 교육실습에 있어서 가장 중요한 관계라고 할 수 있다. 가장 많은 시간을 지도교사와 보내게 되고 지도교사와의 상호작용을 통해 실습생은 그 목적을 달성한다. 그러므로 어떤 지도교사를 만나 어떤 상호작용을 하느냐가 실습의 가장 중요한 관건이 된다.

(1) 교육실습생의 지도교사에 대한 태도

가. 교육실습생을 지도교사를 만나기 전 자신의 외모와 옷차림, 태도를 돌아보아야 한다. 호감을 줄 수 있는 헤어스타일과 메이크업 등을 연구하고 실습에 적합한 단정한 옷차림을 갖춘다. 그리고 교육실습기관인 당해 유치원에 대하여 사전에 인터넷 등을 통해 기본적인 정보를 숙지한다.

나. 지도교사를 만났을 때 공손하면서도 밝은 태도를 잃지 아니한다. 호감을 줄 수 있는 태도는 수용적인 것이다. 지도교사의 관점이나 입장에서 지도교사를 생각하고 이해하려는 태도를 가져야 한다. 실제로 지도교사는 자신의 학급운영과

수업, 유아지도, 실무에 관하여 법적·도의적 책임을 져야 하는 위치에 있으므로 지도교사의 지도를 수용하려는 태도를 가져야 한다. 지도교사의 지적이나 비판을 수용하고 존중해야 한다. 실습생의 생각에 지도교사의 지도가 불만일 수 있지만 그 이유는 다른 기회에 질문할 수 있도록 한다.

다. 개방적 태도를 가져야 한다. 지도교사의 수업기법이나 지도방식이 대학에서 배운 것과 다르다고 할지라도 비판보다는 개방적인 태도로 다양성이 있을 수 있음을 인식하고 그렇게 할 수밖에 없는 이유는 차후 협의회나 다른 기회에 질문하는 것이 좋다. 그리고 이유가 이해가 안 된다고 할지라도 실습생이 그것을 바꾸려고 해서는 지도교사와 갈등을 빚게 될 것이다.

라. 지도교사의 입장과 한계를 이해하여야 한다. 지도교사가 학급운영에 책임을 진다고 하더라고 최종적인 책임은 역시 원장에게 있고, 원장은 학부모의 입장을 수용할 수밖에 없는 입장이므로 원장의 지시를 받은 지도교사의 입장을 이해하여야 한다. 그리고 지도교사가 모든 것을 다 잘할 수는 없을 것이다. 그러므로 인간적인 한계를 이해하여야 한다.

마. 일과지도 중 유아와 관련된 문제와 수업에 관련된 문제는 반드시 지도교사와 상의하여야 한다. 지도교사의 지침을 따르며 수정에 응하여야 한다. 창의적인 방법을 모색할 경우에는 지도교사에게 상황을 잘 설명하여야 한다. 이 경우 지도교사는 실습생의 창의성을 격려해 주어야 한다.

바. 지도교사가 부과하는 과제나 업무에 있어서 책임감을 가지고 끝가지 기일내 완수하여야 한다. 만약 그러하지 못할 경우 정당한 이유를 들어 지도교사와 상담하여야 한다. 지도교사와 약속을 지키게 않게 되면 신뢰관계가 무너져서 더 이상 제대로 된 실습지도를 받기가 어렵게 된다.

사. 지도교사와의 인간관계에서 있었던 사적인 문제는 반드시 비밀을 지켜야 한다. 인간관계의 진전으로 사적인 문제와 공적인 문제지만 다른 사람과 관계가 있는 사항들은 비밀을 유지하는 것이 중요하다. 이것은 인간관계의 기초를 형성하는 중대한 사항이다.

(2) 교육실습생과 지도교사의 상호작용

교육실습생과 지도교사의 긍정적 상호작용은 교육실습을 역동적으로 발전시킨다. 교육실습생은 지도교사의 수업지도와 유아지도, 학급운영 등을 관찰하여 중요한 부분을 기록하고 충분히 생각하고 연구하여야 한다. 그리고 의문사항을 질문할 때는 조심스럽게 접근하여야 한다. 지도교사 또한 교육실습생이 수용적이지 않고 비판적으로 나오거나 불평이나 불만을 주로 말한다면 상당히 방어적이 되고 실습생지도에 있어서 스트레스를 받게 될 것이다. 그러므로 기본적으로 수용적인 태도가 중요하다. 학급에서 일과 중 일어나는 사항에 대하여 진지한 자세로 지도교사에게 질문하고 배우고자 노력하는 자세를 보이면 지도교사는 한층 더 노력하게 될 것이다.

교육실습생이 매사에 소극적이고 부정적이라면 지도교사는 지도에 의욕을 잃고 자포자기하게 될 것이다. 그것이 갈등으로 연결되어 지도는 더 이상 진전하지 못하고 포기하고 마는 상황이 발생할 수가 있다.

반면에 지도교사가 교육실습지도에 의욕이 없거나, 매사에 부정적인 가치관을 갖고 있다면 실습생에게 부정적인 영향을 미칠 수가 있다. 그리고 교육실습생을 업무보조자 정도로 취급하여 실습지도를 제대로 하지 않는다면 교육실습은 무의미하게 될 수도 있다. 그러므로 지도교수는 실습기관을 선정할 때 원장이나 지도교사와의 면담을 통해 그들의 교직에 대한 가치관을 확인하고 당해 실습기관의 풍토를 알아보는 것이 중요하다. 그리고 교육실습생은 지도교수와 면담을 통해 중재를 할 수도 있다.

2. 원장과의 관계

교육실습생의 경우 실습을 시작하고 나면 지도교사와의 관계가 주를 이루지만 현실적으로 유치원의 최고 관리자인 원장과의 관계가 매우 중요하다. 유치원의 원장은 사립유치원의 경우 교사 임용, 담임 배정 등의 인사권을 가지고 있으며, 교사를 행정적으로 관리한다. 유치원의 교육철학을 주도하며, 교육의 방침을 결정한다. 그리고 교육과정을 구성하는데 주도적인 입장을 취하는 경우가 많다. 그리고 학부모, 유아와의 관계에서 최종적으로 법적 책임을 진다.

그러므로 유치원의 원장과 교육실습생의 관계는 간접적이 될 수도 있지만 원장은 임용에 관심을 두고 평시에 실습생의 활동과 태도를 눈여겨보거나 지도교사로부터 수시 보고를 받는다.

원장과의 관계는 경우에 따라서는 지도교사 이상으로 중요하다. 교육실습생의 인간관계에서 호감과 신뢰의 법칙은 지도교사의 경우와 동일하지마는 교육실습생은 지도교사 지도를 받으며 최선을 다해 배우고자 하며, 헌신적으로 노력하고 책임을 다하는 태도를 가져야 한다.

3. 유아와의 관계

교육실습생에게 있어서 유아는 교육의 대상이면서 상당히 조심스럽게 접근해야 할 대상이다. 섣부른 판단은 문제를 낳게 된다. 그러므로 유아와 관련된 모든 행동은 지도교사와 협의하는 것이 필요하다.

유아는 교육실습생에게는 힘의 근원이기도 하다. 보조교사로서 수업실습교사로서 유아와 접할 때 유아의 우호적인 반응은 교육실습생의 갈등과 고통을 일시에 잊게 해준다. 유아의 여러 반응은 교육실습생에게 기쁨을 주고, 때로 고민하게 한다. 이러한 과정을 통해 실습생은 유아교육에 대하여 눈을 뜨게 된다. 이러한 점은 대학에서는 배우거나 느낄 수 없으며 오로지 현장에서만 접할 수 있는 기쁨이며 보람이다.

(1) 유아와의 관계에서의 기본원칙

이러한 유아와의 관계에서 몇 가지 기본 원칙을 지켜야 한다. 인간관계의 기본 원칙인 호감과 신뢰의 원칙은 유아에게도 여전히 적용된다.

가. 유아에게 정직해야 한다.

인성교육의 기초가 정직에서 비롯되는 것인 만큼 유아교사나 실습생부터 유아에게 정직해야 한다. 정직성이 모든 교육의 기초가 된다. 유아에게 솔직하고 자신에게 솔직해야 한다. 그러면서 문제를 찾아 해결하도록 노력해야 한다.

나. 유아에게 편견을 갖지 말고 모든 유아를 동등하게 대하여야 한다.

부모의 사회적 지위나 유아의 특성에 따라 유아를 차별대우 한다면 유아의 성격발달에 치명적인 문제를 줄 수 있고 부정적인 영향을 심어줄 수가 있다. 유아를 지도할 때도 그 행위에 대하여 지적해야 하며 인격적인 모욕을 해서는 아니

된다. 전두엽이 발전하는 시기의 유아는 도덕적 판단을 하기 시작한다.

다. 유아를 존중하는 태도를 가져야 한다.

유아는 아직 어려서 판단이 미숙할 수 있지만 한 인간으로서 존중받아야 할 가치가 있다. 존중받는 유아야말로 자존감을 느끼며 건전한 자아를 형성할 수 있다. 이것은 어쩌면 교육기관의 의무로 생각된다.

라. 유아의 발달단계와 유아집단을 이해해야 한다.

유아의 발달단계를 이해하고 유아의 정신세계를 탐구하여야 한다. 그리고 유아 집단내의 규율을 존중해 주어야 하다. 극히 문제가 되지 않으면 유아집단의 질서를 존중해 주어야 하며 간섭해서는 아니 된다. 따라서 유아 간에 문제가 발생하면 유아가 자율적으로 해결하도록 하되, 필요한 순간에만 개입하여 도움을 준다.

마. 칭찬은 적절해야 한다.

칭찬은 비난보다 효과적이지만, 칭찬의 남발은 칭찬의 효과를 오히려 감소시킨다. 칭찬의 이유를 들어 효과적으로 하는 것이 중요하다.

바. 유아와의 관계는 친구가 아니다.

유아와 친구처럼 되는 것이 좋을 것이라고 생각할 수 있지만 유아교사나 실습생은 유아를 지도하는 사람이다. 그러므로 친절해야 하지만 교육적 권위를 가지고 존경받아야 한다. 유아에게 단순히 인기가 있는 것보다 존경받는 것을 연구하여야 한다(Hopkin & Moore, 1993).

(2) 교육실습생이 유아를 대하는 구체적인 방법(Roe & Ross, 1998 ; 박은혜 · 조운주, 2006)

가. 일반적 상황

- 모든 유아에게 관심을 갖는다.
- 유아들의 이름을 빨리 외운다.
- 전날 결석한 유아를 기억하고 확인한다.
- 유아의 건강을 파악한다.
- 유아가 잊은 것을 알려 준다.
- 유아들이 잘 수행할 때 칭찬한다.
- 유아와 상호작용할 때 적절한 비언어적 행동(눈맞춤, 미소, 끄덕임 등)을 사

용한다.

- 유아들의 의견과 감정표현을 듣고 조심스럽게 반응한다.
- 모든 유아들에게 관심을 갖고 장점을 찾는다.
- 하나의 규칙을 정했다면 모든 유아에게 동등하게 적용한다.
- 유아들에 대한 고정관념을 갖지 않는다.
- 유아들을 항상 정직하게 대한다.
- 유아들이 문제를 말할 때 듣고 도우려고 노력한다.
- 유아들 편이라는 것을 알게 한다.
- 유아의 개인차를 존중한다.
- 유아들이 스스로 책임질 수 있는 일을 제공하고 유아들을 믿는다.

나. 문제 상황

- 유아들과 약속을 할 때는 신중하게 하기
- 유아들이 따르지 않을 때는 먼저 관심 갖기
  - 관심을 갖고 격려하면 유아들과 쉽게 관계를 형성할 수 있다. 그러나 유아들과 친해지기 위해 지나치게 모든 요구를 들어주는 것은 부적절함
- 엉뚱한 유아들의 질문에 당황하지 말기
  - 모르는 것은 솔직히 모른다고 인정하고 알아보자고 한다. 정확한 답이 없는 질문의 경우 유아에게 "너는 어떻게 생각하니?"라고 역으로 질문을 하여 그 유아의 수준을 파악해서 반응한다.
- 유아와는 어느 정도 거리 유지하기
  - 교육실습생에게 관심이 없는 유아도 실습생의 마음을 아프게 하지만, 지나치게 집착하는 경우도 다른 유아와의 놀이나 활동에 지장을 주므로 문제가 있다. 따라서 처음에 유아와의 관계를 형성할 때 유아의 요구를 모두 들어주기보다는 어느 정도의 거리를 유지하는 것이 좋다.

4. 학부모와의 관계

학부모와의 관계는 교육실습생의 입장에서는 매우 생소하며 지도교사가 없는 상황에서 부모들이 질문을 하거나 하면 매우 당황하게 된다. 부모들은 유아들의 일상과 문제에 매우 관심이 많다. 유아들을 등원시키고, 귀가하면 유아들과 의사소통을 하는데 주로 유치원에서 있었던 이야기, 교사와의 관계, 실습생과의 관계 등에서 있었던 이야기들을 부모와 이야기한다. 부모는 유아의 이야기를 듣고 유아의 입장에서 생각을 한다. 부모는 유치원을 방문하여 원장이나 지도교사와 상담을 하거나 전화를 통해 불편한 점을 이야기 한다. 그리고 유치원에서는 정기적으로 부모와 협의회를 가지거나 행사를 통해 부모를 접하게 된다.

교육실습생은 부모와 유치원의 이러한 관계 속에서 지도교사와 부모가 상호작용하는 것을 관찰하게 된다. 그리고 지도교사가 없는 상황에서는 실습생이 부모를 만나게 되는 경우 유아의 교육활동이나 유치원 생활에 대하여 실습생이 직접 대답하지 말고 지도교사에게 알려서 지도교사가 하게 하는 것이 좋다. 그 외 실습생의 입장에서 부모를 친절하고 대하고 인사를 잘하며, 어느 유아의 부모인지 기억하는 것이 중요하다(조운주, 2003).

5. 동료실습생과의 관계

동료실습생과 같은 유아교육기관에서 교육실습을 받게 될 수도 있다. 동료 실습생은 같은 대학 출신일 수도 있고 대학이 서로 다를 수도 있다.

동료는 같은 실습생의 입장에서 서로 의지가 될 수 있으며, 어려움을 함께 하므로 매우 가까워질 수 있다. 그리고 상호 정보를 교환함으로써 실습을 보다 효과적으로 할 수도 있다.

그런 반면에 동료는 하나의 경쟁 관계에 있을 수 있다. 교육실습에 있어서 지도교사나 원장의 평가를 받기 때문에 경쟁관계에 놓이며, 이것이 심화되면 동료

간에 갈등할 수가 있다.

그러므로 동료는 각자 맡은 바에 충실하며 상호 존중하여 비판하지 않도록 한다. 동료 간의 관계에 중요한 덕목은 정직과 신뢰이다. 동료 간에 솔직하게 임하고 성실하게 과제를 수행하면 갈등은 거의 발생하지 않을 것이다. 누군가의 욕구가 지나치면 문제가 발생한다. 문제발생의 시작은 보통 말이나 태도에서 비롯된다. 동료 간에도 가급적 비판하지 않는다. 진정한 비판은 요청이 있을 때만 한다. 요청이 있더라도 상대방의 자존심이 상하지 않도록 하는 것이 중요하다.

동료는 협력관계에 있으면서도 경쟁관계에 있는 이중적인 관계이다. 그러나 노력하기 따라서는 협력하며 상호 발전하는 관계로 발전시킬 수가 있다. 친절하고 성실한 자세로 임하는 것이 중요하다.

6. 지도교수와의 관계

지도교수는 교육실습생의 실습에 관하여 운영 전반에 책임을 지고 관리를 한다. 실습생이 교육실습을 나가기 전 대학에서 교육실습에 관하여 사전교육을 시키고, 실습생들에게 현장 적응을 위한 여러 가지 방법과 기법들을 교육·훈련시킨다. 실습기관을 선정하거나 실습기관 선정에 조언을 하며, 실습을 원활히 진행하기 위해 교육실습기관의 원장과 지도교사와 밀접한 관련을 갖는다. 실습에 대하여 실습생에게 조언을 하고 실습에서 생길 수 있는 문제에 대하여 지도교사와 협의하고 지원한다. 그리고 최종적으로 교육실습에 대하여 평가를 한다.

그러므로 지도교수의 역할은 매우 중요하다. 다만 현실적으로 교육실습이 지도교수의 통제를 벗어나 실습기관에 일임되므로 체계적인 실습이 이루어지지 못할 가능성이 있다. 그러나 지도교수가 현장과 어떻게 긴밀하게 연계하느냐에 따라 그 효과는 상당히 달라질 수 있다고 본다.

슈베벨은 지도교수와 교육실습생의 관계에 대하여 지도교수를 학급관찰자, 구성적 비판자로서, 문제해결자로서, 비상시 도움을 얻는 조력자로서, 세미나의 리더로서, 지지자로서 구체적으로 제시한다(Schwebel, 2002).

유아교육실습의 실제 제2부

제5장

유아교육실습의 준비

유아교육실습을 실시함에 있어서 사전에 준비하고 계획을 하여야 하는 부분에 대하여 고찰한다. 대학과 지도교수의 준비, 교육실습생의 준비, 교육실습기관의 원장 및 지도교사의 준비를 중심으로 논의한다.

1. 대학과 지도교수의 준비

대학과 지도교수는 교육실습생이 교육실습을 원활하게 진행할 수 있도록 사전 준비 및 교육을 실시하여야 한다.

가. 대학은 현장실습을 하기 전에 관찰실습을 통한 사전실습과 실습이론에 대하여 사전교육을 하여야 한다. 실습에 관한 이론으로서 실습의 의의, 목적, 실습의 효과, 실습의 구성원 특징, 실습시의 인간관계 등에 대한 기초지식과 실습, 그리고 현장에서 접하게 될 수업지도, 유아생활지도, 학급운영, 실무실습, 실습의 평가 등에 대하여 전반적으로 교육하여야 한다.

나. 교육실습기관을 선정하고 실습생을 배정한다.

규정에 따라 인가 받은 국공립, 사립 유치원을 실습기관으로 선정한다. 실습기관의 운영방침이나 원장이나 지도교사의 교육관을 고려하되, 학생의 희망을 고려하여 실습기관을 선정하고 실습생을 배정한다. 그리고 공문을 교육실습기관에 보내 협력학교 승인을 받고 대학의 장의 결재를 받아 교육실습기관을 확정한다.

다. 교육실습기관이 선정되면 실습기관과 협의하여 지도교사를 선정하고 실습 계획을 작성한다.

교육실습기관이 선정되면 원장 및 지도교사와 실습의 목적이나 기간, 진행방법, 평가방법 등에 대하여 협의한다. 지도교사의 선정은 원장과 협의하되, 교육실습생을 지도할 의사가 있으며, 그 능력을 인정받은 경력교사로 한다. 필요하면 지도교사 사전교육을 실시한다. 지도교사 사전교육은 지도교사가 교육실습생을 지도하는데 있어서 필요한 실습생의 인성적 특징, 실습생 지도방법, 상담법 등과 실습생이 현장에서 경험하게 될 요소와 경험의 제시 등에 대한 전문적인 방법에 대한 내용이 포함된다.

2. 교육실습생의 준비

가. 교육실습생은 실습기관을 선정할 때 본인이 희망할 수 있다. 주로 본인 실습을 원활히 할 수 있도록 지역적으로 가까운 곳을 선정하되, 사전에 홈페이지 방문, 인근 지역사회의 평을 종합하여 교육실습기관의 정보를 최대한 많이 확보하여 판단한다.

나. 실습기관이 선정되면 실습 시에 입을 옷, 이력서(〈표 5-1〉), 실습일지, 명찰, 에이프런, 덧신(실내화) 등 실습에 필요한 것들을 사전에 준비한다. 옷은 실습에 적합하며 단정한 옷을 선택하며 옷과 더불어 외모를 관리하는 것은 인간관계의 기본이 되므로 사전에 준비한다. 그리고 실습에 필요한 준비물들을 사전에 준비한다.

다. 실습에 들어가기 전에 실습계획을 수립해 본다. 그리고 본인이 역점을 두고 실습에서 배우고 싶은 사항을 정리한다. 교육실습기관의 교육철학이나 특성, 방침, 교육프로그램 등을 참고하여 특히 익히고 싶은 사항을 중점 정리한다. 그리고 실습에 필요한 자료, 참고도서 등을 준비한다.

라. 그간의 배운 모든 지식을 동원하여 본인이 어떤 교사가 되기를 원하는지에 대한 이미지를 그린다. 교육실습에 들어갔을 때 원장과 지도교사, 유아에게 어떤 모습으로 다가갈지 상상하며 이미지-메이킹한다.

마. 실습 오리엔테이션에 성실히 참가하여 준비 상황을 점검한다.

3. 교육실습기관의 준비

교육실습기관의 준비는 실제로 원장 및 지도교사의 준비가 된다.

가. 원장은 교육실습생을 받아 교육실습을 시키기 위해, 지도교사를 먼저 선정한다. 지도교사는 경력이 있으며, 실습생을 지도할 만한 자질과 능력을 갖춘 교사를 선정한다.

나. 지도교사는 실습지도 계획을 세우고 중점을 두고 가르쳐야 할 부분에 대하여 정리한다. 유치원의 환경과 유아들의 특성, 실습지도 일정, 평가계획, 실습생이 유의할 사항 등도 포함해야 한다.

다. 교육실습생의 숙식 등 생활 문제나 편의를 도모할 수 있는 부분을 사전에 고려하여야 한다.

〈표 5-1〉 이력서 양식

<table>
<tr><td rowspan="4">사진
(3cm×
4cm)</td><td colspan="8">이 력 서</td></tr>
<tr><td>성명</td><td colspan="3">인
(한자 :)</td><td colspan="4">주민등록번호</td></tr>
<tr><td>생년월일</td><td colspan="4">. . .</td><td>나이</td><td colspan="2">만 세</td></tr>
<tr><td>주 소</td><td colspan="7"></td></tr>
<tr><td>연락처</td><td colspan="4">집전화 :</td><td colspan="4">핸드폰 :</td></tr>
<tr><td>이메일</td><td colspan="8"></td></tr>
<tr><td rowspan="2">가족사항</td><td>관계</td><td>성명</td><td>나이</td><td>직업</td><td>관계</td><td>성명</td><td>나이</td><td>직업</td></tr>
<tr><td></td><td></td><td></td><td></td><td></td><td></td><td></td><td></td></tr>
<tr><td>년 월 일</td><td colspan="8">학력사항</td></tr>
<tr><td></td><td colspan="8"></td></tr>
<tr><td></td><td colspan="8"></td></tr>
<tr><td></td><td colspan="8"></td></tr>
<tr><td>년 월 일</td><td colspan="8">경력사항</td></tr>
<tr><td></td><td colspan="8"></td></tr>
<tr><td></td><td colspan="8"></td></tr>
<tr><td></td><td colspan="8"></td></tr>
<tr><td>년 월 일</td><td colspan="8">자격·면허 및 교육·연수</td></tr>
<tr><td></td><td colspan="8"></td></tr>
<tr><td></td><td colspan="8"></td></tr>
<tr><td></td><td colspan="8"></td></tr>
</table>

4. 교육실습과정의 계획

사전에 교육실습과정을 계획하여야 한다. 정규 교육실습은 관찰실습, 부분수업, 연계수업, 종일수업의 단계로 진행된다. 그리고 내용별로 수업지도, 유아지도, 학급운영, 실무실습이 이루어지도록 계획한다. 4주간의 정규실습을 예시하면 다음과 같다.

〈표 5-2〉 교육실습과정

월, 일		실습형태	실 습 내 용	비 고
1주 (5.16-5.20)	월(16)	참관 및 관찰	·오리엔테이션, 실습계획협의, 일일 교육참관 ·출석부 작성요령	
	화(17)		·조형, 언어영역 ·교구제작 ·교육기자재활용	
	수(18)		·쌓기, 역할 ·교구제작 ·공문서 작성요령	
	목(19)		·조형, 음률	
	금(20)		·수·조작놀이 ·청소상태 귀가지도 관찰	실습일지 제출
2주 (5.23-5.27)	월(23)	부분수업	·이야기 나누기 ·교육활동안 작성 ·신체표현	
	화(24)		·동화 ·교육활동안 작성 ·쌓기, 역할	
	수(25)		·동요 ·교육활동안 작성 ·게임	
	목(26)		·언어 ·교실 환경구성 ·음률	
	금(27)		·요리 ·제 장부 작성 요령 ·게임 ·공문서 작성	실습일지 제출
3주 (5.30-6. 3)	월(30)	연계수업	·이야기 나누기 ·학급 운영 관찰 ·조형 ·유아관찰, 일화기록	
	화(31)		·수·조작 ·유아의 가정환경 파악 ·신체표현 ·유아관찰, 일화기록	
	수(1)		·음률 ·자료의 제작과 활용 ·실외 활동 ·현장학습계획 요령	
	목(2)		·쌓기, 역할 ·일일계획안 협의 ·게임 ·행사 진행	
	금(3)		·요리 ·교구 및 비품관리 ·동시 ·교실환경 구성	실습일지 제출
4주 (6.6-6.10)	월(6)	종일수업 및 연구수업	·현충일로 인한 휴원	
	화(7)		·일일 교육활동 전개 ·교육계획안 작성 및 수업준비	
	수(8)		·연구수업 ·교육계획안 작성 및 수업준비	
	목(9)		·연구수업 ·일일 교육활동 전개	실습소감서, 결과물 제출
	금(10)		·학급인사	실습종료

제 6 장
교육계획안

유아교육실습생의 경우 교육계획안을 작성하여 수업에 임하는 것은 매우 중요하다. 아직 숙달된 교사가 아니므로 사전 계획을 치밀하게 하고 다양한 준비를 할 필요가 있다. 교육계획안을 잘 작성하였다고 하더라도 막상 수업을 하려고 하면 뜻대로 되는 경우가 많지 않으며 돌발 상황에 오히려 당황하게 된다. 그러므로 교육실습생이나 초임교사의 경우 반드시 교육계획안 작성하여 수업을 진행하는 것이 좋다. 교육계획안은 기간별로 구분하면 먼저 연간, 월간, 주간, 일일 계획안이 있다.

1. 연간 교육계획안

연간 교육계획안에는 월별 생활주제와 주별 소주제, 그리고 행사계획이 포함된다. 연간 계획은 계절의 변화와 유치원 지역적 특성 등을 고려하여 작성한다. 월별 생활주제는 그 달의 대표적인 주제로 다양한 소주제를 유도할 수 있어야 한다. 그러므로 생활주제와 주간 소주제는 반드시 연계성을 가져야 한다.

연계성의 면에서 본다면 연간 계획안에서 월간, 주간 계획안을 거쳐 일일 계획안에 이르기까지 연계가 뚜렷해야 한다.

그리고 고려해야 할 원칙으로는 주제가 유아의 발달단계에 맞아야 한다. 그러므로 발달단계와 밀접한 연관을 갖는 나이를 기재해야 한다. 특히 유아교육에 있어서 발달 단계의 고려는 교육의 가능성과 더불어 매우 중요한 사항이다.

가능성은 실제 그 주제로 수업을 구상할 때 유아의 입장에서 목표가 달성 가능해야 한다는 것이다. 너무 복잡하거나 어려운 주제여서 달성가능하지 않다면 과감히 포기하거나 아니면 같은 주제라도 단계를 낮추어야 한다. 즉 같은 주제라도 보는 관점에 따라서 상당히 달라지게 되는 것이다.

발달단계가 전조작기인 유아에게 친근감 있는 주제를 선정하고 발달단계에 맞는 표현을 하는 것이 좋다. 친근하면 접근하기가 그만큼 쉬울 것이다. 그러므로 일상에서 접할 수 있는 생활 속에서 주제를 가져와야 한다.

취급이 용이해야 한다. 다루기가 너무 까다롭거나 복잡하면 교사와 유아가 함께 지루해질 것이다. 비교적 단순하면서 변화 가능한 것이 좋다.

그리고 주제가 참신한 것이 좋다. 실습생은 참신한 주제를 생각해보는 것도 좋다. 같은 대상이나 사실도 다른 관점에서 접근해보는 것이다.

마지막으로 교육과정의 5개 생활영역(건강생활, 사회생활, 표현생활, 언어생활, 탐구생활)과 기본생활습관을 균형적으로 포함하고 있어야 한다.

2. 월간 교육계획안

월간 계획안은 연간 계획안의 바탕위에서 구체적으로 나와야 하며 주간계획안과 연계되어야 한다. 월간 계획안에는 목표가 관찰가능하고 실현가능하게 제시되어야 한다. 그리고 5개 생활영역이 고루 포함되도록 하고 자유선택활동과 대・소집단 활동, 흥미영역별 활동으로 균형 있게 계획하여야 한다.

월간 계획안에는 주별 계획이 비교적 구체적으로 나와야 한다.

3. 주간 교육계획안

주간계획안은 월간 계획안과 연계되어 수립된다. 유치원에 따라서는 월간 계획안에 주간계획이 포함도어 있다고 주간 계획을 생략하는 경우도 있다. 하지만 주간 계획안은 요일별 구체계획이 비교적 세밀히 제시되어야 하므로 반드시 계획을 수립해야 한다. 주간의 주된 목표와 요일별 5개 생활영역, 자유선택활동, 대·소집단 활동, 흥미영역이 일주간에 걸쳐서 고루 제시되어야 한다. 균형과 관계성이 중요하다.

4. 일일 교육계획안

일일계획안은 실제로 일과운영을 하고 수업을 진행해야 할 부분이 구체적으로 기술된다. 주간계획안의 요일과 연계되고 보다 구체적으로 분단위로 교육활동 지도 영역이 제시되어야 한다. 그날의 목표를 보다 구체적으로 정하고 목표를 유추해서 확장할 수 있게 해주고, 시간대별 활동상황을 기술하고 활동내용을 구체적으로 기술한다.

일일 교육계획안을 수립함에 있어 고려할 점은 하루일과의 연속성이 있어야 하며, 하루 중에도 활동이 고루 반영될 수 있도록 균형성을 갖추어야 한다. 그러므로 동적 활동과 정적 활동, 실내활동과 실외활동, 개별활동과 소집단, 대집단 활동이 고루 반영되어야 한다.

교사와 유아 간 상호작용에 초점을 두고 계획안을 구상해야 한다. 즉, 교사와 유아 개인, 교사와 소집단 유아, 교사와 대집단 유아 간에는 행동양상과 상호작용이 달라질 것이다. 그리고 유아간의 상호작용과 유아와 교구 간 상호작용도 고려해야 한다.

그리고 유아의 요구와 흥미를 계획에 반영해야 하며, 그리고 계획을 수행중일 때라도 수시로 전체 주제를 혼란시키지 않는다면 유아의 요구와 흥미를 반영하에 활동계획을 신축적으로 운영해야 한다.

유아는 생리적 욕구를 잘 참지 못하므로 중간 중간 배변시간, 간식시간, 식사시간, 기본생활지도, 안전지도 등을 병행하여야 한다. 그리고 단계별로 마디를 두어 반드시 정리 및 평가시간을 가져야 한다.

일일 교육계획안은 다양하면서도 일관성을 지녀야 하며, 하루 중 생활영역, 흥미영역, 대·소집단 활동 등이 고루 반영되도록 하여 융통성 있게 신축적으로 운영하여야 한다.

5. 교육계획안의 실제

다음에 제시되는 교육계획안은 실제 교육실습 수업 중에 학생들이 작성한 것이다. 모든 요소를 고려했다고 보기 어렵지만 하나의 사례로서 제시한다. 제시 순서는 발달단계와 연계성을 보여주기 위해 만 3세아 연간, 월간, 주간, 일일 교육계획안, 만 4세아 연간, 월간, 주간, 일일 교육계획안, 만 5세아 연간, 월간, 주간, 일일 교육계획안을 수록하였다.

만 3세 연간 교육계획안

월	생활주제	주	소주제	행사	월	생활주제	주	소주제	행사
3	새로운 시작	1 2 3 4	만나서 반가워요 즐거운 하루일과 친구와 사이좋게 지내요 규칙을 지켜요	입학식 소방 교육 및 안전 교육	9	우리나라/ 세계 여러 나라	1 2 3 4	우리나라의 역사와 놀이 우리나라의 자랑거리 세계 여러 나라의 모습 세계 여러 나라의 축제	민속 박물관 현장 학습
4	봄	1 2 3 4	따뜻한 봄 봄의 동· 식물 봄의 곤충 봄 나들이 하기	봄소풍 건강 검진	10	가을	1 2 3 4	가을의 날씨와 생활 고유명절 추석 풍성한 가을 가을 단풍과 낙엽	가을 소풍
5	나와 우리가족	1 2 3 4	나의 몸과 마음 내 몸은 소중해요 엄마아빠 사랑해요 행복한 우리 집	어린이 날 행사 우리 들의 날 성 교육	11	생활도구 / 교통기관	1 2 3 4	다양한 생활도구 도구와 기계의 도움 다양한 교통수단과 구조 고마운 교통기관	어머니 참여 수업
6	동식물과 자연	1 2 3 4	나무의 특성 풀의 특성 애완동물의 특징 농장동물의 특징	학부모 면담 뮤지컬 관람	12	겨울	1 2 3 4	겨울이 왔어요 따뜻한 겨울을 보내요 겨울놀이 즐거운 크리스마스	눈썰매장 재롱 발표회
7	여름	1 2 3 4	더운 여름 여름철 건강 지키기 시원하게 보내요 톡톡톡, 빗방울	소방서 견학 하기 수영장	1	새해	1 2 3 4	새해가 밝았어요 설날 겨울방학 겨울방학	겨울 방학식
8	건강과 안전	1 2 3 4	여름방학 여름방학 맛있는 음식과 건강 안전한 놀이와 생활	여름 방학식 안전 교육	2	형님반이 되었어요	1 2 3 4	즐거웠던 우리반 고맙습니다 선생님 형님반에 가요 형님반이 되었어요	졸업식 및 음악회

만 3세 6월 교육계획안

<table>
<tr><td colspan="3">학급명</td><td>딸기 반</td><td>생활주제</td><td>동식물과 자연</td><td>일시</td><td>2011.06.07~
2011.06.30</td></tr>
<tr><td colspan="3">목표</td><td colspan="5">동식물의 특성과 보호방법에 대해 말할 수 있다.
동식물의 보호방법에 대해 알고 실천할 수 있다.</td></tr>
<tr><td colspan="3" rowspan="5">유치원교육
과정</td><td>건강생활</td><td colspan="4">-바깥에서 신체 활동하기(규칙적으로 바깥에서 신체 활동을 한다.)
-나의 몸 인식하고 움직이기(나의 신체 능력을 긍정적으로 인식하고 움직인다)
-즐겁게 생활하기(다양한 신체 활동을 통해 긴장감을 해소하고 즐거운 마음으로 생활한다.</td></tr>
<tr><td>사회생활</td><td colspan="4">-나를 알고 사랑하기(나의 일 스스로 하기 - 하루 일과에 적응한다)
-이웃과 더불어 생활하기(다른 사람을 이해하고 존중하기 - 친구와 사이좋게 지낸다)
-이웃과 더불어 생활하기(두레의 소중함을 알고 협력하기 - 집단 활동에 참여한다)</td></tr>
<tr><td>표현생활</td><td colspan="4">-자연과 생활에서 아름다움 찾아보기(소리에 관심 가지기-주변소리에 관심을 가진다)
-음악으로 표현하기(노래를 즐겨 부른다. 신체나 리듬악기를 사용하여 간단한 리듬 패턴을 만들어 본다.)
-움직임과 춤으로 표현하기(신체를 이용하여 주변의 움직임을 다양하게 표현한다)
-극 놀이로 표현하기
-창의적인 표현 과정 즐기기(예술 활동에 참여하여 표현 과정을 즐긴다)</td></tr>
<tr><td>언어생활</td><td colspan="4">-듣기(이야기 듣고 이해하기 - 다른 사람의 이야기를 주의 깊게 듣고 이해한다)
(바른 태도로 듣기 - 말하는 사람의 이야기를 끝까지 듣는다.)
-말하기(낱말과 문장으로 말하기 - 정확하게 발음해 본다. 새로운 어휘에 관심 가진다)
(생각과 느낌 말하기 - 자신의 느낌을 말한다)
-읽기(책에 관심 가지기 - 책 보는 것을 즐기고 책을 소중하게 다룬다.)</td></tr>
<tr><td>탐구생활</td><td colspan="4">탐구하는 태도 기르기
과학적 기초 능력 기르기(생명체와 자연환경 소중하게 여기기)</td></tr>
<tr><td colspan="3">주
생활영역</td><td>1주
(06/07~06/10)</td><td colspan="2">2주
(06/13~06/17)</td><td>3주
(06/20~06/24)</td><td>4주
(06/27~06/30)</td></tr>
<tr><td colspan="3">소주제</td><td>나무의 특성과
보호 방법 알기</td><td colspan="2">풀의 특성과
보호 방법 알기</td><td>애완동물의 특성과
보호 방법 알기</td><td>농장 동물과 동물원 동물의 특성과
보호 방법 알기</td></tr>
<tr><td colspan="3">등원 및 맞이하기</td><td colspan="5">1. 등원하는 유아를 밝은 미소로 맞이하고, 유아들의 기분과 건강을 확인한다.
2. 등원하는 대로 유아가 직접 출석카드에 도장을 찍고 날짜와 숫자를 알아본다.
3. 신발과 가방을 스스로 정리하고, 옷을 사물함에 정리할 수 있도록 지도한다.</td></tr>
<tr><td>건강
생활</td><td rowspan="2">자
유
선
택</td><td>쌓기
영역</td><td>수목원 꾸미기</td><td colspan="2">채소밭 가꾸기</td><td>애완동물 자석 블록</td><td>기린만큼 쌓아보기</td></tr>
<tr><td>사회
생활</td><td>역할
영역</td><td>낙엽 방석</td><td colspan="2">채소가게 놀이</td><td>동물 인형 놀이</td><td>코끼리 가족</td></tr>
</table>

표현생활	활동	음률영역	열매 악기	곡식으로 소리 내요	우리 집 동물	원숭이 옷 샌드 블록
언어생활		언어영역	나무 이름 말놀이	풀 종류 말놀이	어떤 동물이 있을까	잃어버린 동물 찾기
탐구생활		수 조작	열매 모으기	어떤 콩을 먹을까?	애완동물 그림퍼즐	토끼 먹이 모으기
건강생활	대·소집단활동	신체	나무가 되어보자	콩처럼 뛰어보자	동물들의 축제	토끼, 소, 다람쥐 되어 보기
사회생활		게임	대자대자 나무 이름을 대자	행운의 클로버를 찾아라	애완동물 그림자 찾기	동물의자 앉기
표현생활		음률	단풍잎 〈새 노래〉	나는 채소가 좋더라. 〈새 노래〉	동물들의 목소리	동물 흉내
언어생활		이야기 나누기	맛있는 과일들	어떤 풀이 있을까?	동물을 버리면 안돼요	동물원에서 일하는 사람들
탐구생활		바깥 놀이	꼭꼭 숨어라	꽃 찾으러 왔단다.	동물을 찾아라.	동물 발자국

만 3세 6월 1주 계획안

학급명	딸기 반	활동 기간	2011/06/06~ 2011/06/10
생활주제	동식물과 자연	소주제	나무의 특성과 보호방법 알기
목표	- 동식물의 특성과 보호방법에 대해 말할 수 있다.		
유치원교육과정	건강생활	-바깥에서 신체 활동하기(규칙적으로 바깥에서 신체 활동을 한다.) -나의 몸 인식하고 움직이기(나의 신체 능력을 긍정적으로 인식하고 움직인다) -즐겁게 생활하기(다양한 신체 활동을 통해 긴장감을 해소하고 즐거운 마음으로 생활한다.	
	사회생활	-나를 알고 사랑하기(나의 일 스스로 하기 - 하루 일과에 적응한다) -이웃과 더불어 생활하기(다른 사람을 이해하고 존중하기 - 친구와 사이좋게 지낸다) -이웃과 더불어 생활하기(두레의 소중함을 알고 협력하기 - 집단 활동에 참여한다)	
	표현생활	-자연과 생활에서 아름다움 찾아보기(소리에 관심 가지기-주변소리에 관심을 가진다) -음악으로 표현하기(노래를 즐겨 부른다, 신체나 리듬악기를 사용하여 간단한 리듬 패턴을 만들어 본다.) -움직임과 춤으로 표현하기(신체를 이용하여 주변의 움직임을 다양하게 표현한다) -극 놀이로 표현하기 -창의적인 표현 과정 즐기기(예술 활동에 참여하여 표현 과정을 즐긴다)	
	언어생활	-듣기(이야기 듣고 이해하기 - 다른 사람의 이야기를 주의깊게 듣고 이해한다) (바른 태도로 듣기 - 말하는 사람의 이야기를 끝까지 듣는다.)	

		-말하기(낱말과 문장으로 말하기 - 정확하게 발음해 본다, 새로운 어휘에 관심가진다) (생각과 느낌 말하기 - 자신의 느낌을 말한다)		
	탐구생활	과학적 기초 능력 기르기(생명체와 자연환경 소중하게 여기기)		

생활영역 \ 날짜			06.06 (월)	06.07(화)	06.08(수)	06.09(목)	06.10(금)
일 주제			현 충 일	나무의 종류	숲	나무의 특징	나무와 꽃
등원 및 맞이하기			1. 등원하는 유아를 밝은 미소로 맞이하고, 유아들의 기분과 건강을 확인한다. 2. 등원하는 대로 유아가 직접 출석카드에 도장을 찍고 날짜와 숫자를 알아본다. 3. 신발과 가방을 스스로 정리하고, 옷을 사물함에 정리할 수 있도록 지도한다.				
건강생활	자유선택활동	쌓기 영역		나무처럼 크게 쌓기	수목원 꾸미기		나의 가구 만들기
사회생활		역할 영역				낙엽 방석	
표현생활		음률 영역		열매악기			소나무야 〈노래〉
언어생활		언어 영역		나무이름 말놀이			
탐구생활		수 조작			수목원사진 퍼즐 〈6조각〉	나무그림퍼즐	열매 모으기
건강생활	대·소집단활동	신체			숲속 친구들 흉내 내기	나무가 되어보자	
사회생활		게임		나무 이름을 대자			꽃 찾기
표현생활		음률				〈새 노래〉 단풍잎	〈새 노래〉 식물의 성장
언어생활		이야기 나누기		어떤 나무가 있을까?	어떻게 해야 나무를 보호할 수 있을까?	맛있는 과일들	나무에는 어떤 꽃들이 필까?
탐구생활		바깥 놀이		어떤 나무를 보았니?	수목원 (견학)	나무 모습 관찰	꼭꼭 숨어라

만 3세 일일 교육계획안

학급명	딸기 반	유아연령	만 3세	일시	2011/06/09 (목)
생활주제	동식물과 자연			소주제	나무의 특성과 보호방법 알기
				일일주제	나무의 특징
목표	- 나무에 대한 생각과 느낌을 말하고 신체로 표현할 수 있다.				
활동시간	8:50~ 09:00 등원 9:00~ 10:10 자유 선택 활동 10:10~ 10:30 정리 및 자유 선택 활동 평가 10:30~ 10:50 이야기 나누기 10:50~ 11:40 바깥놀이			11:40~ 12:00 노래 부르기 12:00~ 13:10 점심 및 휴식 13:10~ 13:30 신체활동 13:30~ 13:45 평가 13:45~ 14:10 동화 14:10~ 14:20 일일 평가 14:20~ 14:40 하원 준비 및 하원	

시간/활동 명	활동 목표	활동내용	자료 및 유의점
8:50 ~ 9:00 등원	유아를 반갑게 맞이한다.	등원한 유아들과 반갑게 인사를 나눈다. 가방과 겉옷을 정리한다. 수첩을 꺼내 오늘 날짜에 스티커를 붙인다. 유아의 기분과 상태를 점검한다.	
9:00 ~ 10:10 자유 선택 활동	스스로 자유롭게 놀이 할 수 있다.	자유롭게 스스로 흥미 있는 영역에서 놀이를 한다. 〈역할 영역 - 낙엽 방석〉, 〈수 조작 영역 - 나무그림 퍼즐〉	
10:10 ~ 10:30 정리 및 평가	자신이 가지고 논 교구를 스스로 정리할 수 있다.	〈정리정돈〉 정리음악을 들으며 놀이한 교구를 제자리에 정리한다. * 교사는 정리 반주를 들려준다. (모두제자리)	
10:30 ~ 10:50 이야기 나누기	과일에 대해 말할 수 있다.	〈이야기 나누기〉 맛있는 과일들 . T : 친구들은 어떤 과일들을 보았니? 어떤 과일을 먹어 보았니? 과일의 맛은 어땠니? 나무에 달린 과일을 본 적이 있니? 나무에서 나는 과일은 어떤 것들이 있을까?	
10:50 ~ 11:40 바깥 놀이	나무의 모습을 관찰할 수 있다.	〈 바깥놀이 〉 나무의 모양새, 색, 크기 등을 관찰 한다.	
11:40 ~ 12:00 노래 부르기	새 노래를 부를 수 있다.	〈새 노래〉 '단풍잎'	· 유아들의 의사를 존중한다.
12:00~ 13:10 점심 및 휴식	바른 자세로 밥을 먹을 수 있다./ 자신이 먹은 자리를 깨끗하게 정리할 수 있다./ 올바르게 이를 닦을 수 있다.	〈점심 식사〉 -수저를 꺼내고 바른 자세로 기다린다. -오늘의 점심 메뉴에 대해 알아본다. -점심 기도를 하고, 맛있게 점심을 먹는다. 〈교사는 유아들이 음식을 만기지 않도록 지도한다.〉 〈이 닦기〉 -자신의 양치도구를 찾아 양치를 한다. 〈정리〉 자신이 먹고 난 자리를 깨끗하게 정리한다.	
13:10 ~ 13:30 신체 활동	신체를 이용해 나무를 표현할 수 있다.	나무가 되어보자 다양한 나무의 형태를 따라 해 본다. 바람에 흔들리는 나무를 흉내 내어 본다. 커다란 나무와 작은 나무를 표현해 본다.	
13:30 ~ 13:45 평가	느낌을 말할 수 있다.	신체 활동이 끝난 후, 느낌을 말해본다. -나무가 되어 보았는데 어땠니? -어떤 점이 어려웠니? -어떤 점이 즐거웠니?	
13:45 ~ 14:10 동화	동화에 내용을 이해할 수 있다.	동화를 들려준다. 〈잭과 콩 나무〉	
14:10 ~ 14:20 일일 평가	오늘의 활동을 평가한다.	하루 동안의 활동을 회상해 보고 느낀 점을 말해본다.	

14:20 ~ 14:40 하원 준비 및 하원	바르게 귀가한다.	〈귀가 지도〉 -옷을 바르게 입고 가방을 멘다. 교사와 친구들에게 인사한다. -차량을 타고 귀가한다.	

만 4세 연간 교육계획안

월	생활주제	주	소주제	행사	월	생활주제	주	소주제	행사
3	만나서 반가워요	1 2 3 4	우리 원이에요 나를 소개해요 우리들의 하루 약속을 지켜요	O.T 입학식 신체검사 생일잔치	9	우리나라와 다른 나라	1 2 3 4	추석이 왔어요 우리나라 문화 여러 나라 문화 우리는 한가족	추석 생일잔치 안전교육
4	봄이 왔어요	1 2 3 4	봄을 알려요 날씨와 옷차림 봄의 친구들 봄의 꽃	식목일 생일잔치 봄 소풍 안전교육	10	가을이 왔어요	1 2	시원한 가을 단풍과 낙엽	가을소풍운동회
						생활도구	3 4	편리한 도구들 안전한 기계	생일잔치
5	사랑하는 사람들	1 2 3 4	나를 사랑해요 행복한 우리가족 고마우신 분들 내가 도와줘요	어린이날 생일잔치 공공기관 견학	11	동물 친구들	1 2 3 4	땅에사는 친구 물에사는 친구 동물을 사랑해요 동물 흉내내기	동물원 견학 생일잔치 안전교육
6	생명은 소중해요	1 2 3 4	식물 친구들 동물 친구들 곤충 세상 사라진 동물들	안전교육 생일잔치 씨앗심기 안전교육	12	겨울이 왔어요	1 2 3 4	겨울의 날씨 겨울놀이 따뜻한 세상 한 해를 보내며	부모상담 생일잔치 성금 산타방문
7	여름이 왔어요	1 2 3 4	더워졌어요 물놀이를 해요 즐거운 운동 물과 우리생활	공원산책 물놀이 생일잔치 안전교육	1	새해가 왔어요	1 2 3 4	새해의 소망 설날 김장을 해요 겨울방학	작은 발표회 겨울 방학식
8	건강해져요	1 2 3 4	안전한 놀이 안전한 음식 운동을 해요 내 몸은 튼튼	부모상담 생일잔치 체육대회 여름방학	2	형님반에 가요	1 2 3 4	나는 자랐어요 즐거웠던 우리반 형님반에 가요 형님이 되었어요	개학식 설날

만 4세 5월 교육계획안

학급명	사랑반	생활주제	사랑하는 사람들	일시	2011년 5.2~5.27
목표	· 사랑하는 사람들을 소개할 수 있다.				
표준보육과정	기본생활 : 안전한 생활 - 안전교육에 중요성을 알고 참여하기 신체운동 : 신체활동 참여 - 신체 활동에 참여하기 사회관계 : 사회적 관계 - 공동체 정신 기르기 의사소통 : 말하기 - 자신의 느낌, 생각, 경험 말하기 자연탐구 : 탐구적 태도 - 주변의 사물과 환경에 대해 호기심 가지기 예술경험 : 예술적 표현 - 극놀이로 표현하기				

생활영역 \ 주			1주 5월 2일~5월 6일	2주 5월 9일~5월 13일	3주 5월 16일~5월 20일	4주 5월 23일~5월27일
소주제			우리집 가훈	행복한 우리가족	내가 사는 곳은?	우리 동네의 여러 기관
등원 및 맞이하기			동· 가족 구성원 중 누구와 인사 나누며 등원하였는지 관심 가지기 ·다양한 가족형태 사진 전시 ·'OO동에 살고 있나요?' 질문하기 ·'우리 동네에는 무엇이 있나요?' 질문하기			
기본생활	자유선택활동	기본생활영역	·차례를 지켜요	·어른을 공경하는 마음 가져요	·공공장소를 깨끗이 사용해요	·다른 사람의 이야기를 끝까지 들어요
의사소통	자유선택활동	언어영역	·가족나무	·존댓말 카드	· 우리 동네에 숨어있는 글자	·우리 동네 직업 입체퍼즐
신체운동	자유선택활동	미술영역	·카네이션 만들기 ·가족얼굴 병풍만들기	·가족 명화 조각 꾸미기	·모양 색종이로 우리 동네 꾸미기	·다양한 직업의 옷을 입혀요
사회관계	자유선택활동	역할놀이	·우리 가족이 하는 일	·우리 가족이 살고 ·싶은 집 구성하기	· 우리 동네 길 만들기 ·장난감 가게 놀이	· 병원 놀이 ·미용실 놀이
자연탐구	자유선택활동	과학영역	·생김새가 달라요	· 우리 가족의 신발길이를 재어 보아요	·우리 동네에 외국인이 살아요	·빙글빙글 기관 찾기
예술경험	자유선택활동	음률영역	·동요 '우리집'	·가족 얼굴 악기 연주	·기관 악기 연주하기	·우리 집에 왜 왔니
의사소통	대·소집단활동	이야기 나누기	·우리집 가훈	·할아버지 할머니가 되어 보세요	·우리 동네를 소개해요	·우리 동네에는 여러 가지 기관이 있어요
의사소통	대·소집단활동	동화 들려주기	·엄마, 아빠가 좋아요	·잠꾸러기 가족	·노랑 풍선의 여행	·구멍가게
예술경험	대·소집단활동	조형활동	·우리집 가훈 만들기	·가족 얼굴 악기 만들기	·색깔 집을 만들어요	·빗자루 만들기
사회관계	대·소집단활동	새 노래	·우리 집을 지읍시다	·예쁜 내동생	·즐거운 대장장이	·행복한 우리 동네
신체운동	대·소집단활동	게임	·우리집에 왜왔니	·다리 놓아 주기	·우유 배달하기	·훌라후프 통과하기
자연탐구	대·소집단활동	요리 ·과학	·핫케이크 만들기	·가족 키 재기	·자석 바람개비 돌리기·	·떡 볶음 만들기

만 4세 5월 3주 교육계획안

학급명	사랑반	활동 기간	2011년 5월16일~5월20일
생활주제	내가 사랑하는 사람들	소주제	내가 사는 곳은?
목표	· 우리 동네를 소개할 수 있다. · 우리 동네에 있는 다양한 건물들을 말할 수 있다.		
표준보육과정	기본생활 : 안전한 생활 - 안전교육에 중요성을 알고 참여하기 신체운동 : 신체활동 참여 - 신체 활동에 참여하기 사회관계 : 사회적 관계 - 공동체 정신 기르기 의사소통 : 말하기 - 자신의 느낌, 생각, 경험 말하기 자연탐구 : 탐구적 태도 - 주변의 사물과 환경에 대해 호기심 가지기 예술경험 : 예술적 표현 - 극놀이로 표현하기		

날짜 / 생활영역	5월 16일 월요일	5월 17일 화요일	5월 18일 수요일	5월 19일 목요일	5월 20일 금요일
일주제	우리 동네에 대해 알아 보아요	우리 동네를 꾸며요	동네에서 안전하게 다녀요	우리 동네에 사는 사람들	우리 동네를 둘러 보아요
등원 및 맞이하기	· 등원하는 유아와 반갑게 인사를 나눈다. · 등원하는 유아에게 'OO동에 살고 있나요?' 질문을 한다.				

생활영역	활동	영역	5월 16일 월요일	5월 17일 화요일	5월 18일 수요일	5월 19일 목요일	5월 20일 금요일
기본생활	자유선택활동	기본생활 영역	웃어른께 존댓말 하기	바르고 고운 말 사용하기	안전하게 생활하기	부모와 웃어른께 인사하기	공공장소를 깨끗이 사용해요
의사소통	자유선택활동	언어 영역					·우리 동네에 숨어있는 글자
신체운동	자유선택활동	감각 영역				패스트푸드점 모자 만들기	
사회관계	자유선택활동	역할 놀이	·우리 동네 길 만들기	·장난감 가게 놀이			
자연탐구	자유선택활동	과학 영역			·만져 보아요		
예술경험	자유선택활동	음률 영역		·기관 악기 연주하기			
의사소통	대·소집단활동	이야기 나누기	우리 동네를 소개해요	공공장소를 깨끗이 사용해요	골목길에서의 안전	우리동네에 사는 사람들	우리 동네 지도 관찰
의사소통	대·소집단활동	동화 들려주기	노랑 풍선의 여행				한 건물 안의 동네
예술경험	대·소집단활동	조형 활동		색깔 집을 만들어요			
사회관계	대·소집단활동	새 노래 · 음률		즐거운 대장장이	(유아이름)는 (동네이름)에	그런 집 보았니?	
신체운동	대·소집단활동	게임 및 신체활동			우유 배달하기		
자연탐구	대·소집단활동	요리 · 과학					자석 바람개비 돌리기

만 4세 일일 교육계획안

<table>
<tr><td>학급명</td><td>사랑반</td><td>유아연령</td><td>만 4세</td><td>일시</td><td colspan="2">2011년 5월 19일 목요일</td></tr>
<tr><td rowspan="2">생활주제</td><td colspan="3" rowspan="2">사랑하는 사람들</td><td>소주제</td><td colspan="2">우리 동네에 사는 사람들</td></tr>
<tr><td>일일 주제</td><td colspan="2">우리는 이웃이에요</td></tr>
<tr><td>목표</td><td colspan="6">· 우리 동네 사람들에게 인사를 할 수 있다.
· 이웃과 잘 지내는 방법에 대해 알고 실천할 수 있다.</td></tr>
<tr><td>활동시간</td><td colspan="3">07:30~09:00 등원 및 유아 맞이하기
09:00~09:20 정리정돈 및 화장실 다녀오기
09:20~09:50 오전간식
09:50~10:50 실내 자유선택활동
10:50~11:00 정리정돈 및 전이활동
11:00~12:00 대·소그룹 활동</td><td colspan="3">12:00~12:10 손씻기
12:10~13:20 점심식사
13:20~13:40 양치질 및 화장실 다녀오기
13:40~14:20 실내 자유선택활동
14:20~14:30 활동 마무리 및 정리
14:30~14:40 귀가준비 및 귀가</td></tr>
<tr><td>활동명/시간</td><td>활동 목표</td><td colspan="4">활동내용</td><td>자료 및 유의점</td></tr>
<tr><td>등원 및 유아 맞이하기
(07: 30 ~ 09:00)</td><td>-즐겁게 인사를 나눌 수 있다.</td><td colspan="4">-선생님과 친구에게 인사를 한다.
-유아의 기분상태와 건강상태를 점검한다.
-투약의뢰서 유무 확인한다.
-교실에서 놀잇감을 가지고 자유롭게 놀이한다.</td><td>-날짜 판
-스탬프</td></tr>
<tr><td>정리정돈 및 화장실 다녀오기
(09:00 ~ 09:20)</td><td>-정리정돈을 바르게 할 수 있다.</td><td colspan="4">-화장실에 다녀온다.
-차례대로 화장실에 가서 손을 깨끗이 씻고 수건으로 손을 닦는다.</td><td>-수건,
-핸드타올</td></tr>
<tr><td>오전간식
(09:20 ~ 09:50)</td><td>-식사예절을 지킬 수 있다.</td><td colspan="4">-간식영역에 준비된 간식을 가지고 와서 자리에 앉는다.
-간식 정리는 유아 스스로 하도록 격려한다.</td><td></td></tr>
<tr><td>실내 자유선택활동
(09:50 ~ 10:50)</td><td>-소 근육을 기를 수 있다.</td><td colspan="4">[감각영역]
■ 활동방법
① 색종이를 나누어 가진 뒤 종이접기 판을 보며 순서를 알아본다.
② 천천히 종이를 접어보며 모자를 완성해본다.
(교사는 유아의 수준에 맞추어 적절히 도움을 준다.)
③ 완선된 종이 모자에 색연필이나 크레파스 등으로 꾸며준다.
④ 모자를 써보며 서로의 모습을 감상해본다.</td><td>-색종이
-종이접기판
-크레파스</td></tr>
<tr><td>정리정돈 및 전이활동
(10:50 ~ 11:00)</td><td>-스스로 정리 할 수 있다.</td><td colspan="4">- 유아가 놀이한 놀잇감은 스스로 정리한다.
- 한 활동에서 다음활동으로 이어지는 전이시간에 노래 부르기 등의 짧은 전이활동을 진행함으로써 활동간의 자연스러운 연결을 계획한다.</td><td></td></tr>
<tr><td>대소그룹 활동
(이야기 나누기)
(11:00~12:00)</td><td>-자신의 생각을 말할 수 있다.</td><td colspan="4">[도입]
●손 인형을 이용하여 우리 이웃에 대한 동화를 들려주고 난 후 느낀 점에 대해 이야기 나눈다.
T: (손 인형을 들고)이 친구의 이름을 뭐라고 부를까요?
C: 꾀돌이요~</td><td>-손인형
-그림자료
-가사판
-음원</td></tr>
</table>

	- 우리 동네 사람들에 대해 알고 관심을 가진다. -이웃과 잘 지내는 방법에 대해 알고 실천한다.	T: 그래요. 꾀돌이라고 불러요. (꾀돌이에 대해 이야기 해준다.) [전개] ●유아 가까이에 있는 이웃에 대해 이야기 나눈다. -우리주변에는 어떤 이웃이 있을까요? -이웃과 어떻게 지내면 좋을까요? -친구들이 가장 기억이 남는 이웃은 누구인가요? -이웃과 어떻게 하면 사이좋게 지낼 수 있을까요? -우리 이웃과 화목하게 지낼 수 있는 방법에는 어떤 것들이 있을까? ●이웃이 우리에게 어떤 도움을 주는지 이야기 나눈다. -이웃들은 우리에게 어떤 도움을 주나요? ●우리동네에 이웃이 없다면 어떨지 상상해보면서 이야기 나눈다. [마무리] 우리가 이웃과 화목하게 지내는 방법에 대해 생각해보고 '이웃과 화목하게 지내려면' 어떻게 해야 할지 실천할 수 있는 방법에 대해서 이야기 나눈다. (이웃 어른들에게 바르게 인사하기, 쓰레기 버리지 않기, 놀이터에 가서 친구에게 양보하는 모습 등)	
손 씻기 (12:00~12:10)	-깨끗하게 손을 씻을 수 있다.	-차례대로 화장실에 가서 손을 깨끗이 씻고 수건으로 손을 닦는다.	-수건 -핸드타올
점심식사 (12:10 ~ 13:20)	-음식을 소중히 여기고 깨끗하게 먹을 수 있다.	-점심식사 준비 및 뒤처리에 유아가 참여하여 스스로 할 수 있도록 한다. -유아가 포크나 수저를 사용하여 스스로 먹을 수 있도록 한다.	-수저 -포크
양치질 및 화장실 다녀오기 (13:20 ~ 13:40)	-올바른 화장실 사용법을 알 수 있다.	-점심식사 후 스스로 이 닦기를 할 수 있도록 한다.	-칫솔 -치약
실내자유선택활동 (13:40~14:20)	-직업 이름을 알 수 있다.	[언어] -주소록 만들기 -직업 이름을 이야기 해요	-메모지 -수첩
	-우리동네 기관에 대해 안다.	[수·조작] -우리동네 기관 카드 뒤집기 -내가 좋아하는 우리동네 기관 그래프	-우리 동네 기관 카드 -활동지
	-점토를 이용해 음식을 만들 수 있다.	[조형] -점토 음식 만들기 -패스트푸드점 모자 만들기(종이접기)	-지점토 -판 -색종이
	-역할 놀이를 할 수 있다.	[역할] -음식점 놀이	-소꿉놀이 세트
활동 마무리 및 정리 (14:20 ~ 14:30)	-주변을 정리 할 수 있다.	-유아가 하던 활동은 마무리 하며 정리 한다.	

귀가준비 및 귀가 (14:30~14:40)	-즐겁게 인사를 나눌 수 있다.	-귀가 준비(소지품 챙기기, 씻기, 옷입기 등)를 한다. -부모와 유아의 상태에 대해 이야기하고, 귀가 인사를 나눈다.	

만 5세 연간 교육계획안

월	생활주제	주	소주제	행사	월	생활주제	주	소주제	행사
3	유치원과 친구	1 2 3 4	우리는 토끼반 내 친구들이 좋아요 내가 좋아하는 장난감 우리들의 약속	입학식 시민안전 체험관 학부모 교육	9	우리나라	1 2 3 4	우리나라를 나타내요 고유명절 '추석' 우리나라 옷 우리나라 음식	예절학교 송편 빚기와 민속놀이
4	봄	1 2 3 4	봄이 왔어요 아름다운 꽃과 나무 봄의 곤충 우리 생활과 봄	건강검진 씨앗 뿌리기 봄 동산 견학	10	가을	1 2 3 4	가을이 되었어요! 가을의 변화 가을의 꽃과 곤충 가을의 색과 소리	학부모 참여수업 가을 대 운동회
5	나와 가족	1 2 3 4	나의 몸과 마음 소중한 나 소중한 우리가족 가족 추억 만들기	학부모 참여수업 어린이날 행사	11	지구와 우주	1 2 3 4	내가 사는 지구 태양계 행성들 신비한 별자리 우주탐험	가을맞이 동요, 동시 대회 신문 박물관
6	우리 동네	1 2	내가 사는 동네 우리를 돕는 기관과 사람들	시장놀이 병원놀이 지역사회 견학	12	겨울	1 2 3	겨울철 날씨와 사람들의 생활 2011년 마무리 성탄절 겨울방학기간	김장 담그기 산타 잔치
	동식물	3 4	여러 가지 동식물 동식물을 보호해요						
7	여름	1 2 3 4	여름철 생활 여름철 식물 물 여름방학 기간	신나는 캠프 방문 인형극	1	새해와 초등학교	1 2 3 4	새해와 나이 초등학교 우리의 명절 설날 우리들은 1학년	학습, 율동 발표회 박물관 견학
8	교통기관	1 2 3 4	운송기관의 종류와 특징 안전하게 이용해요 교통기관의 편리함 교통기관의 문제점	여름 방학식 신나는 수영놀이	2	유치원 졸업과 초등학교	1 2 3	초등학교에 가면 즐거웠던 유치원 유치원 졸업	수료 및 졸업식 초등학교 견학

만 5세 5월 교육계획안

학급명	별님반	생활주제	나와 가족	일시	2011. 5.2 ~ 5.27

목표	• 나의 몸과 마음에 대한 소중함을 알고, 스스로 몸을 보호할 수 있다. • 가족의 소중함을 느끼고, 가족의 역할을 말할 수 있다.
유치원 교육과정	건강생활 : 안전하게 생활하기 - 나와 다른 사람의 몸을 소중히 하기 사회생활 : 나를 알고 사랑하기 - 나를 소중하게 여기기 표현생활 : 예술적 표현 즐기기 - 움직임과 춤으로 표현하기 언어생활 : 쓰기 - 쓰기에 관심가지기 탐구생활 : 수학적 기초 능력 기르기 - 공간 및 도형 감각 기르기

생활영역 \ 주			1주	2주	3주	4주
소주제			나의 몸과 마음	소중한 나	소중한 우리 가족	가족의 역할
등원 및 맞이하기			1. 등원하는 유아를 밝은 미소로 맞이하고, 유아들의 기분과 건강을 확인한다. 2. 등원하는 대로 유아가 직접 출석카드에 도장을 찍고 날짜와 숫자를 알아본다. 3. 신발과 가방을 스스로 정리하고, 옷을 사물함에 정리할 수 있도록 지도한다.			
언어영역	자유선택활동	언어	나의 몸이에요	내 이름 삼행시	사랑의 편지 쓰기	우리 가족 역할 이야기
사회영역		역할	여러 모습의 나	나의 꿈 역할놀이	결혼식 놀이	가족 생일 파티 놀이
건강영역		쌓기	몸 속 뼈대를 만들어요	내가 가고 싶은 곳	가족에게 필요한 물건 만들기	블록으로 우리 집 만들기
표현영역		조형	거울보고 내 얼굴 그리기	팝업북 - 나는 자라요	찰흙으로 가족 만들기	엄마 아빠 얼굴그리기
탐구영역		수·조작	몸속의 뼈 맞추기	내 물건 골라 넣기	우리 가족 그래프	우리 집 전화번호
언어영역	대·소집단활동	이야기 나누기	소화가 되기까지	내가 잘하는 것	가족 간의 지켜야할 예절	가족 구성원의 역할
		동화/동시	동시 - 마음	동화 - 너는 특별하단다	동시 - 손가락 가족	동화 - 우리 아빠가 최고야
표현영역		미술	내 지문 그림	내 얼굴 꾸미기	결혼식 놀이 소품 만들기	가족사진 시계 만들기
		음률	머리 어깨 무릎 발	나는 기쁘다	닮은 곳이 있대요	우리 집
건강영역 사회영역		신체표현/게임	목적에 따른 놀이를 통한 신체표현운동	나의 몸 속 여행	우리 집에 왜 왔니	심부름을 해요
탐구영역		요리/과학	지문 열쇠고리	페 만들기	김밥 만들기	미니 케이크 만들기

만 5세 5월 1주 교육계획안

학급명	별님반	활동 기간	5 . 2 ~ 5 . 6
생활주제	나와 가족	소주제	나의 몸과 마음
목표	• 나의 몸과 마음에 대한 소중함을 알고, 스스로 몸을 보호할 수 있다.		
유치원 교육과정	건강생활 : 안전하게 생활하기 - 나와 다른 사람의 몸을 소중히 하기 사회생활 : 나를 알고 사랑하기 - 나를 소중하게 여기기 표현생활 : 예술적 표현 즐기기 - 움직임과 춤으로 표현하기 언어생활 : 말하기 - 생각과 느낌 말하기 탐구생활 : 수학적 기초 능력 기르기 - 공간 및 도형 감각 기르기		

생활영역 \ 날짜			5월 2일 (월)	5월 3일 (화)	5월 4일 (수)	5월 5일 (목)	5월 6일 (금)
일주제			신기한 나의 몸속	내 몸이 하는 일	내 몸은 소중해요	이만큼 자랐어요	마음을 말해요
등원 및 맞이하기			1. 등원하는 유아를 밝은 미소로 맞이하고, 유아들의 기분과 건강을 확인한다. 2. 등원하는 대로 유아가 직접 출석카드에 도장을 찍고 날짜와 숫자를 알아본다. 3. 신발과 가방을 스스로 정리하고, 옷을 사물함에 정리할 수 있도록 지도한다.				
언어영역	자유선택활동	언어	나의 몸이에요		신체부위 수수께끼		내 사진보고 이야기 나누기
사회영역		역할		몸 속 여행		여러 모습의 나	
건강영역		쌓기	몸속 뼈대를 만들어요				
표현영역		조형		거울보고 내 얼굴 그리기			나의 감정 모빌
탐구영역		수·조작	몸속의 뼈 맞추기		신체 퍼즐	면봉으로 뼈 구성하기	
언어영역	대·소집단활동	이야기 나누기	소화가 되기까지	나의 몸이 하는 일	내 몸을 지키는 방법	나는 점점 자라요	내 마음을 말해요
		동화/동시				동화 - 이만큼 컸어요	동시 - 마음
표현영역		미술		내 지문 그림			
		음률			나는 특별해	머리 어깨 무릎 발	
건강/사회영역		신체표현/게임	목적에 따른 놀이를 통한 신체표현 운동				내 기분 전달하기
탐구영역		요리/과학			지문 열쇠고리		

만 5세 일일 교육계획안

<table>
<tr><td>학급명</td><td>별님반</td><td>유아연령</td><td>만5세</td><td>일시</td><td>2011년 5월 2일 월요일</td></tr>
<tr><td rowspan="2">생활주제</td><td rowspan="2" colspan="3">나와 가족</td><td>소주제</td><td>나의 몸과 마음</td></tr>
<tr><td>일일주제</td><td>신기한 나의 몸 속 (소화과정)</td></tr>
<tr><td>목표</td><td colspan="5">· 우리 몸의 소화과정을 말할 수 있다.
· 개구리를 흉내 낼 수 있다.</td></tr>
<tr><td>활동시간</td><td colspan="3">09:00~09:20 등원 및 유아 맞이하기
09:20~10:10 자유선택활동
10:10~10:20 정리정돈 및 화장실 다녀오기
10:20~10:30 자유선택활동 평가
10:30~10:40 다함께 모이기
10:40~11:00 이야기나누기
11:00~11:10 전이활동 및 화장실 다녀오기</td><td colspan="2">11:10~12:00 대집단활동
12:00~12:40 실외놀이
12:40~12:50 손 씻기
12:50~13:40 점심시간
13:40~14:20 실외놀이 또는 자유선택놀이
14:20~14:30 정리 후 하루평가
14:30~14:40 귀가지도</td></tr>
</table>

활동명/시간	활동 목표	활동내용	자료 및 유의점
등원 및 유아 맞이하기 (09:00 ~ 09:20)	-즐겁게 인사를 나눌 수 있다.	- 선생님과 친구에게 인사를 한다. - 유아의 기분상태와 건강상태를 점검한다. - 투약의뢰서 유무 확인한다. - 교실에서 놀잇감을 가지고 자유롭게 놀이한다.	- 날짜 판 - 스탬프
자유선택활동 (09:20 ~ 10:10)	-스스로 자유롭게 놀이할 수 있다.	[언어] - 나의 몸이에요 [수 조작] - 몸 속의 뼈 퍼즐 맞추기 [쌓기] - 몸 속 뼈대를 만들어요 - 유아는 각 영역에서 자유선택활동을 한다.	- 교구
정리정돈 및 화장실 다녀오기 (10:10 ~ 10:20)	-화장실의 예절을 알 수 있다.	- 정리 음악이 들리면 가지고 놀던 교구를 제자리에 정리하고 활동 이름표를 제자리에 붙인다. - 화장실을 다녀오고, 정리노래를 들으며 자리에 바르게 앉아서 친구들을 기다린다.	- 정리음악
자유선택활동 평가 (10:20 ~ 10:30)	-자신의 의견을 말할 수 있다.	- 교실의 정리 상태를 살펴보고, 칭찬해 주며, 잘 안된 부분은 같이 정리한다. - 자유선택시간에 어디서 어떤 활동을 누구랑 같이 하였는지 생각해 보고 발표한다.	
다함께 모이기 (10:30 ~ 10:40)	-오늘의 날짜를 확인 할 수 있다.	- 날짜 판에 날짜와 요일을 확인하고, 오늘의 날씨를 알아본다. - 손유희를 통해 오늘의 날씨를 알아본다. - 오늘의 하루 일과에 대해 알아본다. - 출석을 확인한다.	- 날짜 판 - 출석부
이야기나누기 (10:40~11:00)	-자신의 생각을 말할 수 있다. -소화과정에 대해 말할 수 있다.	[도입] ● 동요 '그러면 안돼'를 부르고 난 후, 음식을 먹고 배가 아파본 경험에 대해 이야기 나눈다. - 음식을 먹고 배가 아파 본 적이 있나요? - 무엇을 먹고 아팠나요? - 몸에서 어느 부위가 가장 아팠나요? - 음식이 입으로 들어가면 음식물은 어디로 이동할까요? [전개] ● 음식이 입안에서의 소화과정에 대해 이야기 나눈다. - 입으로 들어간 음식은 어디로 여행을 갈까요?	- 동요음원 - PPT자료 - 소화과정 그림자료

		- 입안에서 볼 수 있는 것은 무엇이 있나요? - 이는 우리에게 어떤 도움을 주나요? ● 음식이 위에서 소화되는 과정에 대해 이야기 나눈다. - 음식이 다음으로 간 장소는 어디일까요? - 음식이 위에 가서 어떤 운동을 할까요? - 꿈틀 운동으로 음식물은 어떻게 되었을까요? - 위에서 소화가 안 되면 몸에는 어떻게 될까요? - 위에 나쁜 음식은 무엇일까? ● 음식이 소장과 대장과 항문에서 밖으로 배출하는 과정에 대해 이야기 나눈다. - 음식이 위에서 어디로 내려갔을까요? - 음식은 소장에서 다음 간 장소는 어디일까요? - 대장에 있는 음식물 찌꺼기는 어디를 통해서 밖으로 나가나요? [마무리] ● 음식이 소화되고 배출되는 과정에 대해 다시 한 번 이야기한다. 음식) 입 -> 식도 -> 위 -> 소장 -> 대장 -> 항문 -(똥)	
전이활동 및 화장실 다녀오기 (11:00~11:10)	-깨끗하게 손을 씻을 수 있다.	- 손유희를 하거나 노래를 부른다. - 차례대로 화장실에 다녀온다.	- 수건 - 핸드타올
대집단활동 (11:10 ~ 12:00)	-대 근육을 기를 수 있다.	● 목적에 따른 놀이를 통한 신체표현운동 ■신체표현 ●개구리가 되어요 개구리알이 올챙이가 되고 올챙이가 개구리가 되는 과정을 유아들이 몸으로 표현해 본다. - 우리가 개구리라면 어떻게 움직일 수 있을까? - 사람이 개구리처럼 멀리 뛰어보는 운동경기는 무엇이 있을까? - 우리는 얼마나 멀리 뛸 수 있을까? 그리고 기록을 측정하고 활동하려면 어떻게 하면 좋을지 아이디어를 모아본다. ●유니바 뛰어넘기 ① 1단 뛰어넘기 : 3~4세도 10㎝ 높이를 두발모아 뛰기를 할 수 있다. ② 2단 뛰어넘기 : 5세들이 가볍게 넘을 수 있다. ③ 3단 뛰어넘기 : 6세가 넘을 수 있으며 자신이 없으면 한 손을 잡아준다. ④ 4단 뛰어넘기 : 7세는 넘을 수 있으나 과단성이 없으면 힘들다.	- 유니바
실외놀이 (12:00 ~ 12:40)	-개구리 뛰기를 할 수 있다.	* 개구리처럼 뛰어 봐요. [실외놀이] - 교사가 준비한 실외 놀이 활동이나 대근육 활동, 물놀이, 모래놀이 등을 자유롭게 한다. 우천 시에는 강당 및 실내놀이로 대체한다. [우천 시 대체활동-실내 놀이터 대근육 활동]	

손씻기 (12:40~12:50)	-올바른 화장실 사용법을 알 수 있다.	- 차례대로 화장실에 가서 손을 깨끗이 씻고 수건으로 손을 닦는다.	- 수건 - 핸드타올
점심시간 (12:50 ~ 13:40)	-음식을 소중히 여기고 깨끗하게 먹을 수 있다.	- 도식락을 펼치고, 오늘의 도우미들이 점심 준비를 도와준다. - 감사하는 마음으로 점심을 먹는다. - 정리 정돈을 하고 양치질을 한다. - 바르게 줄을 서서 점심을 받아서 조용히 앉아서 먹는다.	- 도시락 - 수저
실외놀이 또는 자유선택놀이 (13:40~14:20)	-스스로 자유롭게 놀이 할 수 있다.	* 실외놀이 - 교실 외 다른 공간으로 이동하여 놀이 활동을 할 수 있다.	
		* 자유선택놀이 [언어] - 나의 몸이에요 [수 조작] - 몸속의 뼈 퍼즐 맞추기. [쌓기] - 몸 속 뼈대를 만들어요. - 유아는 각 영역에서 자유선택활동을 한다.	- 교구
정리 후 하루 평가 (14:20~14:30)	-자신의 생각을 말할 수 있다.	- 하루 일과와 그 날의 약속을 지켰는지 회상해본다. - 오늘 하루 동안의 즐거웠던 일 들을 이야기 나눈다. - 내일 활동에 대해 계획 세우고, 인사를 한다.	
귀가지도 (14:30~14:40)	-즐겁게 인사를 나눌 수 있다.	- 귀가 준비(소지품 챙기기, 씻기, 옷입기 등)를 한다. - 차안에서 지켜야할 약속을 확인한다.	- 소지품

제 7 장

수업지도

전 장에서 교육계획안 작성에 대하여 기술하였다. 교육계획안 중 일일 계획안은 실제로 유아들에게 지도하는 내용이다. 여기서 교육실습생은 어떤 수업지도 방법을 구사할 것인가를 모색하게 된다. 수업을 현장에서 실제로 하기 위해서는 우선 지도교사의 수업을 관찰하고, 부분수업, 연계수업, 종일수업의 순으로 진행한다. 본 장에서는 이러한 순서와 부분별 학습지도안을 소개하고 유아교육에서 많이 활용되는 실제 수업지도 방법을 소개한다.

1. 수업관찰

교육실습생은 처음에 지도교사의 수업을 관찰한다. 관찰하면서 지도교사의 수업의 장·단점을 파악하고 현장 상황에서 그럴 수밖에 없는 이유와 더 좋은 방법이 없는지를 모색해 보아야 한다. 그리고 실습생 본인이 한다면 어떤 절차와 방법을 사용할 것인지도 생각해 보아야 한다.

다음은 수업에서 관찰할 영역을 제시한 것이다(Roe & Ross, 1998).

- 1영역 : 수업이 유아들의 이전학습과 연결되는가?
  유아들의 흥미를 일으키는가?
  수업의 목표를 달성했는가?
- 2영역 : 수업의 목표가 명확한가?
- 3영역 : 내용을 제시하는 과정은 효과적인가?

- 4영역 : 교수자료는 적절하고 효과적인가?
- 5영역 : 교사의 교수방법이 효과적인가?
  교수방법이 효과적이지 않다면 어떤 점이 수정되어야 하는가?
- 6영역 : 교사는 교과에 대한 적절한 지식을 가지고 있는가?
  유아들의 생활과 관련되는가? 어떤 부분이 개선되어야 하는가?
- 7영역 : 유아와 교사가 함께 의사결정을 하는가?
  개인차가 고려되는가? 어떤 부분이 개선되어야 하는가?
- 8영역 : 교수기술은 효과적이고 적절한가?
  어떤 교수기술이 더 적절하다고 생각하는가?
- 9영역 : 교사의 개인적인 특성이 수업을 효율적으로 향상시켰는가?
  이 영역의 변화가 다음 수업에 도움을 줄 것인가?
- 10영역 : 수업의 마무리는 효과적이었는가?
  향상시키기 위해서는 무엇을 해야 하는가?
- 11영역 : 교사의 평가방법은 효과적이고 적절한가?
  어떤 부분이 개선되어야 하는가?

위에 제시한 영역 요소는 관찰 목록으로 그대로 사용할 수 있을 것으로 본다. 그런데 현실적으로 수업의 효과성에 초점을 맞춘다면 다음과 같은 요소를 고려할 수 있을 것이다.

가. 시선을 학생에게 맞추는가?
나. 목소리는 적절하며 자신감이 있는가?
다. 교사는 표정으로 내용을 잘 말하는가?
라. 교사의 태도는 적절한가?
마. 교사의 동기유발과 제시한 목표는 적절한가?
바. 교사가 사용하는 교수방법은 내용과 상황에 적절한가?
사. 교사는 수업을 원만하게 잘 진행하는가?
아. 교사는 학생들과 충분히 상호작용하여 교감하는가?

이상의 요소는 현실적 효과성을 가지고 있다고 본다. 교사의 수업을 보는 관점을 제시할 수 있다고 본다.

2. 수업지도의 단계

지도교사의 시범수업을 보고 수업관찰을 하고 난 뒤 실습생은 자신이 수업할 내용과 수업지도 방법을 지도교사와 협의한다. 실습생이 어느 정도의 수업을 할 것이냐에 따라 부분수업, 연계수업, 종일수업으로 단계적으로 수업을 진행한다.

부분수업은 한 가지 활동에 대하여 교육실습생이 지도교사와 협의하여 활동계획안 내지 교육계획안을 작성한다. 교육실습생은 다양한 수업자료를 활용하여 수업을 준비한다. 수업을 준비할 때는 앞서 논의한 관찰의 영역이나 효과성에 근거를 두고 준비한다.

연계수업은 두 가지 이상의 활동을 연결하여 수업을 하는 것을 말한다. 지도교사와 협의하여 수업일자를 배정하고 교육계획안을 작성한다. 이때 활동간 자연스러운 전이와 확장, 주의 집중의 방법에 대하여 지도교사의 지도를 받는다. 연계수업이 숙달되면 종일수업으로 나아간다.

종일수업은 실습을 마무리하는 과정으로 이루어지며 실습의 핵심이라고 할 수 있다. 지도교사와 협의하여 하루 일과가 자연스럽게 연결될 수 있도록 일일 교육계획안을 작성한다. 지도교사는 종일수업을 공개하기 위해 원장, 원감, 동료교사와 시간을 맞춘다. 실습생은 시간을 두고 종일수업 준비를 착실히 하여야 한다. 관찰수업의 요소에 입각하여 스스로 교육계획안을 점검하고 혼자서 연습 시연해 보아야 한다. 수업자료를 준비하고 적절한 교구도 제작하여야 한다. 지도교사는 실습생이 지나치게 스트레스 받지 않도록 격려해 주고 특히 첫 수업의 경우 교육실습생이 자신 있어 하는 부분을 수업할 수 있도록 배려해 주는 것이 좋다.

수업 전에 협의회를 통해 수업에 대하여 사전협의하여 계획하고, 수업 후에는 사후협의회를 하여 수업에 대하여 반성하고 시정조치를 한다. 협의회에는 실습생과 지도교사, 원장, 원감, 수업 참관한 동료교사, 지도교수 등이 참가한다.

3. 수업지도의 요체

실제 수업을 진행하다 보면 여러 교수-학습의 방법을 교사는 탄력적으로 활용할 수 있을 것이다. 그런데 지나치게 어떤 방법에 치중하고 몰두하다 보면 수업의 본질적 요소를 놓치기 쉽다. 본 절에서는 실제 수업을 진행하는 데 있어서 반드시 염두에 두어야 할 핵심적 요소를 정리한다(추정훈, 2011).

(1) 준비

먼저 준비 단계로 무엇보다 중요한 것은 목표에 대하여 인지하고 통찰하는 것이다. 추상적인 목표를 실질적이고 구체적으로 재구성 내지 해석하여 어느 수준까지 수업해야 할 것인지를 결정한다. 그러므로 목표에 대하여 인지하고 통찰하는 것이 중요하다.

다음 단계가 자료조사연구이다. 목표를 달성하기 위한 내용선정 및 내용의 정리 가감 작업이 필요하다. 자료를 가공하여 조직하고 순서를 정하고 단계를 정한다. 그런 다음 정리된 내용을 이해한다. 가르치고자 하는 교사의 이해정도에 따라 수업의 정도가 결정되는 것이다. 그 다음 단계가 내용에 대한 독자적인 깨달음이 있어야 한다. 이것을 바탕으로 구조화하고 독자적 구성이 가능한 것이다. 가능하면 모델 빌딩(model-building)이나 이미지화하는 것이 효과적이다.

준비단계의 마지막 요소가 전달 방법의 연구이다. 이때 수업모델을 어떤 것으로 할지 결정하고 몇 가지 모델을 복합적으로 쓸 것인지 단순 강의식에서 어느 부분에서 질문할 것인지, 발문하여 의문을 유도할 것인지 등을 구체적으로 결정한다. 그리고 특히 프리젠테이션(presentation) 방법에 대한 연구도 필요하다. 학습자의 규모나 학습장소(교실)의 형태와 규모에 따라 그 방법과 규모는 달라져야 한다. 이와 관련하여 자료제시의 적절성을 연구하여야 한다.

(2) 전개

다음은 수업을 구체적으로 어떻게 전개하느냐이다. 이 단계는 계획의 단계가 아니라 역동적인 수업상황에서의 실제단계이다.

수업의 내용(자료)과 활동(교수-학습)의 연속적인 연결이다. 교사는 준비된 자료를 가지고 수업상황을 능동적으로 운영하는 것이다.

이 때 중요한 것은 먼저 자신감이다. 교사가 자신의 수업에 자신감을 잃으면 그러한 수업은 생명력을 상실하게 된다. 그러므로 교사는 자신감을 가지고 당당한 음성으로 의미상 단락을 주어가며 수업을 진행해야 한다. 그리고 특히 강의식 수업일 경우 시선처리가 매우 중요하다. 교사는 시선으로 학습자들을 끊임없이 관찰해야 한다. 시선으로 학습자들의 상태를 확인하고 역동적으로 대응해야 한다.

그리고 호흡이다. 호흡은 학습자와의 일치도이다. 앞서 시선과 외형적으로 같은 개념이나 보다 내적인 면이다. 학생의 학습태도, 움직임, 이해도 파악과 다양성 있게 수업을 구사해야 한다. 다양성은 수업을 지루하지 않게 하는 요소이며, 심화시키는 요소로서 중요하다. 즉 유머감각, 자료의 제시방법과 제시 순서, 접근법, 문제해결법 등 다양하게 구사하는 연습을 해야 한다.

(3) 정리

정리는 전개된 수업을 요약하고 마무리를 하는 단계이다. 그리고 본시에서 진행된 수업의 형성정도를 평가하는 작업을 해야 한다. 가벼우면서도 효과적으로 할 수 있는 방법을 연구해야 한다. 평가가 지나치게 부담가지 않도록 학습자를 배려하는 것이 중요하다. 그리고 차시 소개를 하고 마친다.

(4) 학습지도안의 예시

학 습 지 도 안

<table>
<tr><td>단원명</td><td></td><td>본시(주제)</td><td>수업
일시</td><td colspan="3">2012. .</td></tr>
<tr><td>대상</td><td colspan="2">학생의 수준, 발달단계 명기</td><td>담당
교사</td><td colspan="3"></td></tr>
<tr><td>목표</td><td colspan="6">1. 학습할 내용(요지) + 행동(관찰 가능한 행동)
2.
* 목표는 전개와 정리 및 평가의 3자가 일치해야 함</td></tr>
<tr><td>단계</td><td>학습문제</td><td>교수 - 학습활동</td><td>시간
(분)</td><td>수업
매체</td><td>수업
방법</td><td>도달점</td></tr>
<tr><td>도입</td><td>동기유발</td><td>동기유발을 위해 어떤 예시나 영상자료를 보여주거나 본시를 대표할 인상적인 장면을 보여 줌으로써 학생들로 하여금 본시의 목표를 알게 한다.
본시 목표 소개</td><td>5</td><td>비디오</td><td>시연</td><td>목표
이해</td></tr>
<tr><td>전개</td><td>1.제목(간결하게)
2.
3.
.
.
.</td><td>내용 + 활동(교사, 학생)
다양하고 효과적인 방법 동원
활동을 구체적으로 기술할 것
presentation 효과 사전 점검(그림, 글씨 크기 조정)</td><td>각요소별 시간 표시</td><td>각 요소별 매체 표시</td><td>각 요소 별 수 업 (전달) 방 법 표시</td><td>각요소별 하위목표 표시</td></tr>
<tr><td>정리 및
평가</td><td></td><td>1. 목표와 관련한 질문 또는 요약
2.
3.</td><td></td><td></td><td></td><td></td></tr>
<tr><td>차시
예고</td><td></td><td>차시의 주제, 준비물, 장소 등 예고</td><td></td><td></td><td></td><td></td></tr>
<tr><td colspan="7">참고자료</td></tr>
</table>

4. 수업지도의 방법

교육실습생이 교육계획안을 작성하여 수업을 하고자 할 때 구체적으로 다음과 같은 방법들을 활용할 있을 것으로 본다. 수업의 방법은 하나의 예시일 뿐 현장에서는 여러 다양한 수업지도 방법들을 창의적으로 탐색하여 내용과 상황에 맞는 수업을 구사하기를 기대한다. 다음은 일반적으로 유아교육에서 많이 활용하는 수업방법을 열거한 것이다(추정훈, 2011).

(1) 기본 생활습관 지도

기본생활습관은 모든 교육활동의 기초가 된다. 기본생활습관이 잘 된 유아는 긍정적 자아감을 갖고 남을 신뢰하고 이해하며 다른 사람과 원만한 관계를 유지하며 적응을 잘한다.

기본 생활습관을 잘 지도하기 위하여 유의할 점은 다음과 같다(윤기영 외, 2006).

첫째, 유아들이 무슨 생각을 하고 있는지, 무엇을 원하는지, 무엇을 하고 있는지 알아야 한다. 유아들과 충분한 접촉이 필요하다.

둘째, 친절하면서도 엄격하게 지도해야 한다. 어떤 행동은 허용되고 어떤 행동은 허용되지 않은지 확고하고 명확한 기준을 세우고 그 기준을 지키도록 한다.

셋째, 규율은 유아와 함께 정하여 모든 유아들이 공평하게 규율을 지키도록 한다.

넷째, 위협하지 않으면서 신뢰관계를 형성하도록 해야 한다. 문제 행동이나 잘못된 점은 개별적으로 해결하여 왜 잘못되었는지 잘못된 행동을 분명하게 이해하고 자연스럽게 받아들이도록 한다.

다섯째, 유아들을 꾸짖거나 타이른 뒤에는 가능한 빨리 신뢰관계를 회복하도록 한다.

여섯째, 명확하고 일관성 있는 지도가 이루어지도록 한다.

일곱째, 참을성 있고 끈기 있게 지도하도록 한다.

여덟째, 유아의 흥미를 고려하여 스스로 성취감을 갖고 즐겨 되풀이 하는 동안에 저절로 습관화되도록 하여야 한다.

(2) 자유선택 활동 지도

가. 실내

실내 자유선택 활동 시간은 유아들이 개별학습과 소집단 활동을 실시할 수 있으므로 인지적 발달을 도모할 수 있으며, 교사와 또래 유아, 교구와의 상호작용을 통해 언어발달과 사회·정서 발달을 도모하며, 신체적으로 대·소근육을 골고루 발달시키므로 영·유아 교육 및 보육활동에 있어서 가장 중요한 시간이라 할 수 있다.

실재 자유선택 활동 시 고려할 사항은 다음과 같다(윤기영 외, 2006).

먼저 자유선택 활동 시간에 지켜야 할 규칙과 약속을 미리 정한다. 그리고 유아가 원하는 것을 무조건 받아주어서는 아니 되며, 유아에게 해도 되는 일과 해서는 안 되는 일을 구분할 수 있도록 일관성 있게 분명히 지도하여야 한다. 유아들의 문제는 가급적 교사가 개입하지 말고 유아들 스스로 해결할 수 있도록 상황을 관찰하면서 기다려 주어야 한다. 유아들 스스로 해결이 어려울 때는 교사가 자연스럽게 개입하여 공정하게 들어 주면서 유아들이 상황을 정확하게 이해하고 잘잘못을 스스로 판단하도록 돕는 역할을 한다.

놀이가 끝난 후에는 정리정돈을 유아가 스스로 할 수 있도록 지도한다.

나. 실외

실외 자유선택 활동은 유아들이 신체발달과 긴장해소에 도움을 주므로 균형 있는 하루 일과에 꼭 있어야 하는 중요한 시간이다.

실외 자유선택 활동은 기본 운동기술을 학습하는 단계에 있는 유아들에게 대근육의 발달을 도와주는 여러 놀이기구를 실외에 제공하여 다양한 놀이를 경험할 수 있도록 하고 동·식물의 사육과 재배, 자연물의 관찰, 탐구 등의 활동이 이루어지도록 한다(윤기영 외, 2006).

실외 자유선택 활동에 반드시 고려할 사항은 안전에 관한 것이다. 안전에는 놀이기구와 시설의 사전, 사후 안전점검과 놀이 중 유아의 안전지도이다. 놀이의 안전규칙과 순서를 엄격히 지킬 수 있도록 지도한다.

(3) 이야기 나누기 지도

이야기 나누기는 매우 다양한 주제를 다룰 수 있다. 친구의 출·결석 알아보기, 날짜와 날씨 알아보기, 하루 일과 계획하기와 평가하기, 집단생활에서의 규칙 토의 정하기, 새소식 발표하기, 주말 지낸 경험 발표하기, 작품 발표하기, 계절의 변화나 연중행사, 자연과학과 사회과학에 관한 생활주제에 대한 활동들이다(윤기영 외, 2006). 자연스런 대화를 통한 상호작용과 토의하기, 발표하기, 이야기를 통해 탐구하기 등 매우 다양한 기법들을 활용할 수 있는 시간이기도 하다. 특히 유아사회과의 경우 사회개념을 언어적 이해를 통해 전달할 수 있는 시간이기도 하다. 시간은 유아의 주의 집중과 내용에 따라 5-25분 정도로 계획하고 유아가 흥미를 잃기 전에 마쳐야 한다.

여기서 교사의 역할은 내가 공부해서 알게 된 새로운 것을 주입식으로 많이 가르쳐 주는 것이 아니라, 유아가 이미 경험하여 알고 있는 것을 밖으로 꺼낼 수 있도록 해줌으로써 계속 흥미를 갖고 활동 범위를 넓히고 사고를 확장해 나갈 수 있도록 한다.

(4) 동화 지도

동화지도는 유아가 가장 집중을 잘하는 시간이다. 동화를 들려줄 때는 내용전개나 등장인물에 따라 자연스럽게 억양과 어조를 달리 표현해야 유아들이 재미있어 하고 실감나지만 과도한 성대묘사나 제스처는 오히려 유아들을 혼란스럽게 한다.

동화지도 시 다음과 같은 점에 유의해야 한다(윤기영 외, 2006).

첫째, 동화를 들려줄 때 교사의 자세는 의자에 등을 깊숙이 대고 앉아 상체를 펴고 두 무릎과 다리를 붙여 직각이 되도록 한다.

둘째, 동화의 순서와 크기가 적절한지 확인해야 한다.

셋째, 시선은 유아들을 두루 쳐다보도록 한다.

넷째, 동화를 다 들려준 후 교훈적인 설명은 하지 않도록 한다.

(5) 동극 지도

동극은 교사가 들려준 동화의 내용을 실제로 유아들이 주인공이 되어 극화하는 활동이다. 계절, 주제, 유아의 흥미와 발달단계에 맞는 적합한 동화를 선택하는 것이 중요하다(윤기영 외, 2006).

동화선정 시 일반적으로 길이가 짧고 반복되는 대화체로 구성되어 있고 역할을 신체로 표현하기에 쉽고 등장인물이 많아서 여러 명의 유아가 동시에 참여할 수 있는 것을 선택한다. 동화를 들려준 뒤 회상의 시간을 가진 후 무대를 설치하고 배역을 정하여 동극을 실시한다.

(6) 게임 지도

유아들은 게임을 좋아한다. 게임에는 승패가 있어 긴장하게 되고 스릴을 느끼게 한다. 게임에는 이미 약속된 일정한 규칙이 있다. 규칙을 미리 숙지하고 게임을 하게 된다. 게임은 개별적으로 참가하는 게임이 있고, 조를 나누어 집단으로 참가하는 게임이 있다. 어떤 게임이든 규칙이 있고 규칙이 허용하는 범위 내에서 친구와 경쟁하고 조별로 협동하게 된다. 이러한 상호작용을 통해 유아는 규칙을 내재화시키고 사회성을 형성하게 된다. 그러면서 자신에 대한 통제력을 향상시킨다.

게임에는 모든 유아들이 즐겁게 참여할 수 있도록 하고 성패보다 게임에서 의도하는 목적 행동을 주의해서 보아야 한다.

그리고 최근에 부상되고 있는 유아가 컴퓨터 게임에 몰입하는 문제로 그 내용의 자극성과 폭력성, 사회적 고립성, 사이버공간과 현실간의 괴리성 등으로 인해 유아의 사회성 발달과 두뇌발달에 장애요소가 되고 있다.

그러므로 이에 대처하기 위한 방식으로 게임지도가 더욱 필요하다. 또한 컴퓨터 게임 자체도 그 내용의 선별 및 건전한 게임개발과 게임 몰입시간 제한 및 자제력 함양을 통해 긍정적 방향으로 유도할 수 있다고 본다.

(7) 신체표현 지도

유아기는 움직임이 가장 활발한 시기로 유아는 자신을 둘러싼 주변 환경을 탐색하고 흉내 내기를 좋아한다. 신체표현 활동은 기본 운동과 창의적인 신체표현 활동이 있다. 기본 운동은 신체 인식과 동작, 조작운동으로 구성된다. 창의적인 신체표현 활동은 사물의 상태나 움직임을 모방하거나 상상하여 표현하는 것이다.

신체표현 활동을 할 때는 안전을 위해 충분한 공간을 확보해야 하며, 유아의 신체발달에 적합한지 먼저 고려하여야 한다. 노랫말대로 움직이는 패턴 율동의 경우 노래와 동작을 먼저 익힌 후 동시에 할 수 있게 한다. 창작 율동을 할 때는 교사가 의견을 제시하고 안내하는 것이 필요하다.

(8) 조형활동 지도

조형활동은 유아의 자발적인 내적 욕구를 표현할 수 있는 수단을 제공해 준다. 유아는 주변의 사물, 자연, 사람들과의 상호작용을 통해 느낀 감정을 표현하고자 하는 내적 욕구를 가지고 있다. 이를 표현하기 위하여 유아가 다양한 재료를 접할 수 있게 해주고 자유로운 분위기와 넉넉한 공간 속에서 맘껏 구상하고 표현할 수 있게 한다. 유아가 스스로 재료를 선택하고 조형 활동으로 자신의 느낌이나 생각을 표현하게 함으로써 스스로 자존감을 느끼게 한다. 그리고 유아가 창의성과 긍정적인 자기개념을 가질 수 있게 한다. 교사는 생활주제나 계절에 맞추어 발달단계에 맞는 재료와 활동을 제시하며, 마무리 후에는 정리 정돈을 스스로 하도록 유도한다. 유아의 작품에 대해서는 평가를 해준다.

(9) 요리활동 지도

요리 활동은 유아들이 매우 좋아하는 활동으로 소란스러워질 수가 있고 안전사고의 위험도 있으므로 소규모 집단으로 나누어 실시하는 것이 좋다. 유아의 발달단계에 맞는 요리 과정과 난이도 등을 고려하여 요리의 종류를 결정해야 한다. 그리고 안전사고의 요소를 철저히 배제해야 한다. 칼이 사용되거나 불이 사용될 때 거듭 유의할 점들을 주지 시켜야 한다. 그러므로 이러한 점들을 교사는 사전에 치밀하게 계획하고 준비를 갖춘 다음 실시해야 한다.

요리를 할 때는 먼저 청결을 유지해야 한다. 요리를 하기 전 아동에게 손씻기를 시키고, 머리 수건이나 요리사 모자, 앞치마 등을 갖추게 한다. 책상이나 주변을 청결히 하고 종이 등을 깔도록 한다.

요리는 과정이 매우 중요하다. 요리 과정에서 교사는 유아들과 대화함으로써 끊임없이 교감하여야 한다. 그리고 요리를 하고난 뒤 맛을 보게 하고 스스로 평가해 보게 한다. 요리활동은 유아의 건강과 영양을 고려하여 실시하고, 미각과 후각, 시각, 청각, 촉각의 오감을 전부 활용하므로 과정을 잘 통제하면 교육적 효과를 극대화할 수 있을 것으로 보인다. 요리활동이 끝나면 정리 정돈을 하고 손을 씻게 한다.

(10) 견학 지도

견학은 유아들로 하여금 실제로 현장을 방문하여 어떤 작업현장이나 사무실

등을 직접 관찰하고 경험하게 하는 것이다.

견학을 하기 위해서는 유아들을 집단적으로 현장까지 이동시켜야 하므로 견학의 목적, 안전지도 등 사전에 치밀한 계획을 세워야 한다.

먼저 지역사회에서 견학이 가능한 장소를 조사하고 견학의 목적에 맞는 장소를 선정한다. 견학의 목적을 달성할 수 있도록 견학의 계획을 짠다. 계절과 날씨 등의 외부적 요소도 고려하여야 한다.

가. 사전활동

먼저 견학 장소를 사전 답사하고 필요한 복장, 안전점검, 화장실, 안내인 등을 알아보아야 한다. 견학에 대한 가정 통신문을 보내고 필요하면 견학승인 용지도 가정에 미리 보내 부모의 동의를 받아야 한다.

교육의 목적을 달성하기 위해 견학 장소에서 무엇을 할 것인지, 알고 싶은 것, 안전규칙 등에 대하여 유아들과 미리 이야기 시간에 토의를 하여야 하며 사진이나 슬라이드, 동영상 등을 통해 사전경험을 시킨다. 그리고 안전지도 계획을 세우고 대책을 사전에 논의하여야 한다. 보조교사의 배치, 자원봉사자 결정, 비상시 대책, 응급치료 물품 준비 등에 대하여 사전 점검을 하여야 한다.

나. 본 활동

안전에 유의하면서 견학을 지도한다. 유아의 흥미가 견학의 목적에 집중되도록 한다. 유아가 스스로 관찰하고 탐색하고 발견할 수 있도록 하며 질문 시간을 주도록 한다.

다. 사후활동

견학 후 견학의 효과를 극대화하기 위해 유아가 견학을 회상해서 자신의 경험 재구성하도록 하며, 사건과 생각을 연결하여 창의적으로 표현하게 한다. 이를 위해 이야기 나누기, 게임, 놀이 등을 할 수 있으며 창의적 표현을 위해 찰흙, 그림물감, 음률활동, 역할놀이 등을 할 수 있다.

(11) 자원인사의 활용

유치원 교육에 현장감을 주고 유아들의 경험 범위를 넓히기 위해 유아가 현실생활에서 관심가지는 사람들을 직접 만날 수 있는 기회를 제공하는 것이 자원인사의 활용이다. 자원인사는 직업별 근로자, 특별한 분야에 종사하는 사람, 특정

분야에 지식이 있거나 역사적 사실을 알고 있거나 경험한 사람 등 다양한 사람들을 자원인사로 교육기관에 초빙하거나 방문할 수 있다. 방문할 경우는 견학과 유사한 형태를 띠게 된다.

자원인사로 활용되는 인사는 유아에게 깊은 관심을 가지고 유아교육을 이해할 수 있는 사람이어야 한다. 지역사회 인사나 특정 인물을 대상으로 사전에 계획을 세우고 유치원의 교육계획과 일치하도록 하여야 한다.

제 8 장

유아생활지도

유아 생활지도를 위해서 우선 유아의 행동 특성을 파악하는 것이 중요하다. 이를 토대로 하여 교육실습생은 일상적인 생활지도와 문제상황별 생활지도 방법을 연구하여야 한다.

1. 유아의 행동특성 파악

유아의 생활지도를 하기위해서는 우선 유아의 행동 특성을 파악하는 것이 필요하다. 유아들이 어떤 놀이를 좋아하며, 소외되거나, 문제를 일으키는 유아는 없는지 교육실습생은 파악하여야 한다.

현장에서 유아의 활동이나 행동특성을 파악하기 위해 주로 사용하는 방법은 관찰법과 면담법, 작품분석법 및 수행평가이며 그리고 사회성 측정법과 내면의 심리를 파악하기 위한 투사법을 들 수 있고 종합적 평가의 형태를 띠는 학습활동 일지 분석, 표준화검사 등이 있다. 이 중에서 관찰법이 가장 많이 사용되며 관찰의 방법도 다양하다. 이러한 방법들을 적용하여 유아의 행동 특성과 변화를 효과적으로 진단하고 개선할 수 있을 것이다.

(1) 관찰법

관찰법은 유아의 행동, 작품 등을 직접보고 자료를 수집하는 방법으로 유아의 정의적 영역이나 심리・운동적 영역의 행동특성에 관한 자료를 수집하는데 유리하다. 관찰에 시간과 노력이 많이 소요되며 관찰자의 주관이 개입될 소지가 크다는 단점이 있다. 또한 관찰되고 있는 대상이 관찰되고 있다는 것을 의식하게 되면 반응이 왜곡될 가능성도 있다.

이러한 관찰법에는 '표본기술법(specimen description)', '일화기록법(anecdotal records)', '평정척도법(rating scale method)', '행동목록법(behavior check list) 등이 있다.

가. 표본기술법

표본기술법은 관찰할 유아를 표본으로 선정하고, 관찰 장소, 시간 등을 미리 정해서 그 상황에서 일어나는 유아의 행동과 주변상황을 상세하게 기록하는 것이다. 일화기록법이 관찰대상 유아의 특별한 행동에 대해서만 기록한다는 점에서 표본기술법과는 구분된다. 표본기술법은 유아의 행동, 상황을 보지 않은 사람도 당시의 상황을 재현할 수 있을 정도로 자세하게 기록하며, 상황을 있는 그대로 기록한 원 자료를 가능한 한 많이 수집한다. 관찰대상 유아의 발달을 여러 측면에서 볼 수 있어야 한다.

〈표 8-1〉 표본기술법 관찰 예시

관찰 유아	공진우	생년월일	2007 년 5 월 1 일(남 · 여)
관 찰 자	김정임	관 찰 일	2011년 2월 22일
관찰 장면	자유선택놀이 활동중 조작영역	관찰 시간	13:00-13:15
시 간	기 록		영역관련 활동 및 사회 개념
13:00-13:10	진우가 오색끈으로 모자를 만들어 쓰고 오색끈을 길게 연결해 허리에 두르고 앉아 있다. 재역이가 진우의 긴 오색끈 안으로 들어가서 앉자 진우는 "칙칙폭폭"하며 엉덩이를 들어 3번 앞으로 가더니 뒤를 처다 보며 "안전벨트매요. 이건 3명밖에 못타요"하고 일어나자 ...... 중략......		협동, 규칙
13:10-13:15	자리를 옮겨 앉고는 여러 가지 도형을 맞춘다. 도형을 맞추며 "따따따"하고 노래를 부른다. ... 중략... 정재는 "안돼, 안돼"하며 자기가 만든 것을 자기 앞으로 가져온다. 진우가 정재에게 "빌려줘, 친구야!, 친구야!"하고 말하자 정재는 "나두 없는데"하고 말한다. 진우는 "나두 없는데"하고 말하고는 일어나 다른 곳으로 간다. (전남련 , 2006 : 내용 발췌)		소유권 관계 의 인식 대화를 통한 해결
요약 : 진우는 협동놀이를 할 수 있다. 진우는 다른 사람의 물건을 사용할 때 허락을 구한다. 진우는 높은 단계의 사회적 놀이(집단놀이)와 인지적 놀이(역할 놀이)를 할 수 있다.			

그러므로 관찰되는 말과 행동도 실제로 사용하는 그대로 기술하며, 사건이 일어난 시간 순서대로 기록한다. 표본기술법은 행동장면이 연결되는 시간대별로 유아의 행동을 자세하게 기록하므로 유아에 대한 많은 정보를 얻을 수 있지만 관찰과 분석에 시간이 많이 걸리고, 한 번에 한명의 유아밖에 관찰을 하지 못하며, 관찰자의 주관적인 해석에 흐를 수 있다는 단점이 있다. 그러나 유아의 일상행동에 대한 시간대별 자세한 기록은 유아의 행동을 분석하고 파악하는데 가장 중요한 자료가 될 것이다.

나. 일화기록법

일화기록법은 어떤 짧은 내용의 사건에 대한 행동사례를 구체적으로 기록하는 방법이다. 한 가지 행동이나 사건에 초점을 맞추어 기록하기 때문에 관찰자는 유아 행동의 변화, 패턴, 특기할 만한 사건 등을 기록하는 것이다. 유아들의 특정한 행동 영역의 발달에 관심을 갖고 그 영역에 관한 일화만 기록할 수 있다. 예를 들어 관찰자가 유아의 공격성에 관심을 갖는다면 유아들의 자유 놀이 시간에 장난감을 갖고 놀이하는 것을 관찰하면서 장난감을 서로 빼앗기지 않기 위해 친구를 때린다거나 언어적 공격을 가한다면 그 상황을 있는 그대로 묘사하여 기록할 수 있다. 그리고 유아들의 편식이나 식생활 습관을 알고 싶으면 간식시간이나 점심시간을 이용해서 기록할 수 있다. 일화기록법은 이와 같이 직접 관찰의 형태를 띠게 된다.

일화기록의 특징은 어떤 행동이 어떤 조건하에 발생되었는가에 대한 사실적 기술이어야 한다. 이러한 행동에 대한 해석과 처리방안은 분리되어 기록하여야 한다. 그리고 하나의 일화기록은 하나의 사건의 기록이 되어야 하며 여러 시기의 사건을 총괄하여 종합적으로 기록해서는 아니 되며, 그 하나의 기록된 사건은 아동의 발달과 성장을 이해하는 데 의의가 있는 것이어야 한다(전남련, 2006).

일화기록의 작성요령은 일화는 발생 즉시 기록해야 하며, 관찰대상 유아의 말과 행동을 구분해서 기록해야 한다. 일화가 일어난 순서대로 기록하며, 관찰대상 유아가 사용한 말을 그대로 사용해 정확한 의미를 파악해야 한다. 유아의 행동을 기술할 때는 동일한 용어로 일관성 있게 기술하여야 한다. 객관적이고 사실적인 기록이어야 한다.

이러한 일화기록이 반복되게 되면 다른 관찰기록들과 비교될 수 있으며 교사가 유아의 독특한 발달 패턴, 행동변화, 유아의 능력, 필요로 하는 것 등을 정확하게 이해할 수 있다. 그러나 일화기록이 객관적이고 정확한 기록이 되지 못하고 관찰자의 주관이나 감정이 포함될 경우 유아에 대한 편견을 낳을 수 있으며 기록된 일화가 유아 행동의 일부임에도 불구하고 관찰대상 유아의 전체를 대표하는 것처럼 판단될 수 있다. 그리고 평정척도나 체크리스트보다는 시간과 노력이 많이 들어 교사가 부담을 가질 수 있다(전남련, 2006).

〈표 8-2〉 일화기록법 관찰 예시

관찰 유아	김예찬	생년월일	년 월 일(남 · 여)
관 찰 자	담임교사	관 찰 일	2008년 5월 21일
관찰 장면	실외 바깥 놀이터의 모래놀이 영역	관찰 시간	오후 4시 40분-4시 45분(5분)
기록 : 실외노리시간에 예찬이가 모래놀이 영역에서 소꿉놀이를 하고 있는 4명의 여아들에게 다가간다. 예찬이가 그 곳에 쪼그려 앉아 오른손으로 모래를 판다. 양팔을 쭉 펴서 모래를 모으더니 다시 헤쳐 버린다. 오른손으로 모래를 쥐어 바닥에 뿌리고 다시 오른손에 쥔 모래를 뿌린다. 미진이가 "하지 마!"라고 말하고 소영, 선희, 수경이는 예찬이를 3-4초 노려본다. 예찬이는 아이들을 힐끔 보더니 다른 곳으로 떠나간다. 교육 과정 영역: 사회생활 영역-공격성 , 사회개념 : 상호작용			
요약 : 모래를 친구에게 뿌리는 공격적인 행동을 보이므로 친구에게 그런 행동을 하면 안 되며, 그런 행동 후에는 친구들에게 사과해야 한다는 것을 지도할 필요가 있다. 그리고 예찬이가 왜 그런 행동을 하게 되었는지의 원인을 알 필요가 있다. 만약 예찬이가 여자 친구들과 같이 놀이하고 싶은 의도로써 그런 행동을 했다면 그럴 때에는 어떻게 표현해야 되는지도 함께 지도할 필요가 있다.			

출처 : 황해익 외 , 2009

다. 평정척도법

평정척도법은 연구 대상의 행동을 관찰한 후 일정한 위치에 평정하여 수량화된 점수를 부여할 수 있도록 한 방식을 말하며 수량화를 위해 고안된 것이다. 관찰대상 유아의 어떤 특성이나 신체적 특질, 성격 등을 미리 정해진 척도에 의해 평정하므로 관찰자는 관찰하려는 행동영역의 특질을 잘 알고 있어야 한다. 행동목록법(check list)이 행동의 유무만 기록하는데 반해 평정척도법은 행동의 질적 특성을 몇 등급으로 구분하여 기록하거나 행동출연 빈도를 기록하고자 할 때 유용하다(전남련, 2006).

평정척도를 제작할 때 염두에 두어야 할 사항(전남련, 2006 재인용)은

첫째, 가능한 한 명확하고 간결하게, 짧고 분명한 용어를 사용한다.

둘째, 단어나 단서들이 평정하는 특성과 일치하는 것이어야 한다.

셋째, 여러 척도에서 의미가 중복되는 단어를 사용하지 않는다.

넷째, '평균적, 우수, 아주'와 같은 일반적 용어는 사용하지 말아야 한다.

다섯째, 좋은 행동이나 나쁜 행동 등을 의미하는 가치 판단적 용어는 사용하지 말아야 한다.

여섯째, 한 가지 특성에 대하여 모든 피험자를 평정한 후에 다음 특성을 평정한다.

일곱째, 평정할 대상이 모르는 상태에서 평정한다.

이러한 평정법은 만들기 쉽고 사용하기 편리하다는 점과 시간이 걸리지 않고 많은 발달영역을 한꺼번에 평가할 수 있다는 점과 단계를 두어 행동의 질도 평가할 수 있다는 장점이 있는 반면에 단지 행동의 수준만 기록하기 때문에 행동의 원인이나 전후 사정을 설명해 주지는 못한다. 그리고 관찰하고자 하는 행동을 정확하게 나타내는 항목을 개발하는 것이 쉽지 않다.

평정척도법에는 척도로서 기술평정척도, 숫자평정척도 등이 있다.

(가) 기술평정척도

행동의 한 차원을 연속성 있는 몇 개의 범주로 나누어 기술하고 행동을 가장 잘 나타내는 진술문을 선택하게 하는 방법이다.

〈예시〉

관찰 대상 유아의 공격성은 어느 정도입니까?

( ) 매일 다른 유아를 괴롭힌다.

( ) 가끔씩 다른 유아를 괴롭히는 행위를 한다.

( ) 다른 유아들과 잘 어울려 논다.

(나) 숫자평정척도

각 척도치에 숫자를 부여하여 일종의 점수로써 평정된 자료를 수량화하고 통계적인 분석을 가능하게 하는 방법이다.

〈예시〉

유아의 친사회적 행동(Prosocial Behavior)에 대해 평정하시오

	아주 못함	못함	보통	잘함	아주 잘함
1. 놀이할 때 친구와 장난감을 교환한다.	1	2	3	4	5
2. 교사에게 인사를 잘 한다.	1	2	3	4	5
3. 일을 할 때 친구들과 협동을 잘 한다.	1	2	3	4	5
4. 친구들의 일을 잘 도와준다.	1	2	3	4	5
5. 자기물건을 나누어 주기를 좋아한다.	1	2	3	4	5

라. 행동목록법

관찰할 행동 목록을 만들어 놓고 해당하는 행동이 나타나면 표시하는 방법이다. 관찰하고자 하는 행동 유무를 확인하는데 주로 사용된다. 어느 한 시점에서 행동의 출현여부를 확인하지만, 시간차를 두고 같은 목록을 확인하면 행동의 변화를 알 수 있다. 목록법은 체크리스트(check list)법이라고도 하는데 관찰시간이 절약되고 학습계획이나 유아의 행동평가에 쉽게 적용할 수 있다.

(2) 면담법

면담(접)법(interview)은 면담자가 피면담자와의 대화를 통해 자료와 정보를 얻거나 태도를 관찰하는 방법이다. 면담자는 미리 질문을 준비하여야 한다. 구조적 면담과 비구조적 면담이 있다.

면담에는 구조적 면담과 비구조적 면담이 있다. 구조적 면담은 면담의 내용과 순서 등을 일관성 있게 미리 준비한 면담표에 의해 면담을 진행하는 것을 말하며, 면담자에 유통성을 부여하지 않는다. 그러므로 면담의 타당도와 신뢰도가 높다는 장점이 있지만 면담표에서는 예상하지 못한 새로운 사실을 발견하기는 어렵다. 비구조적 면담은 면담목적에 크게 벗어나지 않으면 질문의 내용, 순서, 어법 등은 면담자가 융통성 있게 진행할 수 있는 것을 말한다. 비구조적 면담은 현장 변화에 대한 적응성이 높고 새로운 사실을 발견할 가능성이 높으나 면담자에게 고도로 훈련된 능력이 요구된다. 그렇지 못할 경우 타당도와 신뢰도가 낮을 수 있다.

면담법은 시간과 노력 많이 소요되며 면담자가 피면담자에게 영향을 주어 결과의 신뢰도가 낮을 수 있다는 공통된 문제를 지니고 있다.

〈표 8-3〉 유아 면담의 예

유아명	정연욱(남・여)	생년월일	2005년 5월 17일
면담일자	2009년 3월 31일(자유선택활동)		
면담장면	나의 좋은 점		
면담내용	교사 : 연욱이는 무얼 하는 것을 좋아하니? 유아 : 저는 양보하는 것을 좋아해요 교사 : 양보하는 것이 좋으니? 왜 그럴까? 유아 : 양보하고 나눠 주면 기분이 좋아져요. 교사 : 그래, 그럼 그것을 누가 가르쳐 주었니? 유아 : 우리 형이요. 우리 형은 양보를 참 잘 해요. 그래서 저도 형처럼 양보하는 것을 참 좋아해요. 전 양보대장이에요. 교사 : 모든 걸 다 나눠 주고 양보해서 네가 가지는 것이 없어도 괜찮니? 유아 : 그래도 좋아요. 교사 : 컴퓨터는 2명씩 같이 사용하기로 했잖아. 네 차례가 되었는데 뒤에 기다리는 친구들 3명이 자기들이 먼저 하면 안 되겠냐고 한다면 어떻게 할 거야? 유아 : 음...		
비고	친구와 사이좋게 잘 지내는 유아로 친구들에게 양보를 잘 해 양보대장이라 불린다. 상황에 맞게 물건을 나누어 쓰고 기회를 양보하는 것에 대해 이해시킬 필요가 있다.		

출처 : 황해익 외, 2009

(3) 작품분석법

작품분석법은 유아가 일정기간 동안 학습한 결과를 모아 포트폴리오(portfolio)를 구성하고, 이들 작품을 분석하여 유아의 행동이나 인지의 발달을 확인하는 것이다. 작품을 분석하기 위해서는 일정기간 동안 한 영역 혹은 영역별로 의도적으로 유아의 작품을 모아야 하며, 이 자료들에는 유아의 발달 상황이 내포되어 있어야 한다. 이렇게 유아의 활동과 상호작용의 결과 형성된 결과물을 모으는 것을 포트폴리오라 한다.

포트폴리오는 유아교육과정에 입각해 영역별로 조직하는 것이 현실적으로 영역별 발달단계를 분석하는데 유리할 것으로 보인다. 포트폴리오는 유아의 행동변화와 발달을 보여줄 뿐만 아니라 유아를 제작과정에 능동적으로 참여시킨다는 장점이 있으며, 이를 통해 교사, 부모, 유아자신에게 일정기간 교육활동에 대한 의미 있는 정보를 제공해 준다.

(4) 투사법

어떤 계획된 자극을 제시하여 개인적 욕구, 특수한 지각, 해석을 표출하게 하여 인성을 측정하는 방식을 말한다. 그러므로 투사법(projective method)은 비구조적이며 애매모호한 자극을 제시한 다음, 반응을 분석하여 심층에 내재된 성격특성, 욕구 등을 측정하는 방법을 말한다(권대훈, 2007).

로르샤하가 개발한 잉크반점검사(Rorschach Ink Blot Test)와 머리와 모건(Murry & Morgan)이 개발한 주제통각검사(Thematic Apperception Test-TAT) 등이 있다.

로르샤하의 잉크반점검사는 잉크를 떨어뜨려 접어 펴서 만든 좌우대칭그림 10개 카드를 보여주고 반응을 분석하여 잠재된 욕구를 분석하는 방법이다. 주제통각검사는 피검자에게 애매한 그림을 보여주어 상상적 이야기를 작성하게 한다. 이를 통해 어떤 욕구가 어느 정도 존재하는지를 측정한다.

(5) 사회성 측정법

사회성 측정법은 집단 내 구성원들 간의 상호관계, 즉 상호 수용하거나 배척하는 정도와 집단의 사회구조를 측정하기 위한 방법이다. 현장에서는 교우관계 조사라고도 한다. 사회성 측정법에는 동료평정법, 추인법, 지명법, 사회적 거리척도 등이 있다(권대훈, 2007).

동료평정법은 동료학생이 다른 유아의 준법성, 사려성 등을 평가하는 것이다.

추인법은 어떤 특성을 내포한 진술문을 제시하고 가장 일치하는 사람이름을 적도록 한다.

지명법은 특정한 어떤 사람(옆자리에 앉고 싶은 사람, 함께 공부/식사 하고 싶은 사람)을 지명하게 하는 방법이다.

사회적 거리척도는 각 개인별로 일련의 문항에 대하여 모든 학생들에게 반응하도록 하여 특정 개인이 집단을 수용 또는 거부하는 정도를 분석하는 것이다.

(6) 학습일지 분석법

학습일지는 유아 개개인의 가족관계, 가정환경, 성장기록, 교우관계, 취미와 특기, 적성, 습관, 부모의 기대 등 개인적 배경, 지도하는 동안 발생한 사건, 성장에 대하여 기록한 것이다. 이러한 학습일지는 유아에 대한 종합기록으로 유아의 성장 발달에 대하여 분석할 수 있는 자료이다.

그리고 학급일지는 집단속에서 유아가 어떤 역할, 행동, 사회생활을 하였는지 기록한 자료로 유아의 사회성 발달을 이해하는데 도움이 된다.

(7) 표준화 검사

유아의 특정 심리적 특성 측정하기 위해 일정한 조건하에서 미리정한 과제로서 특정 장면에 부과하여 반응을 하게하고 유아의 특성을 분석한다. 분석은 일정한 준거를 가지고 유아의 행동에 대하여 양적・질적 기술하는 조작적 절차다. 필기 능력이 부족한 유아들을 상대로 할 때는 그림과 간단한 문자를 이용한 유아용 검사를 사용해야 한다. 표준화 검사로는 사회 정서 발달 평정척도, 생활지도 진단검사, 행동진단검사, 적응행동검사, 사회성숙도 검사 등이 있다.

2. 일상적 상황에서의 유아생활지도

유아의 활동 영역에 지적 영역과 정의적 영역이 있다고 할 때 유아생활지도는 정의적 영역에 가깝다. 유아가 또래들과 원만하게 집단생활을 할 것인지의 문제와 안정된 정서를 가지고 교사의 수업과 놀이에 집중할 수 있는지의 문제이다. 유아의 생활지도는 유아 개인의 인성발달은 물론, 사회성 발달에 기여하게 될 것이다. 전술한 바와 같이 유아의 일상을 관찰할 때 유아는 발달단계가 미숙하여 성인과는 다른 행동특성을 보인다. 생활지도에서 기본은 먼저 문제를 이해하고 원인을 찾고 상호작용을 통해 해결방안을 모색하는 것이다. 유아 생활지도의 문제는 교육실습생의 입장에서 처음 접하는 경우가 많으므로 매우 신중하게 접근할 필요가 있다. 쉽게 해결될 것 같지 않을 때 성급하게 결론 내리려 하지 말고 반드시 지도교사와 상의하는 것이 좋을 것이다.

일상적 상황에서 유아의 생활에서 나타나는 행동 양태를 관찰하면서 원만하게 이끌고, 교사가 선불리 개입하려 하지 말고 지켜보아야 할 것이다. 그러다가 정도가 지나쳐 유아자체의 힘으로 해결될 수 없는 지경의 갈등상황이면 실습생이나 교사가 중재하여 해결을 도와주는 것이다. 여기서 중요한 것은 해결의 주체는 유아이지 실습생이나 교사가 아닌 것이다. 자율적으로 해결할 수 있도록 하고 그

해결을 도와준다는 생각을 가져야 한다.

(1) 일상적 유아생활지도

일상적인 유아의 생활은 약간 소란스러울 수 있지만 교사나 실습생의 통제를 잘 따르며 무리 없이 수업 활동을 전개할 수 있다. 교사가 기본적으로 알아야 할 것은 유아의 개별성에 입각하여 인지, 언어, 사회, 정서, 신체 발달 수준을 파악하고 있어야 하며, 가정환경, 유아의 욕구, 흥미, 특성을 알고 있어야 한다. 교사는 언어적, 비언어적 강화에 의해 유아의 행동을 통제할 수 있다. 그런데 여기서 통제라는 말은 반드시 유아를 존중하는 데서 출발해야 한다. 왜냐하면 유아 생활지도의 근본이 본인에 대한 존중이며, 이를 바탕으로 타인도 가치 있고, 존중받아야 한다는 것을 깨닫게 하는 것이다. 이렇게 본인과 타인을 존중할 때 자율성이 나올 수 있다. 그러므로 생활지도는 자율성이 기초가 되어 대부분의 경우 유아 스스로 해결하도록 해야 한다. 게임 규칙이든 갈등의 문제든 일단 스스로 해결하도록 지켜보는 것이 교사의 책무다. 그리고 자신의 감정을 스스로 통제 즉 자제할 수 있도록 의도하여야 한다.

(2) 갈등 상황에서의 유아생활지도

일상적 상황에서 집단생활을 하다 보면 갈등 상황은 항상 발생하기 마련이다. 앞서 논한 바와 같이 갈등 상황이야말로 유아들의 자체 해결력(문제해결력)을 발전시킬 수 있는 좋은 기회이다. 그러므로 교육실습생은 문제가 발생했다 해서 지나치게 민감할 필요가 없다. 다만 차분히 지켜보면서 갈등(문제)의 원인을 파악해야 한다. 어떤 문제든 해결하기 위해서는 원인부터 탐색해야 한다. 유아들의 갈등의 특징은 소유갈등과 힘겨루기가 가장 빈번하게 나타나는 것이다(Holden, 1997) 유아기 공동생활경험의 부족과 자기중심적 특성으로 인해 소유분쟁이 일어나지만 연령이 증가할수록 소유분쟁보다 규칙이나 활동 침해에 의한 힘겨루기가 갈등의 주원인이 된다. 그러므로 주된 원인이 무엇인가를 파악하고 지켜보다가 유아들 간에 자체적 해결이 되지 않거나 갈등이 격심해지만 교사는 중재에 나서야 한다.

개입하여 중재에 나설 때의 갈등상황과 개입의 방법(이기숙·강숙현 역)은 먼저 어떤 상황이 개입할 상황인가이다. 교사의 개입이 필요한 상황은 유아의 행동에서 신체적 공격(때리고, 물고, 물건을 던지는 등)이 나타날 때, 행동이 통제되지 않을 때, 울거나 비명을 지를 때, 싸움이 계속해서 지속될 때 등이다.

개입을 한다 하더라도 교사가 섣불리 결론 내려 지시를 하려 해서는 아니된다.

가. 갈등의 원인과 상황에 대하여 이야기 한다.

예) "진희와 민수는 왜 싸우고 있니?" "왜 그랬는지 진희가 먼저 이야기해 볼까?"

나. 유아가 이야기할 때까지 인내심을 갖고 기다린다.

예) "진희가 말하고 싶을 때까지 기다려 줄게"

다. 갈등에 관련된 모든 유아들에게 말할 기회를 준다.

라. 꾸짖거나 비난하거나 창피를 주지 말고 유아가 한 말을 수용한다.

예) "그런 일이 있었구나."

마. 유아들이 자신의 감정을 이야기 할 때 교사는 유아의 감정에 대해서 감정이입을 해준다.

예) "진희는 정말 속상했겠구나." "민수는 아파서 울었구나."

바. 다른 친구의 감정은 어떨지 상대방에 대한 감정이입을 할 수 있게 한다.

예) "진희가 그렇게 행동하면 민수의 마음은 어떨까?"

사. 갈등 상대와 화해할 수 있는 방법을 모색한다.

예) "진희와 민수는 친구였지? 그러면 어떻게 하면 좋을까?"

이와 같은 방식으로 중재를 할 수 있다.

3. 부적응 행동 양상에 따른 유아생활지도

부적응 행동이 일상적 상황을 벗어나 그 정도가 심할 경우 단순한 방식으로 해결하기는 불가능하다. 경우에 따라서는 치유 전문가의 도움을 요청해야 하는 경우도 있다.

(1) 공격성

공격성(aggression, 攻擊性)은 타인에게 고통이나 해를 주기 위한 행동을 말하며, 육체적 정신적 언어적 형태를 띠며(Wikipedia), 타인에 대하여 육체적, 정서

적, 정신적, 언어적으로 피해를 주는 행동을 말한다.

공격성은 다른 사람을 발로 차거나 때리거나 머리카락을 잡아당기는 등 신체적으로 다른 사람을 괴롭히거나, 함부로 욕을 하거나 심한 말다툼, 다른 사람을 놀려 주는 등 말로 다른 사람을 괴롭히는 것을 포함한다. 그리고 다른 사람의 놀이를 방해하거나 다른 유아의 작업을 건드려 망가뜨리거나 남의 물건을 일부러 떨어뜨리는 것, 아무데나 낙서를 하거나 칼로 흠을 내는 것 등도 공격성이다.

공격성의 양상도 처음에는 우발적 내지 도구적 공격성이지만 나이가 들면서 타인에게 해를 끼치려는 의도를 가진 적대적 공격성이 늘어난다. 그리고 유아 초기에 신체적 공격이 주를 이루다가 언어표현이 점차 능숙해지면서 언어적 공격성이 증가하는 것을 볼 수 있다.

공격성의 원인(윤희경외, 2011 ; 박은혜·조운주, 2006)은 공격적으로 의사를 표현하는 것이 습관화되어 자신은 문제를 잘 인지하지 못하는 경우와 관심 끌기, 주변에 공격적 행동 모델이 있어 화가 나는 감정을 공격적으로 표현하는 경우, 감정조절이 어려운 개인적 성향, 갈등 해결의 전략과 기술부족, 친구들로부터 따돌림 당하거나 무시당하는 일이 잦은 경우, 일과 운영이나 교사와 상호작용할 때 스트레스를 경험하고 있는 경우, 그리고 기질적 정신적 손상을 당했을 때 등이다.

이러한 공격성의 지도방법은 공격성을 관찰하여 원인을 파악한 다음 관심과 칭찬을 제공하거나. 올바른 행동모델을 제시, 감정해소의 방법을 제시, 갈등해결의 기술을 발견하게 하거나, 스트레스의 원인 제거한다. 그리고 정신적 손상이라고 판단되는 경우에는 전문가에게 상담을 하는 것이 좋다.

(2) 고립

위축되고 고립된 행동은 유아의 사회성 발달에 중대하게 부정적인 영향을 미친다. 유아는 또래와 많은 시간을 함께 보내며 협상과 타협의 기술을 배우게 되며 또래들과 교류를 통해 공감대를 형성하거나 적대감을 형성하기도 한다. 또래와의 교류를 하지 않고 고립된 행동을 하는 유아의 경우 이러한 기회를 잃게 된다.

고립행동(이소희 외, 2006)은 쉬는 시간에 하는 일 없이 혼자 앉아 있다든가, 아이들이 같이 놀고 있는데 참여하지 않고 구경만 하는 것, 협동작업 시간에 가만히 있는 것, 실외놀이 때도 혼자만 다니는 것, 친구들과 말하지 않고 지내는 것 등의 고립과 다른 사람과 말할 때 마주 쳐다보지 못하는 것, 다른 사람과 이야기할 때 '예, 아니오'로만 응하는 것, 크레파스, 놀잇감 등 용품이 없어도 같이 쓰자는 말을 못하는 것, 친구들에게 자기 감정이나 의사를 나타내지 못하는 것, 낯선 사람 앞에서는 말을 못하는 것, 공연히 얼굴을 붉히거나 수줍음을 타는 것, 어른이 조금만 뭐라고 해도 울기부터 하는 것, 선생님의 질문을 알면서도 더듬거리는 것 등 자신의 의사를 표현하지 못하는 경우가 있다. 그리고 자기의 권리를 지키지 못하는 경우로서 남의 지시에 싫어도 말 못하고 따르는 것, 자기보다 약한 아이에게도 대항하지 못하는 것, 부당하게 매를 맞고도 가만히 있는 것, 속임을 당하는 줄 알면서도 말을 못하는 것, 아이들을 피해 다니는 것, 물건을 빼앗기고도 말을 못하는 것 등이 있다.

이러한 고립과 위축의 원인(박은혜 · 조운주, 2006)은 유아의 기질이나 성격에 기인할 수도 있고, 성인과의 지나친 밀착, 또래와의 놀이 경험이 부족하여 혼자 노는 것에 더 즐거움을 느끼거나 정적놀이에 열중하는 경우, 체구나 외모가 문제일 수도 있고, 사고 발달이 미숙하여 의사를 표현하지 못할 수도 있다.

지도방법(윤희경외, 2011 ; 박은혜 · 조운주, 2006)으로는 친구들과 함께하는 즐거운 놀이 경험을 알게 해주기, 다른 유아들과 어울릴 기회를 제공해 주어 유아가 친구들에게 자신의 생각과 느낌을 표현하고 친구들의 반응을 경험함으로써 함께 어울려 노는 것에 대한 관심과 기쁨을 갖도록 도와줄 수가 있다. 사회적 기술이 부족한 유아의 경우 다른 유아가 놀잇감을 빼앗아 갔을 때 느낌과 친구와 물건을 나누어야 하는 이유를 이야기하며 다른 사람의 감정을 소중히 여기는 마음을 느끼도록 한다. 유아의 장점을 부각해 주어 유아가 선호하는 것을 존중해 준다. 유아가 친구들과 함께 놀잇감을 나누고 협동하여 놀 때는 칭찬을 해주어 그 행동을 강화한다.

(3) 과잉행동과 주의산만

유아의 발달 특성상 주의 집중시간이 길지 않고 새로운 것에 호기심을 갖기 때문에 주의력에 비해 활동이 길거나 흥미가 없을 경우 주의가 산만할 수가 있으며, 기질적 특성으로 부산하게 움직이며 소란스러울 수가 있다. 그러나 그 정도가 지나치다면 지도가 필요하다.

소란스럽게 떠들거나 자리에서 필요이상으로 몸을 들썩이는 것, 교실에서 여기

저기를 유난히 돌아다니는 것, 수업 중에 옆과 뒤를 유난히 돌아보거나 자리를 뜨는 것, 주위의 아이들과 유난히 큰소리로 말하는 것, 공연히 비명이나 괴성을 지르는 것, 조용히 해야 할 때 떠드는 것, 의자나 책상 등을 움직여서 삐걱삐걱 소리를 내는 것, 물건을 똑똑 두드려 소리를 내는 것 등으로 소란스러운 행동이 있다.

그리고 눈, 머리, 몸의 방향이 학습 자극이 아닌 다른 곳을 향하고 있는 것, 교사의 질문, 지시, 언급을 무시하는 것, 수업과 관계없이 주위 아이들이 하는 일에 참견하는 것, 자기 신체의 일부를 반복해서 움직이고 자극을 주는 것, 교실 밖에서 나는 소리에 민감하게 반응하는 것, 자주 일어서거나 온몸을 계속 움직이는 것, 마음대로 자리를 뜨고 돌아다니는 것 등의 주의력 결핍 행동이 있다(이소희 외, 2006).

원인으로는 교사의 관심 끌기일 수도 있고, 엄격하고 지배적인 부모의 양육 태도, 성급한 부모의 성격, 가정불화로 인한 정서불안, 유전적 요인 내지 임신 출산 시 문제가 있을 수 있다.

지도방법으로는 원인별로 달라지는데 유아들이 좋아하는 활동과 놀이를 제공하며 너무 길지 않도록 한다. 규칙적인 생활습관을 지도하기, 주의력을 높일 수 있는 활동을 제공하기, 집중하여 활동에 전념할 수 있도록 안정된 주변 환경을 조성하기 등이 있으며 다른 유아의 활동에 방해되는 행동을 통제하되 유아의 자존감이 손상되지 않는 방법을 모색한다(윤희경외, 2011 ; 박은혜 · 조운주, 2006).

4. 상과 벌

유아가 바람직한 행동을 했을 때 칭찬을 하고, 바람직하지 못한 행동을 했을 때 꾸짖어 바로 잡으려 한다. 칭찬과 벌을 잘 활용하면 유아의 바람직한 행동을 강화할 수 있다. 그러나 칭찬과 벌 모두 한쪽으로 치우쳐 부작용이 있을 수 있다.

벌은 야단맞는 행동이 나쁘다는 것은 알지만 대안적 요소 즉 좋은 행동을 알려주지 못한다. 그리고 벌이 과하거나 반복되면 반항심과 적대감만 커질 뿐이다.

상인 칭찬은 그것을 통해 바람직한 행동을 지속하려 하지만 늘 칭찬해 주면 칭찬을 받지 못하게 될 때 벌을 받은 것과 같은 효과를 낸다. 그리고 칭찬과 상을 받는다는 것은 칭찬하는 사람과 칭찬받는 사람과의 관계는 상하관계가 형성되어 상을 주는 사람에게 의존하게 된다. 그러므로 바른 행동을 하려는 의도보다 칭찬받는 것이 목적이 되어 상주는 사람이 없거나 상을 주지 않으면 좋은 행동을 하지 않게 된다. 이러한 유아는 자신의 행동기준이 없고 항상 타인의 판단에 의존하게 될 가능성이 높다.

그러므로 칭찬보다는 비록 작은 것이라도 노력하고 향상된 것에 주어지며, 스스로 노력하도록 하는 격려가 효과적이다. 격려는 유아가 스스로 만족하지 못하거나 실패했을 때도 할 수 있어 스스로 가치를 느끼게 한다. 격려는 있는 그대로를 수용하는 것이며 긍정적인 태도로 유아를 존중하는 것이며 유아를 믿고 스스로 자신감을 갖게 하는 것이다. 그리고 유아가 공헌한 것과 노력과 성취를 인정해 주는 것이다.

그리고 벌의 대안으로 유아가 한 일이 바람직하지 않을 때, 벌을 주기보다 자연적인 결과를 경험하게 하는 것이다. 즉 식사시간에 먹지 않는 유아는 자연적 결과로 배고픔을 경험하게 하는 것이다.

그러나 자연적 결과를 적용할 때 위험이 따른다면, 자신의 잘못된 행동에 논리적 결과가 따른다는 것을 깨닫게 하는 것이다. 논리적 결과는 여러 대안에서 선택하게 할 수 있다. 자연적·논리적 결과는 벌과는 달리 잘못된 행동과 인과의 관계가 있으며 스스로 판단하게 하고 경험으로부터 학습하게 한다(이소희 외, 2006).

제 9 장

학급운영

학급운영은 독립된 유아교사로서 수행해야 할 반드시 필요한 업무이다. 교사는 학급의 창의적 운영을 통해 교사로서 만족감을 느낄 수 있다. 학급 운영의 시작은 학급의 물리적 환경을 조성하는 데서부터 출발한다. 특히 유아교육에서 교실 환경을 어떻게 조성하느냐의 문제는 교육활동의 성패를 좌우할 만큼 중요하다. 그리고 하루의 교육활동의 연결체인 일과 운영, 유아를 규율하여 학급내의 질서를 유지하며 자제력을 길러주는 학급규칙으로 학급운영을 할 수 있다.

1. 학급의 환경 구성

교육실습생의 입장에서 가장 먼저 관찰되는 대상이 교육실습기관 및 학급의 물리적 환경이다. 이것은 교사와 유아가 함께 상호작용하며 활동하는 공간이다. 물리적 환경은 실내·외 시설과 설비, 교재, 교구 등을 말한다. 시설은 건물과 현관, 복도, 교실, 놀이 시설 등을 의미하며 설비는 책상, 의자 가구 등을 말하며, 교재, 교구는 유아들이 직접 다루는 놀잇감, 교육자료 등이다(이영자·권영례, 1997).

실습생은 먼저 학급의 환경을 관찰하여 있는 그대로를 파악한 다음, 그 환경과 관련하여 유아의 활동을 관찰하여 환경구성의 적합성의 관점에서 환경 구성을 평가하고 구상하는 훈련을 해야 한다.

이러한 환경구성에는 몇 가지의 구성 기준이 있다(Dodge, 1988 ; Gullo, 1994 : 박은혜 · 조운주, 2006에서 재인용).

- 활동영역을 명확하게 구분한다.
- 유아의 인원수에 따라 다양하게 조성 · 배치한다.
- 흥미영역은 1-5명의 유아를 수용할 수 있도록 명확하게 구분한다.
- 이동 통로는 유아들 간에 놀이를 방해하지 않도록 배치한다.
- 여러 종류의 흥미영역을 구성 · 배치한다.
- 유아가 휴식하고 쉴 수 있는 장소를 제공한다.
- 비슷한 활동영역은 인접하여 배치한다.
- 시끄러운 영역과 조용한 영역은 분리하여 배치한다.
- 교사가 모든 활동영역을 쉽게 볼 수 있게 배치한다.
- 교사의 영역은 유아들의 영역과 구분되어 있다.
- 모든 발달영역(신체, 인지, 언어, 사회, 정서)을 균형 있게 다루도록 구성한다.
- 교재 · 교구는 유아들이 쉽게 활용하도록 낮은 교구장에 배치한다.
- 과거 경험과 새로운 경험을 연결하도록 친숙한 자료와 새로운 자료를 모두 제공한다.
- 유아의 발달에 맞는 가구를 제공한다.

이러한 환경구성 기준들은 관찰의 기준이 된다. 모든 기준을 충족시킬 수 없을 때는 본인이 중시하는 가치에 초점을 두거나 유아의 입장에서 생각해야 한다.

위 기준을 토대로 흥미영역을 구성하면 다음 표와 같다(박은혜 · 조운주, 2006).

〈표 9-1〉 흥미영역별 특성 및 구성방법

영역	구 성 방 법
미술	· 3-5명의 유아수용 · 물을 활용할 수 있는 곳에 배치 · 이젤, 개인·집단용 작업대, 미술자료 보관 선반, 건조, 전시 공간 · 바닥은 쉽게 닦을 수 있으며 방수 처리 · 다양한 미술용품 및 자료
쌓기	· 적목을 쌓을 수 있도록 넓은 공간 · 바닥 소음 처리 · 시끄러운 영역에 배치 · 다양한 적목과 소품 제공 · 정리정돈이 가능한 그림 및 사진제시
역할	· 쌓기 영역과 인접배치 · 주제에 맞는 다양한 역할놀이 소품제공(소꿉, 병원, 가게놀이 등) · 남아 여아 모두 좋아하는 놀잇감 배치
조작	· 조용한 곳에 배치 · 접근이 용이한 교재 보관 선반과 활동을 할 수 있는 테이블 · 퍼즐, 끼우기, 주사위 게임 등 다양한 난이도의 교재·교구제공
음률	· 시끄러운 영역에 배치 · 동작을 위한 넓은 공간 제공 · 다양한 악기 보관을 위한 교구장과 악기 제공
과학	· 물을 사용하는 영역에 배치 · 교재·교구를 보관하기 위한 교구장 · 주제에 알맞은 다양한 교구, 실험기구, 책, 실물자료, 사진 등 비치
언어	· 조용하고 밝은 곳에 배치 · 편안하게 책을 읽을 수 있는 카펫이나 책상 마련 · 책과 교재를 비치하기 위한 책장 및 교구장 비치 · 주제에 맞는 다양한 동화책 제공 · 듣기, 말하기, 읽기, 쓰기를 위한 녹음기, 이야기 자료, 종이 연필 등 제공
요리	· 물을 활용할 수 있는 곳에 배치 · 바닥 방수 처리 · 싱크대 및 요리 테이블 · 다양한 요리기구 · 환기 장치 · 앞치마, 쓰레기통 등 제공

이상과 같은 요소를 고려하여 흥미영역을 배치할 수 있다. 그런데 이러한 학급의 공간 배치는 유아의 동선 및 활동과 매우 밀접한 관련을 갖고 있다. 유아의 문제행동은 환경을 변화시키면 개선할 수도 있다.

다음은 유아의 문제 행동과 이를 개선하기 위한 환경구성(박은혜·조운주, 2006)이다.

〈표 9-2〉 문제행동과 환경개선

문제행동	가능한 원인들	환경을 변화시키는 방법
교실에서 뛰어다닌다.	개방된 공간이 너무 많다	공간을 나누어 가구나 선반으로 배치한다.
장난감 때문에 자주 싸운다.	장난감이 부족하다	장난감을 더 많이 준비한다.
교실을 배회하고 활동을 선택하는데 어려움을 겪는다.	유아의 흥미와 발달에 적절하지 못하고 활동역역과 활동이 다양하지 못하다.	유아의 발달 및 흥미를 고려하여 흥미영역 개수를 조정하고 교구도 적절하게 변화시킨다.
혼자서 노는 유아들이 많다.	소집단 활동에 적절한 교구가 부족하다.	소집단 활동이 가능한 자료를 제공한다.
교구를 부적절하게 사용하고, 정리하는 것을 싫어한다.	영역 구분이 명확하지 않고, 정리를 위한 그림이 없다.	영역 구분을 분명히 해주고, 정리정돈을 도울 수 있도록 그림을 붙여준다.
유아들이 지나가다 친구들의 놀이를 방해한다.	통로가 잘못 설계되어 있다.	흥미영역을 명확히 인식할 수 있도록 영역과 통로 구분을 한다.
조용한 놀이영역의 유아들이 놀이에 집중하지 못한다.	영역의 배치가 부적절하다.	흥미영역 배치를 새롭게 한다. 조용한 영역과 시끄러운 영역을 구분하여 배치한다.
여아, 남아 중 한 쪽 성의 유아들만 논다.	남성 또는 여성 편향적인 놀잇감이 제공되었다.	성 편향적인 놀잇감 대신 다른 성의 유아들도 관심을 갖는 놀잇감을 제공한다.

이상과 같이 환경을 변화시키는 방법에 따라 문제행동을 개선할 수 있으므로 공간배치에 대한 체험과 관찰을 통해 그 정도를 가늠해 볼 수 있다고 본다.

2. 일과운영

유치원의 일과는 예를 들어 유아의 등원에서부터 자유선택활동, 정리정돈, 화장실 다녀오기, 이야기 나누기, 전이활동 및 화장실 다녀오기, 대집단 활동, 실외놀이, 손 씻기, 점심 및 휴식, 신체활동, 평가, 동화, 정리 후 일일평가 귀가준비 및 귀가지도처럼 일정한 사이클로 순환하게 된다. 수업과 놀이지도 등 교육활동과 간식, 식사, 생리적 현상 해결, 자유선택활동, 대・소집단 활동, 실내・외 활동 등에 변화를 주어가며 일관성 있게 진행된다.

교육실습생은 이러한 일과를 관찰하고 스스로 일과를 구성해 본다. 일과를 구성할 때는 다음에 제시되는 일과운영의 원리(이기숙, 1992 ; 박은혜·조운주, 2006) 참조하는 것이 좋다.

가. 일과 계획 및 운영에 일관성 유지

교육실습의 경우 기존의 일과운영의 흐름을 유지하는 것이 좋다.

나. 유아의 신체적 욕구 반영

화장실가기, 간식 및 식사 등 생리적 현상 해결을 위한 시간계획을 해야 한다.

다. 유아의 요구에 의한 운영

계획의 실행에서 유아의 요구를 수용하여 다양한 방법을 구사한다.

라. 활동내용과 순서의 균형

정적 활동과 동적 활동을 차례로 진행하고, 하루의 일과 중 개별, 소집단, 대집단 활동을 모두 포함하여 다양한 경험을 하도록 한다. 활동의 주도도 교사만이 아니라 유아가 주도할 수 있도록 한다.

마. 다양한 상호작용

유아의 발달을 위해 유아와 교사, 교구 등과 다양한 상호작용이 필요하다. 즉 유아와 교사, 유아와 유아, 유아와 교구의 상호작용이 일어나도록 계획한다.

바. 융통성 있는 일과운영

학급 상황은 역동적이어서 예상하지 못했던 일들이 발생할 수 있다. 돌발적인 문제상황에 대처하기 위기 융통성 있는 사고와 다양한 준비를 해야 한다.

사. 계획–활동–평가의 단계 제공

경험이 부족한 실습생의 경우 더욱 철저한 계획과 준비가 필요하다. 활동의 융통성, 그리고 활동 후에는 평가를 하고 교사는 자기반성을 하여야 한다.

3. 학급규칙

규칙은 준수하는 것은 사회생활을 하는데 반드시 필요한 것이다. 그러므로 유아기부터 규칙을 준수하는 것을 학습하여 내재화해야 한다. 만 3세 이상이 되면 부모와 교사, 친구의 기대를 점차 이해하기 시작한다. 유아의 위생과 안전을 위하고 유아의 원만한 사회생활을 위해 규칙을 지키는 것이 필요하다. 처음에는 교사와 친구의 기대에 부응하고자 하지만 점차 규칙을 이해하게 된다.

교육실습생은 학급의 규칙을 파악하는 것이 중요하다. 기존의 지도교사가 세운 규칙을 혼란스럽게 하여서는 아니 된다. 학급에서의 규칙은 기본적인 생활규칙과 놀이규칙(교육인적자원부, 2001)으로 구분된다(〈표 9-3〉, 〈표 9-4〉). 그리고 이러한 규칙은 유아들과 함께 만들어가는 것이 좋다. 즉 함께 이야기하며 유아 스스로가 결정할 수 있는 기회를 주는 것이 좋다. 시행에 있어서도 지나치게 엄격하기보다 교사와 친구의 기대에 대한 이해를 촉구해야 한다. 규칙에 대하여 부정적인 인식을 갖지 않도록 한다. 그렇지만 안전과 관련된 규칙은 엄격하게 시행하되, 사전에 그리고 기회 있을 때마다 주지시켜야 한다.

〈표 9-3〉 기본생활규칙

구분	기본생활 규칙 내용
식습관	· 식사시간 전후에 손을 씻는다. · 편식하지 않는다. · 천천히 음식을 꼭꼭 씹어 먹는다. · 음식을 입에 넣고 이야기하지 않는다. · 제 자리에 앉아서 먹는다. · 감사하는 마음으로 먹는다. · 식사 후에 자기 자리를 스스로 정리한다. · 식사 후 이를 닦는다.
배변	· 규칙적으로 대·소변을 보는 습관을 기른다. · 화장실 앞에서 줄을 선다. · 화장실에 들어가기 전 노크를 한다. · 화장실을 깨끗이 사용한다. · 화장실내의 휴지를 아껴 쓴다. · 대·소변을 본 후에는 물을 내리고 확인을 한다. · 배변 후에는 반드시 손을 씻는다.

	· 화장실을 나올 때 문을 닫는다.
청결	· 밖에서 놀다가 실내로 들어올 때에는 옷을 털고 손을 씻는다. · 매일 아침, 저녁으로 세수한다. · 식사 전후나 대소변 후에 손을 씻는다. · 식사 후에는 이를 닦는다. · 손톱과 발톱을 짧게 자르고 다닌다. · 아무 곳에나 함부로 침이나 가래를 뱉지 않는다. · 휴지를 함부로 버리지 않는다. · 자기 주변을 스스로 정리한다. · 낙서를 하지 않는다.
예절	· 바르게 인사한다. · 바르고 고운 말을 사용한다. · 도움을 받았을 때 고마운 마음을 표현한다. · 실수나 잘못에 대해 사과를 한다. · 웃어른께 존댓말을 사용한다. · 정직하게 말하고 행동한다. · 바른 자세로 앉는다. · 바른 태도로 식사한다. · 남의 이야기를 주의 깊게 듣는다. · 단정한 옷차림을 한다. · 국기에 대한 예절을 안다. · 선생님에 대한 예절을 지킨다. · 견학할 때의 예절을 지킨다. · 음식점에서 예절을 지킨다.
질서	· 교통규칙을 지킨다. · 버스나 차를 탈 때 줄을 선다. · 화장실 앞에서나 세면대 앞에서도 줄을 선다. · 실내에서는 큰소리를 내지 않는다. · 실내에서는 걷는다. · 우측 통행한다(2009). · 실내외 놀잇감을 사용할 때에는 차례를 지킨다. · 장난감을 사용한 후에는 제자리에 놓는다. · 공공물건을 소중히 다룬다. · 자연을 보호한다.
절제	· 여러 가지 물건을 아껴 쓴다. · 폐품을 재활용한다. · 필요 없는 물건을 사지 않는다. · 수돗물을 아껴 쓴다. · 전기를 아껴 쓴다. · 과식하지 않는다. · 먹을 수 있는 음식을 버리지 않는다. · 저축하는 습관을 기른다. · 자기의 물건에 이름을 쓴다. · 자신의 소지품을 잘 간수한다. · 맡은 일을 끝까지 완수한다. · 자신의 감정을 조절하여 적절하게 표현한다. · 마음대로 하면 안 되는 것을 알고 조절한다.

〈표 9-4〉 놀이규칙

구분	놀이영역 규칙 내용
쌓기 놀이 영역	· 적목은 나누어 쓴다. · 친구가 쓰고 있는 적목을 빼앗지 않는다. · 친구가 만든 것을 부수지 않는다. · 적목을 친구에게 던지지 않는다. · 적목은 약속된 장소에서만 가지고 논다. · 사용한 적목은 제자리에 정리한다.
역할 놀이 영역	· 역할 놀이 도구는 나누어 쓴다. · 역할은 의논을 해서 정한다. · 다른 친구가 함께 놀기를 원할 때에는 함께 논다. · 하나의 물건을 서로 가지고 놀고 싶은 경우에는 양보를 하거나 순서를 정해서 논다. · 영역을 떠날 때에는 사용한 물건들을 제자리에 정리한다.
조형 영역	· 물건은 나누어 쓴다. · 필요한 물건을 가져다 놓고 자리에 앉아서 작업한다. · 책상 위에 그림을 그리지 않는다. · 책상에 테이프를 붙이지 않는다. · 물건을 사용한 후에는 제자리에 정리한다. · 작업이 끝난 후에는 자기자리를 정리한다.
물·모래 놀이 영역	· 물놀이나 모래놀이 도구는 나누어 쓴다. · 친구들에게 물이나 모래를 뿌리지 않는다. · 다 사용한 도구는 제자리에 정리한다.
미끄럼틀	· 두 명 이상이 있을 때는 줄을 선다. · 한 명이 끝까지 내려가는 것을 보고 다음 사람이 탄다. · 빨리 가라고 친구를 밀지 않는다. · 거꾸로 타지 않는다. · 미끄럼을 탄 후에는 빨리 자리를 비켜준다. · 미끄럼틀 밑에서 올라오지 않는다.
그네	· 그네를 타려고 기다릴 때는 지정된 장소에서 기다린다. · 그네를 타고 있을 때에는 그 앞이나 뒤로 지나가지 않는다. · 친구가 기다리고 있을 때에는 ○번만 타고 양보를 한다. · 그네를 타다가 뛰어내리지 않는다.
자전거	· 자전거를 타려고 기다릴 때에는 지정된 장소에서 기다린다. · 자전거를 탈 때에는 정해진 방향으로 탄다. · 사람이 지나갈 때는 멈춘다. · 친구가 기다리고 있을 때에는 ○바퀴만 돌고 양보를 한다. · 다 타고 난 후에는 지정된 장소에 갖다 놓는다.

제10장

문서관리

유치교육기관을 포함은 학교에서의 교육활동을 지원하기 위한 행정사무는 문서로 이루어진다. 문서 중 특히 공문서를 많이 사용하는데 "공문서"란 행정기관에서 공무상 작성하거나 시행하는 문서(도면 · 사진 · 디스크 · 테이프 · 필름 · 슬라이드 · 전자문서 등의 특수매체기록을 포함)와 행정기관이 접수한 모든 문서를 말한다. 본장에서는 공문서의 작성 및 처리와 유아교육실습기관의 문서 중 가장 핵심이 되는 유치원 생활기록부 작성요령에 대하여 기술한다.

1. 문서의 작성 및 처리[1)]

(1) 문서작성

가. 공문서의 종류

공문서의 종류는 다음의 구분에 따른다.

① 법규문서: 헌법 · 법률 · 대통령령 · 총리령 · 부령 · 조례 · 규칙 등에 관한 문서

② 지시문서: 훈령 · 지시 · 예규 · 일일명령 등 행정기관이 그 하급기관이나 소속 공무원에 대하여 일정한 사항을 지시하는 문서

③ 공고문서: 고시 · 공고 등 행정기관이 일정한 사항을 일반에게 알리는 문서

1) 행정업무의 효율적 운영에 관한 규정(대통령령 제23383호, 2011.12.21.)과 동 시행규칙(행정안전부령 제264호, 2011.12.21)에 의거 작성하였다.

④ 비치문서: 행정기관이 일정한 사항을 기록하여 행정기관 내부에 비치하면서 업무에 활용하는 대장, 카드 등의 문서

⑤ 민원문서: 민원인이 행정기관에 허가, 인가, 그 밖의 처분 등 특정한 행위를 요구하는 문서와 그에 대한 처리문서

⑥ 일반문서: ①부터 ⑤까지의 문서에 속하지 아니하는 모든 문서

나. 문서 작성의 일반원칙

① 문서는 국어 어문규범에 맞게 한글로 작성하되, 뜻을 정확하게 전달하기 위하여 필요한 경우에는 괄호 안에 한자나 그 밖의 외국어를 함께 적을 수 있으며, 특별한 사유가 없으면 가로로 쓴다.

② 문서의 내용은 간결하고 명확하게 표현하고 일반화되지 않은 약어와 전문용어 등의 사용을 피하여 이해하기 쉽게 작성하여야 한다.

③ 문서에는 음성정보나 영상정보 등이 수록되거나 연계된 바코드 등을 표기할 수 있다.

④ 문서에 쓰는 숫자는 특별한 사유가 없으면 아라비아 숫자를 쓴다.

⑤ 문서에 쓰는 날짜는 숫자로 표기하되, 연·월·일의 글자는 생략하고 그 자리에 온점을 찍어 표시하며, 시·분은 24시각제에 따라 숫자로 표기하되, 시·분의 글자는 생략하고 그 사이에 쌍점을 찍어 구분한다. 다만, 특별한 사유가 있으면 다른 방법으로 표시할 수 있다.

⑥ 문서 작성에 사용하는 용지는 특별한 사유가 없으면 가로 210밀리미터, 세로 297밀리미터의 직사각형 용지로 한다.

⑦ 문서의 내용을 둘 이상의 항목으로 구분할 필요가 있으면 그 항목을 순서(항목 구분이 숫자인 경우에는 오름차순, 한글인 경우에는 가나다순을 말한다)대로 표시하되, 상위 항목부터 하위 항목까지 1., 가., 1), 가), (1), (가), ①, ㉮의 형태로 표시한다〈표 10-1〉. 다만, 필요한 경우에는 □, ○, -, · 등과 같은 특수한 기호로 표시할 수 있다.

⑧ 문서에 금액을 표시할 때에는 아라비아 숫자로 쓰되, 숫자 다음에 괄호를 하고 다음과 같이 한글로 적어야 한다.

(예시) 금113,560원(금일십일만삼천오백육십원)

〈표 10-1〉 공문서의 항목 구분

구 분	항목 부호
첫째 항목	1. …………
둘째 항목	가. …………
셋째 항목	1) …………
넷째 항목	가) …………
다섯째 항목	(1) …………
여섯째 항목	(가) …………
일곱째 항목	① …………
여덟째 항목	㉮ …………

다. 문서의 전자적 처리

행정기관의 장(법령에 따라 행정권한을 위임받거나 위탁받은 자를 포함)은 문서의 기안·검토·협조·결재·등록·시행·분류·편철·보관·보존·이관·접수·배부·공람·검색·활용 등 처리절차를 전자문서시스템 또는 업무관리시스템 상에서 전자적으로 처리하도록 하여야 한다.

(2) 문서의 기안

가. 문서의 기안

기안문은 두문, 본문 및 결문으로 구성한다.

(가) 두문

두문은 행정기관명과 수신란으로 구성하되, 다음의 구분에 따라 표시한다. 이 경우 두문의 여백에는 행정기관의 로고·상징·마크·홍보문구 또는 바코드 등을 표시할 수 있다.

- 행정기관명에는 그 문서를 기안한 부서가 속하는 행정기관명을 표시하되, 다른 행정기관명과 동일한 경우에는 바로 위 상급기관명을 함께 표시할 수 있다.
- 수신란에는 다음과 같이 표시한다.
  - 수신자가 없는 내부결재문서인 경우에는 “내부결재”로 표시한다.
  - 수신자가 있는 경우에는 수신자명을 표시하고, 그 다음에 이어서 괄호 안에 업무를 처리할 보조기관이나 보좌기관을 표시하되, 보조기관이나 보좌기관이 분명하지 아니한 경우에는 ○○업무담당과장 등으로 쓸 수 있다. 다만, 수신자가 여럿인 경우에는 두문의 수신란에 “수신자 참조”라고 표시

하고 결문의 발신 명의 다음 줄에 수신자란을 따로 설치하여 수신자명을 표시할 수 있다.

(나) 본문

본문은 제목, 내용 및 붙임(문서에 다른 서식 등이 첨부되는 경우)으로 구성한다.

- 문서에 다른 서식 등이 첨부되는 경우에는 본문의 내용이 끝난 줄 다음에 "붙임" 표시를 하고 첨부물의 명칭과 수량을 적되, 첨부물이 두 가지 이상인 경우에는 항목을 구분하여 표시하여야 한다.
- 본문의 마지막에는 다음과 같이 "끝" 표시 등을 한다.
  - 본문의 내용(본문에 붙임이 있는 경우에는 붙임을 말한다)의 마지막 글자에서 한 글자 띄우고 "끝" 표시를 한다. 다만, 본문의 내용이나 붙임에 적은 사항이 오른쪽 한계선에 닿은 경우에는 다음 줄의 왼쪽 한계선에서 한 글자 띄우고 "끝" 표시를 한다.
  - 제1호에도 불구하고, 본문의 내용이 표 형식으로 끝나는 경우에는 표의 마지막 칸까지 작성되면 표 아래 왼쪽 한계선에서 한 글자를 띄운 후 "끝" 표시를 하고, 표의 중간까지만 작성된 경우에는 "끝" 표시를 하지 않고 마지막으로 작성된 칸의 다음 칸에 "이하 빈칸"으로 표시한다.

(다) 결문

결문은 다음사항으로 구성한다.

- 발신 명의
- 기안자 · 검토자 · 협조자 · 결재권자의 직위나 직급(각급 행정기관이 6급 이하 공무원의 직급을 대신하여 대외적으로 사용할 수 있도록 정한 대외직명을 포함한다) 및 서명(전자이미지서명과 전자문자서명을 포함한다.)
- 생산등록번호 및 접수등록번호, 시행일 및 접수일
- 행정기관의 우편번호 · 주소 · 홈페이지주소 · 전화번호 · 팩스번호, 공무원의 전자우편주소와 공개 구분

나. 일괄기안

- 기안하려는 여러 문서의 내용이 서로 관련성이 있는 경우에는 각 문서의 내용을 하나의 기안문으로 일괄하여 기안할 수 있다. 이 경우 특별한 사유가

없으면 각각 다른 생산등록번호를 사용하여 같은 날짜로 시행하여야 한다.

- 둘 이상의 행정기관의 장의 결재가 필요한 문서는 그 문서 처리를 주관하는 행정기관의 장의 결재를 받은 후 관계 행정기관의 장의 결재를 받아 공동명의로 시행하여야 한다. 이 경우 발신 명의에는 문서 처리를 주관하는 행정기관의 장의 명의를 맨 위에 표시하며, 관계 행정기관의 장의 명의는 바로 밑에 표시하고, 관계 행정기관의 장이 둘 이상인 경우로서 동일 직급인 경우에는 「정부조직법」에 따른 부·처·청의 순위대로 표시하고, 동일 직급이 아닌 경우에는 상위 직급의 행정기관의 장의 명의부터 표시한다.
- 수신한 종이문서를 수정하여 기안하는 경우에는 수신한 문서와 색깔이 다른 글자로 수정하는 방법으로 할 수 있다.

다. 기안자 표시

- 기안문에는 발의자와 보고자의 직위나 직급의 앞 또는 위에 발의자는 ★표시를, 보고자는 ⊙표시를 한다.
- 기안문에 첨부되는 계산서·통계표·도표 등 작성상의 책임을 밝힐 필요가 있다고 인정되는 첨부물에는 작성자를 표시하여야 한다.
- 기안자, 검토자 또는 협조자는 기안문의 해당란에 직위나 직급을 표시하고 서명하되, 검토자나 협조자가 다른 의견을 표시하는 경우에는 직위나 직급 다음에 "(의견 있음)"이라고 표시하여야 한다.
- 총괄책임자(처리과의 업무분장상 여러 개의 단위업무를 총괄하는 책임자를 말한다.)는 총괄책임자가 총괄하는 단위업무를 분담하는 사람이 기안한 경우 그 기안문을 검토하고 검토자란에 서명을 하되, 다른 의견이 있으면 직위나 직급 다음에 "(의견 있음)"이라고 표시하고 기안문 또는 별지에 그 의견을 표시할 수 있다. 다만, 총괄책임자가 출장 등의 사유로 검토할 수 없는 등 부득이한 경우에는 검토를 생략할 수 있으며 서명란에 출장 등 검토할 수 없는 사유를 적어야 한다.

(3) 문서의 처리

가. 문서의 결재

- 결재권자의 서명란에는 서명날짜를 함께 표시한다.
- 위임전결하는 경우에는 전결하는 사람의 서명란에 "전결" 표시를 한 후 서

명하여야 한다.

- 대결(代決)하는 경우에는 대결하는 사람의 서명란에 "대결" 표시를 하고 서명하되, 위임전결사항을 대결하는 경우에는 전결하는 사람의 서명란에 "전결" 표시를 한 후 대결하는 사람의 서명란에 "대결" 표시를 하고 서명하여야 한다.

나. 시행문의 작성

행정기관의 장이 소속공무원 또는 소속기관에 발신하는 시행문이나 보조기관 및 보좌기관 상호간에 발신하는 시행문 중에서 다음의 어느 하나에 해당하는 시행문은 업무관리시스템 또는 전자문서시스템의 전자게시판이나 행정기관의 홈페이지 등에 게시된 때에 시행된 것으로 본다.

- 단순한 업무에 관한 지시
- 자료요구, 업무연락, 통보, 공지사항, 일일명령 등

다. 관인 날인 또는 서명

- 관인을 찍는 경우에는 발신 명의 표시의 마지막 글자가 인영의 가운데에 오도록 한다. 다만, 등본·초본 등 민원서류를 발급할 때 사용하는 직인은 발신 명의 표시의 오른쪽에 찍을 수 있다.
- 보조기관이나 보좌기관은 서명하는 경우에는 발신 명의 표시의 마지막 글자 위에 서명하여야 한다.
- 보조기관이나 보좌기관의 직무를 대리하는 사람이 보조기관이나 보좌기관의 발신 명의에 서명을 하는 경우에는 서명 앞에 "직무대리"의 표시를 하여야 한다.
- 일일명령 등 단순 업무처리에 관한 지시문서와 행정기관 간의 단순한 자료요구, 업무연락, 통보 등을 위한 문서에는 발신 명의 표시의 오른쪽에 관인생략이나 서명생략(보조기관 또는 보좌기관 상호간에 발신하는 문서만 해당한다) 표시를 하고 관인날인 또는 서명을 생략할 수 있다.

라. 문서의 발신

- 문서는 처리과에서 발신하되, 관인을 찍는 문서인 경우로서 전자문서인 경우에는 처리과의 기안자나 문서의 수신·발신업무를 담당하는 사람이 전자 이미

지관인을 찍고, 종이문서인 경우에는 관인을 관리하는 사람이 관인을 찍는다.

- 수신자의 변경이나 추가를 승인한 처리과의 장은 승인날짜를 업무관리시스템 또는 전자문서시스템으로 관리하여야 한다. 다만, 종이문서인 경우에는 기안문의 결재권자 서명란 오른쪽 여백에 서명을 하고 승인날짜를 적는 방법으로 표시하여야 한다.
- 업무관리시스템 또는 전자문서시스템 등을 이용하여 정보통신망으로 문서를 발신하거나 수신하였을 때에는 그 발신 또는 수신 기록을 전자적으로 관리하여야 한다.
- 우편·팩스 등의 방법으로 문서를 발신한 때에는 그 발신기록을 증명할 수 있는 관계 서류 등을 기안문과 함께 보존하여야 한다.

마. 문서의 접수 처리

- 접수인을 찍는 경우에는 특별한 사유가 없으면 접수한 문서의 오른쪽 위 여백에 찍어야 한다.
- 둘 이상의 보조기관 또는 보좌기관과 관련 있는 문서의 경우에는 관련성이 가장 높은 보조기관 또는 보좌기관이 처리과로서 문서를 접수한다.
- 문서를 접수한 처리과는 문서와 관련이 있는 다른 보조기관 또는 보좌기관에 접수한 문서의 내용을 통보하여야 한다.
- 경유문서를 접수한 기관은 해당 기관장의 명의로 다른 경유기관의 장이나 최종 수신자에게 경유문서를 첨부하여 발신하여야 한다. 이 경우 해당 기관의 의견이 있으면 그 의견을 시행문 본문에 표시하거나 첨부하여 보내야 한다.
- 당직근무자가 문서를 받았으면 다음 근무시간 시작 후 지체 없이 문서과에 인계하여야 한다.
- 감열(感熱)기록방식의 팩스로 보존기간이 3년 이상인 문서를 수신하였을 때에는 그 문서를 복사하여 접수하여야 한다. 이 경우 수신한 문서는 폐기한다.

〈표 10-2〉 기안문 및 시행문 양식(행정안전부령 제264호, 제4조)

■ 행정업무의 효율적 운영에 관한 규정 시행규칙 [별지 제1호서식]

행 정 기 관 명

수신
(경유)
제목

발 신 명 의 직인

기안자 직위(직급) 서명   검토자 직위(직급) 서명   결재권자 직위(직급) 서명

협조자

시행 처리과명-연도별 일련번호(시행일)   접수 처리과명-연도별 일련번호(접수일)

우 도로명주소   / 홈페이지 주소

전화번호( )   팩스번호( )   / 공무원의 전자우편주소   / 공개 구분

210㎜×297㎜(백상지 80g/㎡)

비고(이 난은 서식에 포함하지 아니한다)

- 문서를 작성할 때 "행정기관명", "발신명", "기안자", "검토자", "결재권자", "직위(직급) 서명", "처리과명-연도별 일련번호(시행일)", "도로명주소", "홈페이지 주소", "공무원의 전자우편주소", "공개 구분"의 용어는 표시하지 아니하고 그 내용을 적는다.

2. 유치원생활기록부 관리

유치원생활기록부 관리 지침(교육과학기술부 고시 제8호, 2009. 6. 5.)에 따라 유치원생활기록부 관리요령을 기술한다.

(1) 개요

가. 목적

- 『유아교육법』제14조에 따른 유치원생활기록부의 작성 및 관리에 관하여 필요한 사항을 정한다.

나. 적용범위

- 유아교육법 및 동법시행령 등에 의하여 설립된 유치원(이하 "원"이라 한다.)에 적용한다.

다. 보관 · 활용

- 유치원생활기록부는 컴퓨터 저장매체에 별표의 서식에 따라 기재하여 20년간 보관하고, 그 출력물은 유아가 졸업한 이후 3년 동안 보관한다.
- 유치원장은 유아의 보호자 또는 유아가 입학한 초등학교장이 유아의 생활지도에 필요하여 요청할 경우에는 이를 출력하여 송부하여야 한다.

라. 기재 · 서식

- 유치원생활기록부는 한글로 기재하고, 기재란이 부족할 때에는 유치원의 필요에 따라 추가할 수 있다.
- 생활기록부 작성에 필요한 보조기록부는 각 유치원의 실정에 맞게 작성 · 사용함을 원칙으로 하되, 필요한 경우 시 · 도교육청별로 일정한 서식을 작성 · 사용하게 할 수 있다.
- 유아가 학기 중 또는 1년 과정이수 후 전학할 경우 유치원장은 보호자의 요청에 따라 유아의 생활기록부 출력물 또는 저장매체를 전학하는 유치원에 송부하고, 퇴학할 경우에는 유치원생활기록부에 퇴학 일을 기재하여 3년간

보관한 후 이를 폐기할 수 있다.

- 기재사항의 일부분을 삭제 또는 수정할 때에는 '사무관리규정시행규칙' 제5조(행정안전부령)에 따라 삭제 또는 수정한 글자 중앙에 두선을 그어 원안의 글자를 알 수 있도록 삭제 또는 수정하고, 삭제 또는 수정한 자가 삭제 또는 수정된 곳에 날인하며, 중요한 내용을 삭제 또는 수정한 때에는 생활기록부의 여백에 삭제 또는 수정한 자수를 표시하고 관인을 날인한다.
- 서식 : 유치원생활기록부의 서식은 〈표 10-3〉과 같다.

(2) 기재 요령

가. 인적사항

- 유치원생활기록부의 인적사항은 다음과 같이 기재한다.
- 유아의 성명은 한글로 기재한다. 다만 부득이한 경우 해당국 언어로 기재할 수 있다.
- 성별은 해당하는 곳에 남, 여로 기재한다.
- 생년월일은 아라비아숫자로 기재한다.
- 주소는 입학당시의 주소와 변경된 주소를 차례로 기재하고, 졸업 당시의 주소를 최종적으로 기재한다.
- '가족상황'란에는 부모(보호자)의 성명, 생년월일을 기재한다.
- '특기사항'란에는 형제자매, 가족의 구성형태, 다문화 가정 여부 등을 기재한다.

나. 학적사항

- 입학 전 경험은 유치원과 어린이집 등의 기관명칭과 재적기간을 기재한다.
- 입학, 전입, 전출, 퇴학, 졸업의 경우 연월일, 원명, 연령을, '특기사항'란에는 특기할 만한 사유를 기재한다. (예시: 입학과 졸업의 기록은 만3세 입학, 만4세 수료, 만4세 입학, 만5세 수료, 만5세 입학, 만6세 졸업)
- '졸업 후의 상황'란에는 진학한 학교 등 유아의 진로상황을 기재한다.

다. 출결상황

- 출결상황은 각 항목에 따라 아라비아 숫자로 기재한다.
- 교육일수는 유아교육법시행령 제12조의 규정에 의하여 원장이 정한 총 출석해야 할 일수를 기재한다.

• 출석일수는 출석한 일수를 기재한다.
•'의견'란에는 일주일 이상 장기 결석한 경우 사유 등을 간략하게 기재한다.

라. 신체발달상황

•'학교건강검사규칙' 제4조(교육과학기술부령)에 따라 신체검사 결과를 다음과 같이 기재한다.
• 검사일자는 아라비아 숫자로 기재한다.
•'특기사항'란에는 유아의 신체가 학습활동에 영향을 미치는 특별한 병력이나 전염병 예방 접종일을 기재하고, 기타 신체적 특징 사항을 간략하게 기재한다.

마. 유아발달상황

• 유치원 교육과정은 건강, 사회, 표현, 언어 및 탐구생활 등 교육영역의 발달상황에 대한 관찰 결과를 구체적인 문장으로 기술하며, 문장의 끝맺음은 '~함' '~임' 등으로 통일하여 기재한다.
• 기술내용은 유치원 교육과정에 제시된 수준별 내용을 준거로 기재하고, '종합발달상황'란에는 유아의 발달상황에 대한 종합적 평가를 간략하게 기재한다.

바. 기타사항

•'졸업대장번호'란은 만 5세아가 졸업할 경우에만 아라비아 숫자로 졸업년도 및 졸업대장번호를 기재한다. (예시: 2009-369)
•'사진란'에는 입학 당시의 상반신 칼라 사진 1매를 붙인다.

사. 적용대상

• 이 고시의 적용대상은 2009학년도 신입 유아부터 적용한다.

〈표 10-3〉 유치원 생활기록부서식

유치원 생활기록부

구분 \ 연령	만3세	만4세	만5세	사진 (3×4)
반				
담임 성명(인)				

졸업대장번호	20 -

1 인적사항						
성명	(한글)	성별		생년월일		
주소						
가족상황	구분 \ 관계	부	모	특기사항		
	성 명					
	생년월일					

2 학적사항		
입학 전 경험	(년 개월)	특기사항
20 년 월 일 유치원	세 입학	
20 년 월 일 유치원	세 전입(전출)	
20 년 월 일 유치원	세 퇴학	
20 년 월 일 유치원	세 졸업(수료)	
졸업후의 상황	초등학교 진학. 기타 :	

3. 출결상황	만3세	만4세	만5세
구분 \ 연령	만3세	만4세	만5세
교육일수			
출석일수			
결석일수			
의견			

4. 신체발달상황			
구분 \ 검사일	20 . .	20 . .	20 . .
키	cm	cm	cm
몸무게	kg	kg	kg
시력검사	좌) 우)	좌) 우)	좌) 우)
구강검사	상) 하)	상) 하)	상) 하)
특기사항			

성 명		5. 유 아 발 달 상 황	
영역별 \ 연령	만3세	만4세	만5세
건 강 생 활			
사 회 생 활			
표 현 생 활			
언 어 생 활			
탐 구 생 활			
종 합 발 달 상 황			

제11장

유아교육실습 평가

유아교육실습을 하고 실습이 목적이나 계획대로 수행되었는지 평가를 해야 한다. 교육실습평가를 통해 실습의 효과를 알아볼 수 있고 문제점을 발견하여 향후 보완할 수 있다. 평가는 교육실습생에 대하여 평가를 한다. 성적을 산출하여야 하는 현실적 이유와 실습생이 보다 실습에 집중하게 하는 효과, 실습의 개선효과 등이 있을 것이다. 그리고 실습생을 직접 지도한 지도교사에 대한 평가가 있다. 지도교사에 대한 평가는 평정척도를 활용할 수 있다.

1. 교육실습생 평가

교육실습생에 대한 평가는 실습하는 동안 지도교사나 원장에 의해 부분수업, 연계수업, 종일수업 등 교육활동과 평소 일과 운영 등을 종합적으로 평가된다.

평가 영역과 배점 비율은 일반적으로 근무태도(10%), 자질(15%), 교육활동지도(학습지도) 능력(50%), 연구조사 활동(15%), 학급경영 및 사무처리 능력(10%) 등으로 구성된다. 평가의 방법은 관찰(체크리스트, 평정척도), 면담, 교육실습생 일지분석, 포트폴리오 평가 등이 있다. 주요 평가영역과 내용은 다음과 같다.

〈표 11-1〉 교육실습생 평가표

평가영역	평가내용	배점	총배점비율	비고
근무태도	1. 근무상태(출·결석, 지각, 조퇴, 외출) 2. 근무의 성실성	5 5	10%	결근 1일 2점, 지각, 조퇴, 외출 각 1점 감점
자질	1. 직무에 대한 책임감과 협동 2. 품위(용모, 언행 및 교양) 3. 유아에 대한 태도(놀이, 생활지도)	5 5 5	15%	
교육활동 지도능력	1. 수업지도 준비 및 계획(교육계획안, 교재연구, 교구제작, 적절성) 2. 학습지도 기술(발문, 자료활용능력) 3. 수업과정의 평가	20 20 10	50%	
연구조사활동	1. 연구능력(연구 태도) 2. 관찰(유아 관찰) 3. 실습일지 기재(내용의 적절성, 성실성)	5 5 5	15%	
학급경영 및 사무처리능력	1. 학급환경의 구성과 학급경영 능력 2. 아동의 관리 및 지도력 3. 사무처리(신속성, 정확성)	4 3 3	10%	
계		100	100%	

2. 지도교사 평가

지도교사에 대한 평가는 지도교사로서의 역할 수행에 대한 평가를 한다. 지도교사로서 실습생을 지도하기 전 사전 점검 차원과 실습생을 지도하고 난 뒤, 반성적 차원에서 평정척도와 체크리스트, 면담, 비디오 녹화 및 녹음을 통해 평가가 가능하다. 이를 통해 지도교사는 교육실습생 지도에 관한 전문적 능력을 향상시킬 수 있을 것이다.

다음은 지도교사의 역할 평정 척도(박은혜·조운주)이다.

다음의 5단계 척에서

"5 : 매우 그렇다, 4 : 다소 그렇다, 3 : 보통이다, 2 : 다소 그렇지 않다, 1 : 전혀 그렇지 않다"이다.

〈표 11-2〉 지도교사 역할 평정척도

문항	내 용	지도교사 역할수행				
		5	4	3	2	1
1	지도교사는 교육실습생을 평가하기보다는 지지와 칭찬을 제공한다.					
2	지도교사는 교육실습생을 성인 협력자로 존중한다.					
3	지도교사는 교육실습생과 함께 문제해결 방법을 찾는다.					
4	지도교사는 교육실습생의 이야기를 항상 들어 준다.					
5	지도교사는 교육실습생의 비밀을 지킨다.					
6	지도교사는 교육실습생이 기관 밖의 활동에 참여할 수 있도록 격려한다.					
7	지도교사는 교육실습생이 스트레스를 해소할 수 있는 건설적인 방법을 제안한다.					
8	지도교사는 교육실습생과 개방적이고 신뢰적인 관계를 형성한다.					
9	지도교사는 교육실습생에게 유아지도, 평가하는 방법을 알려 준다.					
10	지도교사는 교육실습생에게 효과적인 교수방법을 알려 준다.					
11	지도교사는 교육실습생에게 자료제작 및 활용방법에 대해서 알려 준다.					
12	지도교사는 교육실습생에게 학급운영의 방법을 알려 준다.					
13	지도교사는 교육실습생의 교수향상을 위한 협의회(계획 및 평가시간)를 한다.					
14	지도교사는 교육실습생에게 규칙적이고 지속적인 정보와 피드백을 제공한다.					

제12장

유아교육실습일지 작성의 실제

1. 개관

유아교육실습생이 현장에 나가서 교육계획안을 작성하고 일일교육실습일지를 매일 기록한다. 실습생들이 실습일지로 인해 스트레스를 많이 받는다고 하소연한다. 그러므로 현장에 나가기 전 교육실습일지의 작성을 연습해 보는 것은 의미 있는 작업이라고 본다. 사실상 4주간의 교육실습을 통해 수행하게 되는 거의 모든 교육활동이 실습일지에 기록되므로, 교육실습일지는 교육실습전체를 반영한다고 해도 과언이 아닐 정도로 중요하다. 교육실습일지의 주된 부분이 교육계획안이고 교육계획안은 이미 제6장에서 학습을 하였으므로 본 장에서는 교육실습일지의 사례를 소개한다.

본 장에서 사용하는 교육실습일지의 양식은 본 대학에서 사용하는 것으로 부록에 제시하였다. 제시된 양식은 다음의 순서로 되어 있으며, 교육실습일지의 실제는 다음과 같은 내용을 담고 있다.

- 교육실습의 이해
  - 교육실습의 의의 및 목적
  - 교육 실습생의 유의 사항
- 유아교육실습을 위한 준비

- 실습기관의 현황 및 실습생 신상정보
- 실습기관의 교육환경
- 교육과정 운영의 실제

  유치원 교육 전반/교육계획안(연, 월, 주)/특별활동운영/일과운영

• 유아교육실습 일지
  - 일일 교육실습일지(일일 활동계획안) : 4주간
  - 수업활동계획안(부분수업, 연계수업, 종일수업)

• 유아교육실습평가 및 정리
  - 실습 소감 및 지도 조언
  - 출근 현황표

• 실습성적 평가서

교육실습의 이해를 돕기 위해 교육실습의 의의 및 목적 등을 간단히 기술하고 유아교육실습을 위한 준비로서 실습기관의 환경, 교육과정 운영 등에 관한 사항과 본 내용으로서 일일교육실습일지와 수업활동계획안을 작성하고, 유아교육실습을 평가하는 구조로 되어 있다. 본 사례는 유아교육과 학생들이 실제 교육실습기관에서 실습을 하면서 작성한 것을 지도교수가 평가하고 감수한 것이다.

2. 유아교육실습일지의 실제

2011학년도

교 육 실 습 일 지

실습기관	기 관 명	○○○ 유치원
	원 장	○○○원장님
	지도교사	○○○ 선생님
실 습 생		학 번 ○○○
		이 름 ○○○
		○○○ 유아교육과
실습기간		2011년 5월 16일 ~ 2011년 6월 10일

목 차

Ⅰ. 교육실습의 이해

1. 교육실습의 의의 및 목적

교육실습은 student-teaching이 의미하듯 교사양성 교육과정의 한 요소로서 예비유아교사들이 교사로서 갖추어야 할 지식, 기술, 태도 등을 실제 교육현장에서 직·간접적 경험을 통해서 배우는 모든 과정을 의미한다. 교육실습의 현대적 성격은 다음과 같이 규정지을 수 있다.

□ 교육실습은 교사양성교육과정의 일환으로서 통합·연계과정이다.
□ 교육실습은 교육자로서의 첫 출발이다.
□ 교육실습은 전문직으로서의 교사직 직업교육과정이다.
□ 교육실습은 교육실습생의 자기이해 및 자기평가의 과정이다.
□ 교육실습은 새로운 학습의 장이다.

유아교사로서 대학에서 배워온 교육이론 및 교수법 등을 교육현장에 적용함으로써 교사로서의 자질을 갖추게 하는 교육실습의 세부적인 목적은 다음과 같다.

□ 대학에서 배운 교육이론 및 지식을 현장 수업에 직접 적용해 봄으로써 이론과 실제를 연결시키고 수업 기술을 함양한다.
□ 교직에 대한 종합적인 이해와 교직자로서의 직업적 소양과 능력 및 전문적 기술을 습득한다.
□ 유치원 학급실태 등에 대하여 관심을 가지고 관찰함으로써 교육활동 관찰에 대한 이해를 높이고 올바른 교직관을 정립한다.
□ 교육현장에서 일어나는 구체적이고 특수한 교육사례의 실제를 경험함으로써 교직실무에 대한 제반 기능을 습득한다.
□ 교육실습을 통하여 교육실습생 자신의 교육자적 자질을 검증한다.

2. 교육 실습생의 유의사항

1) 실습 유치원 및 지도교사와의 관계

☐ 교육법규와 실습유치원의 교육방침에 순응하고 교육실습생으로서 자신의 책무를 다하도록 노력한다.

☐ 교육실습생은 상호 협조하여 유치원의 지도교사와 함께 유아에 대한 교육 활동과 관련된 사무 전반에 대하여 숙지한다.

☐ 지도 교사의 의견을 존중하고, 교육실습 과정 중 어려움이나 문제 발생시 대화와 토론으로 갈등상황을 해결하도록 한다.

☐ 교육실습 기간 중 교사회의, 협의회 등에 참여하고 그 결과를 기록한다.

2) 유아 및 부모와의 관계

☐ 유아들에게 직접적인 영향을 미치는 학습, 생활, 급식, 질서, 교통, 안전 지도 등에 최선을 다한다.

☐ 단정한 옷차림과 몸가짐을 유지하여 명랑하고 밝은 미소로 생활하도록 한다.

☐ 부모와의 상담은 실습생 임의대로 해서는 안 되며 반드시 지도교사가 하도록 안내한다.

3) 복장 및 근무태도

☐ 교육활동이 용이하고 교사로서의 품위를 유지할 수 있는 단정한 복장이어야 한다.

☐ 명찰은 출근시간부터 퇴근시간까지 왼쪽 가슴에 항상 착용한다.

☐ 신체 활동 시간에는 바지 또는 운동복, 운동화 차림으로 활동에 임한다.

☐ 실내에서는 덧신을 신고 지정된 사물함과 신발장을 사용하도록 한다.

☐ 지나치게 화려한 화장과 액세서리 사용은 피하고 활동에 간편한 머리 모양을 유지한다.

☐ 교육실습생은 학생인 동시에 실습유치원의 준교원임을 명심하여 복무규정을 준수하도록 한다.

☐ 유치원에 근무하는 모든 분들께는 '선생님'이란 호칭을 쓰며, 실습생 간에도 '선생님'이란 호칭과 함께 존댓말을 사용한다.

□ 학습효과를 높이기 위해 수업에 대한 사전연구와 학습자료 준비를 철저히 한다.

첫째, 각종 기자재의 조작 및 활용 방법을 충분히 숙지한 후에 사용한다. (컴퓨터, 프로젝션 TV, 실물 제시기, 복사기, 등사기, 코팅기, 디지털 카메라 등)

둘째, 교재·교구 제작에 필요한 소모품은 사전에 구입신청하거나 자료실에 비치된 곳을 활용한다.

□ 원내의 필요한 자료는 지도교사를 통하여 대여 받도록 하며, 빠른 시간 내에 반납한다.

4) 실습일지 작성 요령

□ 교육실습일지는 실습기간 중 항상 소지하고 실습 내용을 상세하게 정리하여 매일 기록한다.

□ 실습시간은 교사로서 많은 것을 배울 수 있는 기회이므로 발생할 수 있는 문제 상황이나 교육활동의 진행사항을 메모하여, 실습일지에 옮겨 적도록 한다.

□ 시간별 활동유형과 활동명, 교육내용을 적고 활동에 필요한 준비물 및 참고사항 등을 적어 두도록 하며, 필요한 경우 그림이나 사진자료를 보완해서 덧붙인다. 또한 교사와 유아의 상호 작용도 관심을 가지고 지켜보아 실습일지에 기록한다.

□ 실습일지는 가능한 한 상세하게 기록하여 유치원 교사가 되었을 때 참고자료가 되도록 한다.

□ 실습일지는 매일 담임교사의 확인을 받아야한다.

□ 교수·학습 지도안은 지도교사와 충분한 검토·협의 후 수업 하루 전 오전까지 작성·제출하며 제작한 학습 자료는 활용한 후 지도교사에게 제출한다.

□ 실습에 필요한 모든 자료는 데이터베이스화하여 CD 또는 디스켓에 저장·활용한다.

Ⅱ. 유아교육실습을 위한 준비

1. 실습기관의 현황 및 실습생 신상정보

【실습기관 현황】

· 실습기관명 : ○○○ 유치원

· 주 소 : ○○○	· 전화번호(fax) : ○○○
· E-mail : ○○○	· 홈 페 이 지 : ○○○

· 원 장 : ○○○ · 총교사수 : 8명 · 총원아수 : 140명

· 학 급 수 : 3세반(1), 4세반( ), 5세반( ), 혼합연령반(4)

【실습학급 현황】

· 지도교사 : ○○○ · 학급 : (6,7)세반 - 착한반 · 학급 원아수 : 27명

· 프로그램 : 반일제( ) 종일제(√) 연장제( )

【실습생 신상 정보】

▶ 주 소 : ○○○ ▶ E-mail : ○○○

▶ 전 화 : ○○○ ▶ 종교 : ○○○

*실습장면 혹은 개인 인물사진 부착

2. 실습기관의 교육환경(사전기관 승인 후 사진 촬영)

1) 실내 환경

○○반 전경

○○반 : 언어영역

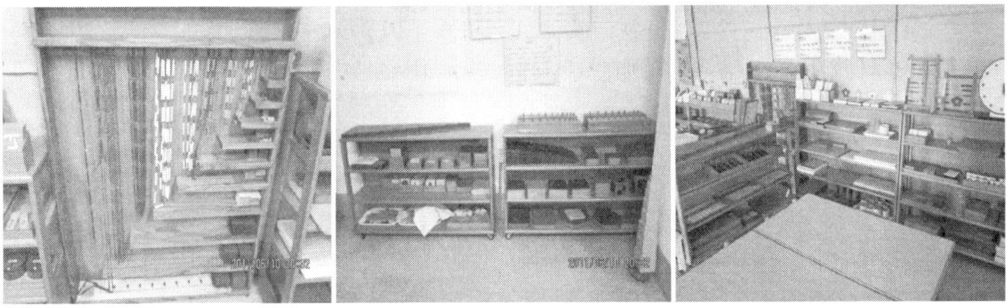

○○반 : 수영역

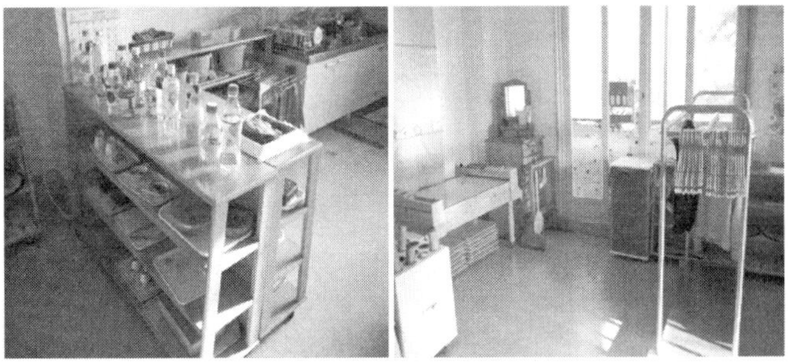

○○반 : 일상생활영역

○○유치원 : 현관

○○유치원 : 1층 우측 복도

○○유치원 : 1층 좌측 복도

○○유치원 : 2층 복도

○○유치원 : 화장실

○○유치원 : 예절실

○○유치원 : ○○○반(특별활동)

*사진촬영이 불가능한 경우 도면 그리고 설명하기

2) 실외 환경

○○유치원 실외 환경

○○유치원 바깥놀이터 환경

*사진촬영이 불가능한 경우 도면 그리고 설명하기

3. 교육과정 운영의 실제

1) 유치원 운영 전반

※ 실습기관의 교육철학, 교육목표, 교육내용, 교육방법 등에 대한 전반적인 사항을 기록하세요.(유치원 운영계획서 참조)

*용지추가 복사 사용

2) 교육계획안(만 5세)

(1) 연간교육계획안

연간교육계획안 : 만5세

월	주	생활주제	소주제
3	1	나와 유치원	새로운 선생님과 친구들
	2		만나서 반가워요
	3		유치원에서의 하루일과
	4		유치원에서 지켜야 할 약속
4	1	봄	따뜻한 봄이 왔어요
	2		봄의 변화
	3		봄의 식물
	4		봄의 동물
5	1	나와 가족 · 이웃	어린이날, 어버이날
	2		선생님 사랑해요
	3		우리가족이 좋아요
	4		정다운 이웃
6	1	교통기관	육상 교통
	2		해상 교통
	3		항공 교통
	4		교통기관의 생김새
	5		교통신호
7	1	여름	여름철 날씨와 생활
	2		건강과 위생
	3		신나는 여름 방학
8	1	건강과 안전	신나는 물놀이
	2		더운 여름
	3		안전하고 건강한 생화

월	주	생활주제	소주제
9	1	우리나라 · 세계 여러 나라	고유의 명절 "추석"
	2		우리나라의 상징
	3		세계 속의 우리
	4		세계 여러 나라의 생활
10	1	동 · 식물과 자연 · 가을	내가 좋아하는 동물
	2		식물과 자연
	3		가을의 변화
	4		풍성한 가을
11	1	환경과 생활도구	저탄소운동 녹색교육 (지구가 아프데요)
	2		우리가 할 수 있는 자연보호
	3		깨끗한 환경
	4		도움을 주는 도구
	5		편리한 기계
12	1	겨울	겨울이 왔어요
	2		겨울철 날씨와 생활
	3		신나는 겨울방학 따뜻한 마음(성탄절)
1	1	새해	2012년, 새해가 밝았어요
	2		12간지, 띠 이야기
2	1	즐거웠던 유치원	우리의 즐거웠던 추억
	2		졸업 · 초등학교에 가요

(2) 월간 교육계획안1

<table>
<tr><td colspan="6">만 5세 5월 교육계획안</td></tr>
<tr><td colspan="2">생활주제</td><td colspan="4">나와 가족 · 이웃</td></tr>
<tr><td colspan="2">교육목표</td><td colspan="4">* 어린이날과 어버이날의 유래에 대해 알고, 나의 소중함과 부모님의 소중함을 알 수 있다.
* 스승의 날의 의미를 대해 알고, 감사의 마음을 전해봄으로써 선생님의 사랑을 느낄 수 있다.
* 사족의 의미와 소중함을 알고, 우리가족에게 사랑을 표현 할 수 있다.
* 일상생활에서 우리에게 도움을 주시는 분들, 도움이 필요하신 분들을 알고 감사한 마음을 전할 수 있다.</td></tr>
<tr><td colspan="2">주
구분</td><td>1주</td><td>2주</td><td>3주</td><td>4주</td></tr>
<tr><td colspan="2">소주제</td><td>어린이날, 어버이날</td><td>선생님 사랑해요</td><td>우리가족이 좋아요</td><td>정다운 이웃</td></tr>
<tr><td colspan="2">건강</td><td>올바른 식사예절</td><td>외출 시 손 씻기</td><td>목욕을 깨끗이 하기</td><td>긍정적이 사고하기</td></tr>
<tr><td colspan="2">사회</td><td>정리정돈 스스로 하기</td><td>고마운 마음 표현하기</td><td>높임말 쓰기</td><td>이웃어른들을 만나면
바르게 인사하기</td></tr>
<tr><td colspan="2">표현</td><td colspan="2">카네이션 만들기
감사의 편지 쓰기</td><td>우리가족 지문그림</td><td>우리 동네 지도</td></tr>
<tr><td colspan="2">언어</td><td>나는 소중해요</td><td>선생님 사랑해요</td><td>우리가족 소개하기</td><td>도움을 주는 이웃
도움이 필요한 이웃</td></tr>
<tr><td colspan="2">탐구</td><td>"효"란 무엇일까?</td><td>선생님과 나의
나이 차이는?</td><td>가족 구성</td><td>옆집에 누가 살까?</td></tr>
<tr><td colspan="2">김본생활습관</td><td colspan="4">규칙을 잘 지는 어린이</td></tr>
<tr><td rowspan="3">안전
지도</td><td>교통</td><td colspan="4">안전한 생활
-신호등의 의미와 바른 보행</td></tr>
<tr><td>소방</td><td colspan="4">불의 이로운 점
-화재대피방법</td></tr>
<tr><td>생활</td><td colspan="4">유치원에서의 안전
-소중한 나의 몸 (성교육)</td></tr>
<tr><td colspan="2">새 노래</td><td colspan="2">우리 집을 지읍시다</td><td colspan="2">참 좋은 말</td></tr>
<tr><td colspan="2">동시 · 속담 ·
고사성어</td><td colspan="4">동시 : 손가락 가족 속담 : 열손가락 깨물어 안 아픈 손가락 없다.
고사성어 : 부자유친(父子有親)</td></tr>
</table>

(2) 월간 교육계획안2

<table>
<tr><td colspan="7">만 5세 6월 교육계획안</td></tr>
<tr><td colspan="2">생활주제</td><td colspan="5">교통기관</td></tr>
<tr><td colspan="2">교육목표</td><td colspan="5">* 육상 교통기관의 의미를 알고 안전하게 이용하고 감사함을 표현할 수 있다.
* 해상 교통기관의 의미를 알고 육상교통이 다니는 길과, 종류에 대해 알 수 있다.
* 항공 교통기관의 특징을 알고, 탈 것에 관심을 가질 수 있다.
* 교통기관의 생김새와 특징을 알고, 여러 교통수간에 관심을 가질 수 있다.
* 여러 가지 교통신호를 익혀 안전을 지킬 수 있다.</td></tr>
<tr><td colspan="2">주
구분</td><td>1주</td><td>2주</td><td>3주</td><td>4주</td><td>5주</td></tr>
<tr><td colspan="2">소주제</td><td>육상 교통 기관</td><td>해상 교통 기관</td><td>항공 교통기관</td><td>교통기관의 생김새</td><td>교통신호</td></tr>
<tr><td colspan="2">건강</td><td>안전하게 이용해요</td><td>내 옷은 스스로 입어요</td><td>스스로 세수하기</td><td>교통신호 지키기</td><td>교통질서 지키기</td></tr>
<tr><td colspan="2">사회</td><td>자동차에 도움을 주는 사람</td><td>해상 교통기관이 만들어진 역사</td><td>항공 교통기관과 관련된 사람들</td><td>우리 집 교통수단 알기</td><td>교통안전 표지판과 찻길</td></tr>
<tr><td colspan="2">표현</td><td>교통기관 소리 구별하기</td><td>교통기관 NIE</td><td>비행기 만들기</td><td>교통기관 책 만들기</td><td>내가 만든 미래의 교통기관</td></tr>
<tr><td colspan="2">언어</td><td>육상교통의 종류</td><td>배의 구조</td><td>항공교통의 종류</td><td>교통기관 수수께끼</td><td>표지판이 나타내는 의미</td></tr>
<tr><td colspan="2">탐구</td><td>더 빠른 것 더 느린 것 나열하기</td><td>어디로 다닐까?</td><td>비행기의 특징</td><td>에너지를 절약하는 방법은?</td><td>표지판은 왜 만들어졌을까?</td></tr>
<tr><td colspan="2">김본생활습관</td><td colspan="5">튼튼한 어린이(질서, 청결)</td></tr>
<tr><td rowspan="3">안전지도</td><td>교통</td><td colspan="5">안전한 생활
-우리들을 도와주시는 분</td></tr>
<tr><td>소방</td><td colspan="5">불의 이로운 점
-소방서에서 하는 일</td></tr>
<tr><td>생활</td><td colspan="5">유치원에서의 안전
-재난대비교육1</td></tr>
<tr><td colspan="2">새 노래</td><td colspan="2">간다간다</td><td colspan="3"></td></tr>
<tr><td colspan="2">동시 · 속담 · 고사성어</td><td colspan="5">동시 : 달팽이 속담 : 낮말은 새가 듣고 밤말은 쥐가 듣는다.
고사성어 : 군계일학(群鷄一鶴)</td></tr>
</table>

(3) 주간 교육계획안1

<table>
<tr><td colspan="7">주간교육계획안</td></tr>
<tr><td colspan="2">생활주제</td><td colspan="2">나와 가족 ·이웃</td><td rowspan="2">시 기</td><td colspan="2">5월 3주</td></tr>
<tr><td colspan="2">주 제</td><td colspan="2">우리가족이 좋아요</td><td colspan="2">5월 16일(월) ~ 5월 20일 (금)</td></tr>
<tr><td colspan="2">목 표</td><td colspan="5">가족의 의미와 소중함을 알고, 우리가족에게 사랑을 표현할 수 있다.</td></tr>
<tr><td colspan="2">날짜/요일
활동</td><td>16일(월)</td><td>17(화)</td><td>18(수)</td><td>19(목)</td><td>20(금)</td></tr>
<tr><td colspan="2">일별소주제</td><td>고구마밭 견학</td><td>고구마 밭
사후활동</td><td>지하철 체험</td><td>우리가족
소개하기</td><td>가족 구성</td></tr>
<tr><td rowspan="7">자유선택활동</td><td>쌓기놀이
영 역</td><td colspan="5">색판1</td></tr>
<tr><td>역할놀이
영 역</td><td colspan="5">천 빨기</td></tr>
<tr><td>언어영역</td><td colspan="5">우리가족 소개하기</td></tr>
<tr><td>수· 조 작
놀이영역</td><td colspan="5">비즈와 카드의 큰 수 구성</td></tr>
<tr><td>과학 영역</td><td colspan="5">가족 구성
과학수업 -6세 : 꼬꼬댁</td></tr>
<tr><td>조형 영역</td><td colspan="5">우리 가족 액자</td></tr>
<tr><td>음률 영역</td><td colspan="5">우리 집을 지읍시다. 참 좋은 말</td></tr>
<tr><td rowspan="6">대소집단활동</td><td>이 야 기
나 누 기</td><td>고무마밭 견학</td><td>고무마 밭
사후활동
(미술활동)</td><td>7세 대구 지하철
체험
6세
체육수업+과학
수업</td><td>우리가족
소개하기
(별명짓기)</td><td>가족구성
(우리가족 액자
만들기)</td></tr>
<tr><td>동화/동시/
동극</td><td rowspan="6"></td><td>손가락 가족
(동시)</td><td></td><td>용돈주세요</td><td>내동생 김점박</td></tr>
<tr><td>음악활동</td><td></td><td></td><td>우리집을
지읍시다
(새 노래)</td><td>참 좋은 말
(새 노래)</td></tr>
<tr><td>신체/체육
활 동</td><td></td><td></td><td></td><td></td></tr>
<tr><td>게 임</td><td>색깔 집 찾기</td><td></td><td></td><td></td></tr>
<tr><td>요리/조형</td><td></td><td></td><td></td><td>우리가족 액자
만들기</td></tr>
<tr><td colspan="2">바깥놀이활동</td><td>훌라후프</td><td>줄넘기</td><td>모래놀이</td><td>바깥놀이</td></tr>
<tr><td colspan="2">현 장 학 습</td><td>화산 공소
고무마밭</td><td></td><td></td><td></td><td></td></tr>
<tr><td colspan="2">기본생활습관</td><td colspan="5">규칙을 잘 지키는 어린이</td></tr>
<tr><td colspan="2" rowspan="3">안전지도</td><td>교통</td><td colspan="4">안전한 생활 - 신호등의 의미와 바른 보행</td></tr>
<tr><td>소방</td><td colspan="4">불의 이로운 점 - 화재대피방법</td></tr>
<tr><td>생활</td><td colspan="4">유치원에서의 안전 - 소중한 나의 몸 (성교육)</td></tr>
<tr><td rowspan="3">오후활동</td><td>별자리수업</td><td>월</td><td>화</td><td>수</td><td>목</td><td>금</td></tr>
<tr><td rowspan="2">카시오페아
(언어교실)</td><td>소나무</td><td>잣나무</td><td>향나무</td><td>대나무</td><td>참나무</td></tr>
<tr><td colspan="5">내가 지은이라면? 동화책 제목 새롭게 짓기</td></tr>
</table>

(3) 주간 교육계획안2

주간교육계획안						
생활주제		나와 가족 · 이웃		시 기	5월 4주	
주 제		정다운 이웃			5월 16일(월) ~ 5월 20일 (금)	
목 표		일상생활에서 우리에게 도움을 주시는 분들, 도움이 필요하신 분들을 알고 감사한 마음을 전 할 수 있다.				
날짜/요일 활동		23일(월)	24(화)	25(수)	26(목)	27(금)
일별소주제		전체모임	도움을 주는 이웃 도움이 필요한 이웃	체육·과학 활동	대구 수목원 견학	우리동네 지도
자유선택활동	쌓기놀이 영 역	색판Ⅱ				
	역할놀이 영 역	쿠키 굽기				
	언어영역	자 · 모음 나열하기				
	수·조 작 놀이영역	비즈와 카드의 큰 수 구성				
	과학 영역	과학수업 -7세 : 꽃밭의 나비				
	조형 영역	우리 동네 지도				
	음률 영역	우리 집을 지읍시다, 참 좋은 말				
대소집단활동	이 야 기 나 누 기	전체모임		6,7세 체육수업+과학 수업 7세 과학주제 : 꽃밭의 나비	대구수목원 견학 〈우천 : 어린이회관〉	
	동화/동시/동극		손가락 가족(동시)			우산 같이 쓸래?
	음악활동	참 좋은 말				우리 집을 지읍시다
	신체/체육 활 동					
	게임			우리 집에 왜왔니		
	요리/조형					우리 동네 지도
바깥놀이활동		신나는 게임	훌라후프	줄넘기		바깥놀이
현 장 학 습						
기본생활습관		규칙을 잘 지키는 어린이				
안 전 지 도	교통	안전한 생활 - 신호등의 의미와 바른 보행				
	소방	불의 이로운 점 - 화재대피방법				
	생활	유치원에서의 안전 - 소중한 나의 몸 (성교육)				
오후활동	별자리수업	월	화	수	목	금
	카시오페아 (언어교실)	소나무	잣나무	향나무	대나무	참나무
		내가 지은이라면? 동화책 제목 새롭게 짓기				

(3) 주간 교육계획안3

<table>
<tr><td colspan="7">주간교육계획안</td></tr>
<tr><td colspan="2">생활주제</td><td colspan="2">교통기관</td><td rowspan="2">시 기</td><td colspan="2">6월 1주</td></tr>
<tr><td colspan="2">주 제</td><td colspan="2">육상 교통 기관</td><td colspan="2">5월 30일(월) ~ 6월 3일 (금)</td></tr>
<tr><td colspan="2">목 표</td><td colspan="5">육상 교통기관의 의미를 알고 안전하게 이용하고 감사함을 표현 할 수 있다.</td></tr>
<tr><td colspan="2">날짜/요일
활동</td><td>30일(월)</td><td>31(화)</td><td>1(수)</td><td>2(목)</td><td>3(금)</td></tr>
<tr><td colspan="2">일별소주제</td><td>전체모임</td><td>2차 소운동회</td><td>체육·과학 활동</td><td>대구 수목원 견학</td><td>우리동네 지도</td></tr>
<tr><td rowspan="7">자유선택활동</td><td>쌓기놀이 영역</td><td colspan="5">색판Ⅱ</td></tr>
<tr><td>역할놀이 영역</td><td colspan="5">쿠키 굽기</td></tr>
<tr><td>언어영역</td><td colspan="5">자 · 모음 나열하기</td></tr>
<tr><td>수·조 작 놀이영역</td><td colspan="5">비즈와 카드의 큰 수 구성</td></tr>
<tr><td>과학 영역</td><td colspan="5">과학수업 -7세 : 회전하는 인형</td></tr>
<tr><td>조형 영역</td><td colspan="5">우리 동네 지도</td></tr>
<tr><td>음률 영역</td><td colspan="5">우리 집을 지읍시다, 참 좋은 말</td></tr>
<tr><td rowspan="6">대소집단활동</td><td>이 야 기 나 누 기</td><td>전체모임</td><td>2차 소운동회</td><td>6,7세
체육수업+과학 수업
7세 과학주제 : 회전하는 인형</td><td rowspan="8">대구수목원 견학</td><td>우리 동네 지도 만들기</td></tr>
<tr><td>동화/동시/동극</td><td></td><td>손가락 가족 (동시)</td><td></td><td>동화 - 작은기차</td></tr>
<tr><td>음악활동</td><td>참 좋은 말</td><td></td><td></td><td>우리 집을 지읍시다</td></tr>
<tr><td>신체/체육 활동</td><td></td><td></td><td></td><td></td></tr>
<tr><td>게 임</td><td></td><td></td><td>칙칙폭폭 기차</td><td></td></tr>
<tr><td>요리/조형</td><td></td><td></td><td></td><td>우리 동네 지도</td></tr>
<tr><td colspan="2">바깥놀이활동</td><td>신나는 게임</td><td>훌라후프</td><td>줄넘기</td><td>바깥놀이</td></tr>
<tr><td colspan="2">현 장 학 습</td><td></td><td></td><td></td><td></td></tr>
<tr><td colspan="2">기본생활습관</td><td colspan="5">규칙을 잘 지키는 어린이</td></tr>
<tr><td colspan="2" rowspan="3">안 전 지 도</td><td>교통</td><td colspan="4">안전한 생활 - 신호등의 의미와 바른 보행</td></tr>
<tr><td>소방</td><td colspan="4">불의 이로운 점 - 화재대피방법</td></tr>
<tr><td>생활</td><td colspan="4">유치원에서의 안전 - 소중한 나의 몸 (성교육)</td></tr>
<tr><td rowspan="4">오후활동</td><td>별자리수업</td><td>월</td><td>화</td><td>수</td><td>목</td><td>금</td></tr>
<tr><td rowspan="3">카시오페아 (언어교실)</td><td>소나무</td><td>잣나무</td><td>향나무</td><td>대나무</td><td>참나무</td></tr>
<tr><td colspan="5" rowspan="2">내가 지은이라면? 동화책 제목 새롭게 짓기</td></tr>
<tr></tr>
</table>

(3) 주간 교육계획안4

주간교육계획안						
생활주제		교통기관		시 기	6월 2주	
주 제		우리가족이 좋아요			6월 6일(월) ~ 6월 10일 (금)	
목 표		해상 교통기관의 의미를 알고 해상교통이 다니는 길과, 종류에 대해 알 수 있다.				
활동 \ 날짜/요일		6일(월)	7(화)	8(수)	9(목)	10(금)
일별소주제		현충일	동시	체육·과학 활동 어디로 다닐까?	7세 김천 기차여행 6세 배 모자이크	배의 교통신호
자유선택활동	쌓기놀이 영역	촉각판				
	역할놀이 영역	구두 닦기				
	언어영역	이동문자Ⅱ				
	수· 조 작 놀이영역	비즈와 카드의 큰 수 구성				
	과학 영역	과학수업 - 7세 : 분필로 써요				
	조형 영역	대조지형 - 호수				
	음률 영역	간다간다				
대소집단활동	이 야 기 나 누 기	현충일	동시 - 돛단배	어디로 다닐까?	7세 김천 기차여행 6세 배 모자이크	배의 교통신호
	동화/동시/동극		동시 : 돛단배	동시 : 달팽이		검피 아저씨의 뱃놀이
	음악활동		간다간다			
	신체/체육 활 동					등대 되어보기
	게 임					
	요리/조형				배모자이크	
바깥놀이활동			훌라후프	줄넘기	모래놀이	바깥놀이
현 장 학 습		화산 공소 고무마 밭				
기본생활습관		튼튼한 어린이 (질서, 청결)				
안 전 지 도	교통	안전한 생활 - 우리들을 도와주시는 분				
	소방	불의 이로운 점 - 소방서에서 하는 일				
	생활	유치원에서의 안전 - 재난대비교육Ⅰ				
오후활동	별자리수업	월	화	수	목	금
	카시오페아 (언어교실)	소나무	잣나무	향나무	대나무	참나무
		동극 - 동극동화 선정하기(내용알고, 역할정하기)				

3) 특별활동운영

5월 16일 월요일 〈고구마 밭 견학〉
바자회에서 팔 고구마를 수확하기 위해 고구마 밭에 고구마를 심었다.

5월 17일 화요일 〈고구마 밭 사후활동〉
고구마 밭에 다녀온 후 기억에 남는 일 그림으로 표현하기. (유아 ○○○)

5월 18일 수요일 〈지하철 체험〉
용돈프로젝트 – 가정과 연계하여 용돈을 받고 모아서 지하철을 체험한다.

매주 수요일 〈과학 활동〉
매주 수요일마다 과학 활동을 통해 아이들의 탐구능력을 향상시킨다.

5월 29일 목요일 〈어린이 회관〉
대구 수목원 견학이었지만 우천으로 인해 ○○ 어린이 회관으로 장소를 변경했다.

5월 31일 화요일 〈2차 소운동회〉
연령별 줄넘기, 훌라우프, 줄다리기를 통해 협동심을 기른다.

5월 21일 토요일 〈부모교육〉
어머니들을 대상으로 아이들의 바른 먹거리에 대한 강의.

6월 2일 목요일 〈장난감 가지고 오는 날〉
집에서 장난감을 하나씩 가지고 와서 하루 종일 친구들과 장난감을 가지고 노는 날.

6월 3일 금요일 〈○○○집 방문〉
○○○집에서 어르신들과 함께 여러 가지 활동을 한다.

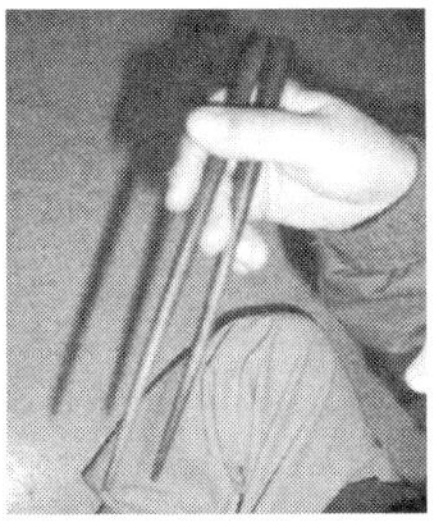

별자리 수업 : 집중력수업
7세 : 일주일에 한 번씩 수업

별자리 수업 : 다도수업
7세 : 일주일에 한 번씩 수업

별자리 수업 : 언어수업
7세 : 일주일에 한 번씩 수업

별자리 수업 : 사진수업
7세 : 일주일에 한 번씩 수업

별자리 수업 : 찰흙수업
7세 : 일주일에 한 번씩 수업

별자리 수업 : 폴라리스 및 아이스타 율동
5,6세 : 일주일에 한 번씩 수업

※ 주요 행사, 부모교육, 기타(오후에 실시하고 있는 특별활동)

4) 일과 운영

· 반일제(　), 연장제(　), 종일제(　)　　　· 교육 시간 :

일과진행과정		
시 간	활 동 명	활동 내용

Ⅲ. 유아교육실습일지

1. 일일교육실습일지

결재	지도교사	원감	원장

일 시	2011년 5월 16일 월요일	학 급 명	착한 반
생 활 주 제	나와 가족 · 이웃		
일 일 주 제	고구마 밭 견학		
목 표	·고구마가 어떻게 자라는지 알고, 직접 심는 활동을 함으로써 고구마가 자라는 과정을 알고 말할 수 있다. ·고구마 모순의 심는 순서를 알고, 직접 모순을 심을 수 있다. ·고구마 순의 생김새를 알고, 고구마 순을 심음으로써 뿌리 채소임을 알 수 있다.		
활동유형 및 시간	활 동 내 용		준비물 및 유의사항
	1수준	2수준	
09:10 ~ 09:15 등원 및 인사, 기도 및 체조		① 유아들 등원 맞이하고 인사 후 유아들의 건강상태 확인. ② 아침기도 및 체조.	
09:15 ~ 09:50 화산공소 출발 및 도착 후 가방 정리		① 버스를 타고 고구마를 심을 화산공소로 이동. ② 오늘 고구마 모순 심기에 대해 유아들과 이야기를 나누고, 순서를 알려준다. ③ 새로 온 실습 선생님을 소개하는 시간 갖기. S : 저는 한 달 동안 친구들과 같이 지내면서 여러분들을 도와주도록 할 거예요. 친구들이 많이 도와주세요. ④ 도착을 하면 각 반마다 자리를 잡고 돗자리 펴기. ⑤ 그 돗자리 위에 가방을 가지런히 정리.	준비물 : 돗자리 유의사항 : 버스에서 안전벨트를 착용하도록 한다.
09:50 ~ 10:20 고구마 모순 심기		① 고구마 모순을 심기 위해 흙 고르기. T : 모종삽으로 흙을 고를 때에는 친구에게 흙이 튀지 않도록 주의하기로 해요. ② 비닐 덮기. T : 친구들에게 비닐을 전달해 볼까요? ③ 돌멩이로 비닐을 고정한 뒤 모종삽으로 구멍 뚫기. T : 고구마 모순을 심을 수 있게 모종삽의 반만큼 파주세요. ④ 고구마 모순을 나누어주고 탐색. T : 고구마 모순이 어떻게 생겼는지 보고, 냄새도 한 번 맡아 볼까요? ⑤ 고구마 모순 심기.	준비물 : 모종삽, 비닐, 고구마 모순 유의사항 : 친구에게 흙이 튀지 않도록 주의하고, 충분히 고구마 모순을 탐색할 수 있게 한다.
10:20 ~ 10:40 물 주기		① 물 조리개로 고구마 모순을 심은 곳에 물 주기. T : 고구마가 잘 자랄 수 있도록 물을 주도록 해요.	준비물 : 물 조리개 유의사항 : 물을 너무 많이 주지 않도록 한다.
10:40 ~ 10:50 6세 유아들 도착	① 6세들이 도착하면 가방 정리를 하고 7세와 만난다. T : 동생들은 형님 앞에 앉으세요.		

활동유형 및 시간	활 동 내 용		준비물 및 유의사항
	1수준	2수준	
10:50 ~ 11:15 6세 고구마 심기	① 7세 형님들이 먼저 해 놓은 것을 6세 동생들은 7세 형님들의 도움을 받아 모순 심기. T : 고구마가 잘 자라려면 친구들이 고구마가 잘 자랄 수 있도록 사랑하는 마음을 가지는 거예요. ② 동생들을 도와준다.		유의사항 : 모순을 심을 언덕을 밟지 않도록 형님들이 동생들에게 알려준다.
11:15 ~ 11:30 물 주기	① 고구마 모순을 심은 곳에 물 주기 ② 형님들의 도움을 받아 동생들이 물을 줄 수 있도록 한다.  사진설명 : 파란반 형님들의 도움으로 빨간반 동생들이 고구마 모순에 물을 주고 있다.		유의사항 : 물을 너무 많이 주지 않도록 한다.
11:30 ~ 11:50 손 씻기 및 화장실 가기	① 손을 씻기 T : 차례를 지키면서 손을 씻도록 해요. ② 화장실가기		유의사항 : 질서를 지키고 손을 깨끗하게 씻는다.
11:50 ~ 12:30 점심 식사	① 점심 식사 전 기도 ② 점심 식사		준비물 : 도시락, 물통, 젓가락 유의사항 : 음식물을 남기지 않도록 한다.
12:30 ~ 13:00 고추에 물 주기	① 고추에 물 주기 T : 여기 있는 고추도 잘 자랄 수 있도록 물을 줄 거예요. 잘 할 수 있겠나요?		준비물 : 물 조리개 유의사항 : 물을 너무 많이 주지 않도록 한다.
13:00 ~ 13:40 간식 먹기	① 간식 먹기 T : 간식을 사이좋게 나눠 먹기로 해요.		유의사항 : 음식물을 남기지 않도록 한다.
13:40 ~ 13:50 정리시간	① 간식을 먹은 뒤 정리시간을 갖는다.		
13:50 ~ 14:20 유치원으로 출발	① 유아들을 차에 모두 태운 뒤 인원파악 후 유치원 출발. T : 다른 피곤한 친구를 위해 배려하는 마음을 갖고 조용히 해주기로 해요.		유의사항 : 유아들이 모두 탑승했는지 확인하고 안전벨트를 한다.
14:20 ~ 14:30 6세 귀가지도 및 7세 바깥놀이	① 유치원으로 돌아오면 종일반을 제외한 6세 하원.	① 7세들은 바깥놀이.	
14:30 ~ 14:50 교실로 이동	① 명상 (눈을 감고 음악을 들으며 마음의 안정을 취한다.) ② 7세 중에 가져온 동전지갑을 모은다. T : 지하철 체험을 가기 위해 가지고 온 준비물(동전지갑)은		준비물 : 동전지갑 유의사항 : 동전지갑을 잃어버리지 않도록 한다.

시간 / 활동			비고
	바구니에 넣기 로 해요.		
14:50 ~ 15:30 별자리 수업 이동 및 별자리 수업	① 6세는 종일반 수업. 3층 강당 ○○○, ○○○ 선생님 - 폴라리스	① 각 팀별로 오늘의 교실로 향한다. **착한반 ○○○ 선생님 – 언어** **고운반 ○○○ 선생님 – 다도** **예쁜반 ○○○ 선생님 – 집중력** **밝은반 ○○○ 선생님 – 사진** **상상반 ○○○ 선생님 – 찰흙**	유의사항 : 자기 스스로 반을 찾아갈 수 있도록 한다.
15:30 ~ 15:40 귀가지도	① 6세들과 종일제를 제외한 7세 하원.		
15:40 ~ 16:20 종일제 준비 및 종일제 수업	〈상상반 - ○○○ 선생님〉 ① 손유희로 아이들 주의집중. ② 점을 선으로 연결해 집 그리기. ③ 내가 그린 집을 친구들에게 소개.	〈맑은반 - ○○○ 선생님〉 ① 색종이를 동그란 모양으로 만들어 서로 연결하여 목걸이 만들기.	
16:20 ~ 16:30 종일제 귀가지도		① 종일제 유아들이 하원한 후 오늘 하루에 대해 ○○○과 선생님들과 이야기를 나눈다.	
평가 – 실습생	실습 첫 날이라 긴장도 많이 되고, 기대도 되고 설레기도 하였다. 긴장도 하고 몸도 많이 움직여서 그런지 너무 피곤한 하루였다. 하지만 담당선생님께서는 물론, 원장수녀님과 다른 선생님들이 너무나 친절하게 대해주셔서 한결 마음이 놓였다. 아이들이 고구마 모순을 탐색해보고 직접 심어보는 것이 아이들에게는 꽤나 자극적인 요소였던 것 같다. "선생님, 고구마는 왜 누워서 자라요?" 라고 물어보기에 "고구마는 이렇게 눕혀서 심어도 잘 자랄 수 있다."라고 말해주었다. 이처럼 다른 채소들과는 달리 모순이 누워있는 것이 신기하였던 모양이다. 이런 활동을 통하여 아이들이 고구마가 어떻게 자라는지 알게 되는 소중한 경험이었던 것 같아 좋았다. 내일은 더욱 활기차고 유쾌한 하루를 보낼 수 있도록 노력해야겠다.		
평가 – 지도교사			

일일교육실습일지

결재	지도교사	원감	원장

일 시	2011년 5월 17일 화요일	학 급 명	착한 반
생 활 주 제	나와 가족 · 이웃		
일 일 주 제	고구마 밭 사후 활동 (이야기 나누기, 미술활동)		
목 표	· 고구마 심기 체험을 상기해 보고, 가장 기억에 남은 일을 이야기할 수 있다. · 가장 기억에 남은 일을 그림으로 나타낼 수 있다.		

활동유형 및 시간	활 동 내 용		준비물 및 유의사항
	1수준	2수준	
09:10 ~ 09:20 등원 및 체조, 기도 및 체조		① 유아들의 등원을 맞이하고 인사를 한 뒤 유아들의 건강상태를 확인. ② 아침기도 및 체조.	
09:20 ~ 09:30 입실지도, 출석카드 및 가방정리		① 입실 후 출석카드에 출석도장 찍기. ② 가방 정리.	준비물 : 출석카드 유의사항 : 날짜에 맞는 도장을 찍을 수 있도록 하고 차례를 지켜 출석카드를 할 수 있다.
09:30 ~ 09:50 바르게 글쓰기 및 정리정돈, 콩,멸치,우유 먹기		① 바르게 글쓰기 활동자료를 자기 파일에 넣기. ② 스스로 바르게 글쓰기 활동지를 가져가 바르게 글쓰기. ③ 콩, 멸치, 우유 먹기.	유의사항 : 바르게 글을 쓸 수 있도록 한다.
09:50 ~ 11:10 몬테소리 활동	10:10 ~ 10:20 6세 등원 및 정리정돈, 콩 · 멸치 · 우유 먹기		
	① 6세 등원. ② 인사 후 건강상태 확인. ③ 콩, 멸치, 우유 먹기.		
	① 몬테소리 활동. · 관찰유아 이름 : 김민수 · 작업 명 : 구두 닦기 · 순서 : 앞치마를 두른다. → 매트를 편다. → 구두 닦기 작업 상자를 가지고 온다. → 구두를 닦을 준비물을 준비한다. → 구두를 가지러 간다. → 구두와 구두약을 가지런히 놓는다. → 칫솔에 구두약을 묻혀 구두에 닦는다. → 민수가 다른 친구를 위해 닦은 구두를 자랑한다. → 구두를 다 닦고 난 후 정리를 한다. · 관찰 : 처음에 민수가 나에게 와서 "선생님, 저 뭐해요?"라고 물었다. 나는 "민수 할 거 없어요? 민수 무엇을 하면 좋을까요?"라고 물었더니 대답도 안하고 가만히 있었다. 그러더니 근영이가 와서 "자, 니가 이거 해라. 내가 양보해줄게"라고 말하면서 자기가 가지고 있던 앞치마를 민수에게 건넸다. 민수는 아무말없이 앞치마를 받아들고 나에게 허리끈을 묶어 달라고 한 뒤 조용히 구두 닦기 작업을 시작했다. 근영이가 앞치마를 주었을 때, 민수는 아무 말을 하지 않았는데 다음에 이런 상황이 생긴다면 "근영이가 앞치마를 주었네? 그럼 민수는 근영이에게 뭐라고 말해야 할까?"라고 말할 수 있도록 유도해 주어야겠다.		

<table>
<tr><th rowspan="2">활동유형 및 시간</th><th colspan="2">활 동 내 용</th><th rowspan="2">준비물 및 유의사항</th></tr>
<tr><th>1수준</th><th>2수준</th></tr>
<tr><td></td><td colspan="2">·평가 : ○○○가 구두 닦기 작업을 할 때 사뭇 진지하게 하였다. 그리고 다른 친구의 구두를 열심히 닦아주고 있는 민수를 보니 기특하다는 생각이 들었다.</td><td></td></tr>
<tr><td>11:10 ~ 11:20
발표 및 정리</td><td colspan="2">① 작업발표회.
T : 2011년 5월 17일 화요일 작업발표회를 시작하도록 하겠습니다. 자신이 무슨 작업을 했는지 발표할 친구는 손을 들어 주십시오.
○○○ : 저는 오늘 구두 닦기를 했습니다. 참 재미있었습니다. 왜냐하면 닦는 것이 재미있었기 때문입니다. 이상입니다.
◇◇◇ : 저는 오늘 쿠키 만들기를 했습니다. 참 재미있었습니다. 왜냐하면 쿠키를 굽는 것이 재미있었기 때문입니다. 이상입니다.
T : 네, 참 잘했어요. 이제 모두 정리 하고 화장실 다녀오세요.</td><td></td></tr>
<tr><td>11:20 ~ 11:25
화장실 다녀오기</td><td colspan="2">① 화장실 다녀오기.</td><td></td></tr>
<tr><td>11:25 ~ 11:50
이야기 나누기 및 미술 활동</td><td colspan="2">① 어제 고구마 심기에 대해 다시 한 번 회상한 후, 이야기 나누기.
T : 어제 우리 어디 갔었지요? 타임머신 타고 어제로 한 번 가볼까요?
C : 네!
T : 가방을 정리하고, 돗자리를 깔았지요? 그 다음에 무엇을 했지요?
C : 땅 파기
T : 땅을 파는 게 아니고, 어제 흙을 처음 봤을 때 딱딱했지요? 우리가 모종삽으로 흙을 골라서 부드럽게 만들어줬어요. 그 다음엔 무엇을 했지요?
C : 비닐 덮었어요.
T : 그래요. 검정색 큰 비닐을 덮었죠? 왜 덮었나요?
C : 벌레 들어가지 말라고요!
T : 맞아요. 또 잡초가 생기지 않게 하기 위해서 비닐을 덮었어요. 그리고 나서는 무엇을 했죠?
C : 돌맹이 주웠어요.
T : 맞아요. 우리 돌맹이를 비닐 옆에다가 두었었죠? 왜 두었을까요?
C : 비닐이 날아가지 말라고!
T : 맞아요. 비닐이 날아가지 않게 하기 위해서 돌을 눌러 두었지요. 그 다음엔 또 무엇을 했나요?
C : 구멍을 만들었어요.
T : 구멍 만들 때 무엇으로 했나요? 손으로 했어요?
C : 아니요. 모종삽이요.
T : 그래요. 모종삽으로 비닐에 구멍을 내고 땅을 팠죠. 그리고는 고구마 모종을 심었죠? 선생님이 어제 고구마가 잘 자라기 위해서 무엇이 필요하다고 했나요?
C : 물! 햇빛! 바람!
T : 그래요. 물, 햇빛, 바람, 빛, 그리고 제일 중요한 사랑 하는 마음이라고 했어요. 친구들은 어제 무엇이 가장 기억에 남았어요?
C : 모종 심는거요. 물 주던 거요.
T : 그랬구나. 선생님은 친구들이 비닐을 덮을 때가 가장 기억에 남아요. 선생님이 친구들 비닐 덮을 때 사진을 찍어놨는데 표정들이 너무 즐거워 했어요. 그래서 선생님은 그것이 제일 기억에 남는답니다. 오늘은 어제 있었던 중에 가장 기억에 남는 일을 그림으로 그려보도록 할 거에요. 자기 스케치북 가져와서 그림을 그려보도록 해요.</td><td>유의사항 : 어제 있었던 일 중(고구마 캐기) 기억에 남는 일을 그림으로 그릴 수 있도록 한다.
- 예외 : 고구마 밭에 가지 못한 아이들</td></tr>
</table>

시간	활동		비고
	② 스케치북에 가장 기억에 남는 일 그림 그리기.  유아 : ○○○ 그림 내용 : ○○가 고구마 모순을 심은 곳에 물을 주고 있다.		
11:50 ~ 12:10 식사 준비	① 각 팀별로 식사 준비. ② 식탁 매트를 가져와 자기 자리에 놓기. ③ 자기 가방을 가져와서 도시락을 준비. ④ 7세들은 식사당번을 번갈아가며 물 종지, 행주, 팀 이름을 준비.		
12:10 ~ 13:10 기도 후 식사 및 정리정돈, 양치질하기	① 기도 후 맛있게 식사. ② 다 먹은 유아는 후식을 먹고 정리정돈. ③ 차례대로 줄을 서서 양치질을 깨끗이 한다.		유의사항 : 먹은 자리를 깨끗하게 정리 정돈한다.
13:10 ~ 13:40 6세 바깥놀이 7세 체육수업	① 바깥놀이.	② 체육수업.	
13:40 ~ 13:50 손 씻기 및 화장실 다녀오기	① 손 씻기. ② 화장실 다녀오기.		유의사항 : 깨끗하게 손을 씻도록 한다.
13:50 ~ 14:10 간식 시간	① 간식을 먹기에 앞서 아보카도 과일을 탐색. T : 이게 무엇인가요? 우리가 먹었던 과일인데. C : 아보카드. 아보카도. T : 맞아요. 아보카도라는 과일이에요. 이 과일을 한번 관찰을 해 볼 거예요. 한번 만져보도록 해요. 아보카도는 어떻게 자를 수가 있을까요? 한번 생각해 보도록 해요. ② 아보카도를 한명씩 다 돌아가며 탐색. T : 어땠어요? 전에 먹었던 거랑 어때요? C : 전에는 딱딱했는데 지금은 물렁물렁해요. T : 만져보기 전에는 딱딱한 거 같았는데 만져보니까 다르지요? 이번에는 한번 잘라볼게요. 뭐가 나올까요? C : 물! 초록색! T : 아, 그렇게 생각하는구나. 이 아보카도에는 비타민6와 엽산이 들어 있어서 피부도 좋아지고, 몸에도 좋대요. 아보카도에 비타민6 말고 ○○이 더 들어 있대요. 무엇일까요? C : 칼슘! 엽산! T : 맞았어요. 엽산이 들어있어요. ③ 준비된 간식들과 아보카도를 먹는다.		
14:10 ~ 14:30 하원 준비 및 하원	① 종일제를 제외한 6세 하원 준비. ② 준비가 마치면 밑으로 내려가 인사를 하고 하원.	① 간식 후 책 읽기.	유의사항 : 책은 제자리에 정리 한다.
14:30 ~ 14:40 6세 종일반 및 7세 별자리 이동	① 종일반으로 이동.	① 별자리 수업 이동.	유의사항 : 자기 스스로 반을 찾아갈 수 있도록 한다.
14:40 ~ 15:20	① 6세는 종일반 수업.		

<table>
<tr><td colspan="2">종일반,
별자리 수업</td><td colspan="2">② 7세는 별자리 수업.
· 착한반 ○○○ 선생님
언어수업 : "친구가 올까?"
T : 우리 지난번에 했던 거 마무리 하구요. 여기 있는 동화 순서를 맞춰보도록 해요.
· 상상반 ○○○ 선생님
찰흙 : 입체도형 구성하기
T : ○ 이것을 '구'라고 합니다. 오늘은 찰흙으로 구를 만들어 입체도형을 만들어 볼 건데요. 크기가 커야지 입체도형을 만들 때 안정적이겠죠?
자기 엄지손가락 크기만큼 구를 만들어주세요. 작은 것은 이쑤시개가 들어가기 힘드니까 작은 것은 찰흙을 더 붙여서 만들도록 해요. 그러고 나서 이쑤시개를 꽂고 입체도형을 만들어 봐요.
· 예쁜반 ○○○ 선생님
집중력 : 올바른 젓가락 사용법, 바둑알 집기
T : 젓가락은 손가락 밑에 붙이면 함께 움직여요. 물건을 집을 수 있게 한번 해보세요. 바둑알은 엄마 손가락 위에 바둑알을 올리고 세 번째 손가락 위에 얹히는 거예요. 그리고 바둑판에 점 보이죠? 이 점 위에 바둑알을 올리고 세 번째 손가락을 살짝 떼는 거랍니다. 친구들 잘 할 수 있겠나요?
· 고운반 ○○○ 선생님
다도 : 다기 바르게 놓기 활동지
T : 이 활동지에 있는 다기를 가위로 잘라서 여기에 바르게 붙여보도록 할거예요.
· 밝은반 ○○○ 선생님
사진 찍기</td><td></td></tr>
<tr><td colspan="2">15:20 ~ 15:40
마무리 및
귀가지도</td><td colspan="2">① 모두 마무리를 하고 하원 준비.
② 하원 준비가 끝이 나면 선생님들과 ○○○과 인사를 하고 하원.</td><td></td></tr>
<tr><td colspan="2">15:40 ~ 16:20
종일제 준비 및
종일제 수업</td><td>〈 상상반 - ○○○ 선생님〉
① 동화로 아이들 주의집중.
② 우리 동네 그리기.
③ 사용한 물건들은 제자리에 바르게 정리.</td><td>〈맑은반 - ○○○ 선생님〉
① 재활용 종이를 이용하여 동네 꾸미기.
② 재활용 종이 붙이기.
③ 재활용 종이 색칠하기.
④ 사용한 물건들 제자리에 바르게 정리.</td><td>주의사항 : (상상반) 동화를 들을 때 바른 자세로 듣는다.</td></tr>
<tr><td colspan="2">16:20 ~ 16:30
종일제 귀가지도</td><td></td><td>① 종일제 유아들이 하원한 후 오늘 하루에 대해 ○○○과 선생님들과 이야기를 나눈다.</td><td>유의사항 : 버스 타기 전 차례 지키기, 바르게 인사하기.</td></tr>
<tr><td rowspan="2">평
가</td><td>실습생</td><td colspan="3">오늘은 고구마 심기 견학 후 사후 활동으로 이야기 나누기와 미술활동을 하였다. 아이들이 어제 고구마 밭 체험을 잘 기억하고 있었다. 고구마 심기 순서도 척척 말할 수 있었고, "무엇이 가장 기억에 남았니?"라고 물어보자 각자 나름대로 기억에 남는 것을 말하였다. 또한 그것을 그림그리기 활동을 통하여 나타내었는데, 정말 아이들 개개인이 기억에 남는 것들을 그림으로 그렸다. 고구마 모순에 물을 주는 것, 비닐을 덮는 것 등등 그림으로 나타내는 것을 보고 '이 아이들에게 어제 고구마 밭 체험을 정말 좋은 경험이 되겠구나.'하는 생각이 들었다. 또한 오늘 몬테소리 활동에서 있었던 상황이, 내일 다시 일어난다면 반드시 바람직한 방향으로 아이들을 이끌어 주어야겠다.</td></tr>
<tr><td>지도교사</td><td colspan="3"></td></tr>
</table>

일일교육실습일지

결재	지도교사	원감	원장

일 시	2011년 5월 18일 수요일	학 급 명	착한 반
생 활 주 제	나와 가족 · 이웃		
일 일 주 제	지하철 체험 및 도서관 방문 (고운반, 착한반 7세)		
목 표	· 지하철 예절을 알고 실천할 수 있다. · 지하철 표를 스스로 끊고, 지하철을 탈 수 있다. · 지하철 표를 사기 위한 금액을 알고, 금액에 맞게 표를 살 수 있다.		

활동유형 및 시간	활 동 내 용		준비물 및 유의사항
	1수준	2수준	
09:10 ~ 09:20 등원 및 인사, 기도 및 체조		① 유아들의 등원을 맞이하고 인사를 한 뒤 유아들의 건강상태를 확인. ② 아침기도 및 체조.	준비물 : 끈이 있는 동전지갑(통행료 500원 X 왕복 = 1,000원)
09:20 ~ 10:00 안심역에 출발 및 도착		① 버스를 타고 대구 안심역에 도착.	유의사항 : 유아들이 모두 탑승했는지 확인하고 안전벨트를 한다.
10:00 ~ 10:20 지하철 표 끊고 지하철 타기	① 5세 유아 등원. ② 인사 후 건강상태 확인. ③ 하루 일과에 맞춰 일과 진행.	① 차례를 지키며 줄 서기. ② 스스로 지하철 표를 끊기. ③ 안심에서 현충로로 가는 지하철을 타기. 	유의사항 : 차례를 지켜서 스스로 표를 끊을 수 있도록 한다. 또한 유아들 모두 탑승했는지 확인한다.
10:20 ~ 11:00 현충로로 이동	① 가방 정리 및 입실. ② 콩, 멸치, 우유 먹기.	① 지하철을 타고 현충로로 이동. ② 다른 사람에게 방해되지 않게 지하철 예절을 지키기.	유의사항 : 공공장소에서 다른 사람들에게 피해를 주지 않도록 조용히 있는다.
11:00 ~ 11:20 남부도서관으로 출발	① 체육 수업. ② 식사 준비.	① 현충로역에 도착하면 화장실 다녀오기. ② 걸어서 '대구광역시립 남부도서관'으로 이동.	유의사항 : 길을 잃어버리지 않도록 선생님 말씀을 잘 듣는다. 또한 신호등 · 횡단보도를 주의해서 건넌다.
11:20 ~ 12:00 어린이 도서관 열람		① 어린이 도서관을 열람. 	유의사항 : 다 읽은 책은 제자리에 둔다. 또한 도서관에 계신 선생님께 예의 바르게 인사를 한다.

활동유형 및 시간	활동 내용 1수준	 2수준	준비물 및 유의사항
12:00 ~ 12:40 기도 후 점심 식사	① 기도 후 점심 식사.	① 기도 후 점심 식사.	준비물 : 도시락, 물통, 젓가락 유의사항 : 음식물을 남기지 않도록 한다.
12:40 ~ 13:20 도서관 시설 견학		① '대구광역시립 남부도서관' 시설 견학.	유의사항 : 다른 사람들에게 피해가 가지 않도록 지하철 예절 지키기.
13:20 ~ 13:50 현충로역으로 출발 및 지하철 표 끊고 지하철 타기	① 바깥놀이.	① 걸어서 다시 현충로역으로 돌아간다. ② 역에 도착하면 스스로 표를 끊고 지하철 타기.	유의사항 : 차례를 지켜서 스스로 표를 끊을 수 있도록 한다. 유아들 모두 탑승했는지 확인한다.
13:50 ~ 14:30 안심역에 출발 및 도착	① 간식 먹기.	① 지하철을 타고 안심역으로 출발.	유의사항 : 공공장소에서 다른 사람들에게 피해를 주지 않도록 지하철 예절 지키기.
14:30 ~ 15:30 유치원으로 출발 및 도착	① 5세 하원.	① 유아들을 차에 모두 태운 뒤 인원파악 후 유치원으로 이동. ② 오늘 하루 체험에 대한 평가 나누기.	유의사항 : 유아들이 모두 탑승했는지 확인하고 안전벨트를 한다. 다른 피곤한 친구들을 위해 배려하는 마음을 갖고 조용히 한다.
15:30 ~ 15:40 귀가지도		① 유치원으로 돌아와 선생님들과 수녀님과 인사 하고 하원.	
15:40 ~ 16:20 종일제 준비 및 종일제 수업	〈상상반 - ○○○ 선생님〉 ① 동화로 아이들 주의집중. ② 우리 동네 꾸미기 - 공동작품 ③ 팀별로 함께 꾸민 우리 동네의 풍경 설명. ④ 다른 친구들의 우리 동네 작품 감상. ⑤ 사용한 물건들을 제자리에 바르게 정리.	〈맑은반 - ○○○ 선생님〉 ① 몰펀 · 블록놀이 ② 사용한 물건들을 제자리에 바르게 정리.	유의사항 : (상상반) 동화를 들을 때 바른 자세로 듣는다. 또한 팀별로 상호 협력하여 우리 동네의 풍경을 꾸민다.
16:20 ~ 16:30 종일제 귀가지도		① 종일제 유아들이 하원 한 후 오늘 하루에 대해 수녀님과 선생님들과 이야기를 나눈다.	유의사항 : 버스 타기 전 차례 지키기, 바르게 인사하기.

평가		
평가	실습생	오늘은 고운반과 착한반 7세 아이들이 지하철 견학을 가는 날이다. 오늘의 견학을 통하여 아이들이 지하철에서의 예절을 바르게 인식할 수 있고, 또한 지하철 표를 스스로 끊어봄으로써 금액에 맞는 표를 살 수 있다는 것을 알게 되길 바란다. 나는 우리 반 아이들 대신 이은화 선생님을 도와 5세 아이들과 하루를 보냈다. 너무 작고 귀엽고 앙증맞은 5세들을 보니까 너무 행복했다. 어떻게 이렇게 귀여운 아이들이 있을까하고 말이다. 그 와중에 '우리 반 아이들이 과연 견학을 잘하고 있을까, 오늘 엄청 더운데 선생님들 고생하시겠다.' 라는 생각이 들었다. 5세 아이들의 특징 중 하나가 병행놀이가 있는데, 아침에 놀잇감을 가지고 놀 때 병행놀이를 발견했다. 이론으로 배우던 것을 실제로 봐서 신기했다. 물론 이것보다 더 신기하고 놀라운 것이 많지만 병행놀이가 기억에 남는다. 내일은 우리 귀여운 착한반 아이들과 유쾌한 하루를 보내도록 내가 먼저 다가갈 수 있도록 해야겠다.
	지도교사	

일일교육실습일지

<table>
<tr><td rowspan="2">결
재</td><td>지도교사</td><td>원감</td><td>원장</td></tr>
<tr><td></td><td></td><td></td></tr>
</table>

<table>
<tr><td>일 시</td><td colspan="2">2011년 5월 19일 목요일</td><td>학 급 명 | 착한 반</td></tr>
<tr><td>생 활 주 제</td><td colspan="3">나와 가족 · 이웃</td></tr>
<tr><td>일 일 주 제</td><td colspan="3">우리 가족 소개하기</td></tr>
<tr><td>목 표</td><td colspan="3">· 우리 가족에게 어울리는 별명을 짓고, 친구들에게 우리 가족의 수와 구성원을 소개할 수 있다.
· 가족의 의미와 소중함을 알고, 우리가족에게 사랑을 말과, 행동(안아드리기, 뽀뽀하기)으로 표현할 수 있다.</td></tr>
<tr><td rowspan="2">활동유형 및 시간</td><td colspan="2">활 동 내 용</td><td rowspan="2">준비물 및 유의사항</td></tr>
<tr><td>1수준</td><td>2수준</td></tr>
<tr><td>09:10 ~ 09:20
등원 및 인사,
기도 및 체조</td><td></td><td>① 유아들의 등원을 맞이하고 인사를 한 뒤 유아들의 건강상태를 확인.
② 아침기도 및 체조.</td><td></td></tr>
<tr><td>09:20 ~ 09:30
입실지도,
출석카드 및
가방정리</td><td></td><td>① 입실 후 출석카드에 출석도장 찍기.
② 가방을 정리.</td><td>준비물 : 출석카드
유의사항 : 날짜에 맞는 도장을 찍을 수 있도록 하고 차례를 지켜 출석카드를 할 수 있다.</td></tr>
<tr><td>09:30 ~ 09:50
바르게 글쓰기 및
정리정돈,
콩,멸치,우유 먹기</td><td></td><td>① 바르게 글쓰기 활동자료를 자기 파일에 넣기.
② 스스로 바르게 글쓰기 활동지를 가져가 바르게 글쓰기.
③ 콩, 멸치, 우유 먹기.</td><td>유의사항 : 바르게 글을 쓸 수 있도록 한다.</td></tr>
<tr><td rowspan="3">09:50 ~ 11:00
몬테소리 활동</td><td colspan="2">10:10 ~ 10:20 6세 등원 및 정리정돈, 콩 · 멸치 · 우유 먹기</td><td rowspan="2"></td></tr>
<tr><td colspan="2">① 6세 등원.
② 인사 후 건강상태 확인.
③ 콩, 멸치, 우유 먹기.</td></tr>
<tr><td colspan="2">① 몬테소리 활동.
· 관찰유아 이름 : 이명훈
· 작업 명 : 대조지형〈섬 만들기 · 찾기〉
· 순서 : 대조지형 작업을 준비한다. → 우리나라 지도를 바로 옆 책상 밑에 편다. → 이면지를 깃발천의 모양으로 만든다. → 지도에서 섬을 찾아 깃발종이에 적는다. → 테이프를 이용해 빨대에 깃발을 붙인다. → 대조지형(섬)에 재활용 비닐을 씌운 뒤 그 위에 섬 모양으로 만든 찰흙을 올려놓고 바다를 만든다. → 섬 위에 깃발을 꽂는다. → 명훈이가 만든 섬을 자랑한다. → 섬을 다 만들고 난 후 정리를 한다.
· 관찰 : 이 작업은 어제부터 명훈이가 하던 작업이다. 어제 제주도를 만들었고, 오늘은 남해, 황해 쪽의 섬 이름들을 적었다. 옆에 가서 "어느 섬이 제일 좋아요?"라고 묻자 제주도라고 답을 했다. "왜 제주도가 좋아요?"라고 물었더니 그냥 웃으면서 "그냥요."라고 대답했다. "제주도 가봤어요?"라고 했더니 두 번이나 가봤다고 했다. "동생이 못가서 아빠가 8살 때 또 데리고 간대요. 그리고 어른 될 때까지 계속 갈지도 몰라요." 라고 덧붙여 말했다. 다른 곳에 있다가 다시 명훈이에게 가니까 "아~ 힘들다."라고 하며 테이프를 이용해 빨대에 깃발을 붙였다. 힘들어도 끝까지 열심히 하는 명훈이가 멋지다고 칭찬해주었다. 그랬더니 씨익-하고 웃어주었다.</td><td></td></tr>
</table>

활동유형 및 시간	활 동 내 용		준비물 및 유의사항
	1수준	2수준	
	· 평가 : 어제 했던 작업을 이어서 오늘 또 하는 걸 보니 끈기가 있어 보였다. 포기하지 않고 마무리를 지을려는 명훈이의 모습을 보니 기특했다.		
11:00 ~ 11:10 발표 및 정리	① 작업발표회. T : 오늘의 어린이 선생님 오상민 형님을 초대하겠습니다. 오상민 형님 앞으로 나와주세요. ○○○ : 지금부터 작업발표회를 시작하겠습니다. 발표할 친구는 손을 들어주십시오. ○○○ : 제가 해보겠습니다. 저는 오늘 비즈와 카드의 큰 수 구성을 했습니다. 참 재미있었습니다. 왜냐하면 비즈와 카드를 놓는 것이 재미있었기 때문입니다. 이상입니다. ○○○ : 저는 국기 꽂기를 했습니다. 참 재미있었습니다. 왜냐하면 국기를 꽂는 것이 재미있었기 때문입니다. 이상입니다. ○○○ : 이상으로 작업발표회를 마치겠습니다. 클린 업!		
11:20 ~ 11:25 화장실 다녀오기	① 화장실 다녀오기.		
11:25 ~ 11:50 이야기 나누기 및 미술 활동	① 사진을 나누어 준다. T : 오늘 3월부터 견학 갔다가 찍은 사진들을 집에 가서 어머니에게 보여주고 이건 뭐할 때 찍었다고 말해주세요. 집에 갈 때 보고 싶다고 꺼내보면 어떻게 될까요? C : 잃어버려요! T : 그래요. 집에 가서 부모님과 함께 보도록 해요. ② 어제 있었던 일에 대해 이야기 나누기. T : 빨간반, 어제 과학 수업 잘했나요? C : 네! T : 파란반 친구들은 어제 지하철을 타러 갔었죠. 선생님은 파란반 친구들을 칭찬해 주고 싶어요. 아주 아주 먼 길을 걸어서 갔어요. 힘들면 그늘에서 쉬었다가 물도 먹고 사진도 찍고 재미있게 놀다왔어요. 그리고 칭찬할 친구가 한명 있습니다. 어제 지하철 견학을 갔다가 길에 우유곽이 아무데나 버려져 있었어요. 그런데 이명훈이 주워서 쓰레기통에 버렸답니다. 그래서 아침에 수녀님께 말씀드렸더니 칭찬카드를 주셨어요. 자, 박수! ③ 손가락 가족 이야기 나누기. T : 오늘은 2011년 5월 19일 목요일입니다. 오늘의 날씨는 어때요? C : 더워요! T : 그래요. 햇빛이 쨍쨍하고 더워요. 오늘은 선생님이 어떤 가족을 말해 줄 거예요. 바로 잘난 척 하는 가족이랍니다. 선생님은 아버지, 어머니, 남동생이 있어요. 친구들도 다 가족이 있죠? 오늘 손가락 가족을 소개해줄게요. 〈손가락 가족〉 손가락 가족이 있었어요. 아빠 손가락이 말했어요. "내 손가락이 최고야. 왜냐면 '최고'를 말할 때 내가 있어야 하니까 말이야." 그러자 옆에 있던 엄마 손가락이 말했어요. "어머어머. 제가 없으면 어딜 가리킬 수가 없다구요." 옆에 있던 오빠 손가락이 "손을 쫙 펴보세요. 제 손가락이 가장 길죠? 그러니까 제가 최고라구요." 이번에는 옆에 있던 언니 손가락이 말했어요. "예쁜 반지는 항상 네 번째 손가락이 끼운다구요~" 마지막 아기 손가락이 "아니에요. 우리 서로 약속할 때에 내 손가락으로 하니까 제가 최고에요." 서로 자기가 최고라고 다투고 있을 때 갑자기 손바닥 할머니가 말을 했어요. "아이고 얘들아, 싸우지 말거라. 이 손바닥 할머니가 없으면 너희 어떻게 살겠니. 싸우지 말고 서로 다 멋있으니까 돕고 살거라." 라고 말했답니다. 손가락 가족은 부끄러워 그만 고개를 떨구고 말았답니다. T : 집에서 어머니는 친구들을 위해 무엇을 해주시나요?		유의사항 : 차량에서 사진을 꺼내 잃어버리지 않도록 주의한다. 손가락 가족 이야기 할 때에 바른 자세로 듣는다.

	C : 빨래, 간식, 밥! T : 그럼 아버지는 무엇을 해주시나요? C : 놀아줘요. 이마트도 가고 차도 태워줘요! T : 동생이 있는 친구들은 동생이 친구들을 위해 무엇을 해주나요? C : 같이 놀아요. T : 언니는 친구들을 위해 무엇을 해주나요? C : 동생이랑 놀아줘요. T : 그래요. 좀 전에 손가락 가족처럼 싸우며 살지 말고 서로 도와가며 지내기로 해요. 오늘은 선생님이 활동지를 준비했어요. "사랑하는 우리가족을 소개합니다."에요. 이번에는 재미있게 별명을 지어서 서로 서로 자기 가족을 소개할거에요. 활동지에 있는 큰 동그라미에는 가족들의 표정을 그리구요. 밑에는 아버지, 어머니 이름과 별명을 적어 볼 거예요. 활동지 나누어 줄게요. 받은 친구들은 색연필과 연필을 가지고 와서 자리에 앉도록 해요. ④ 활동지에 가족의 얼굴을 그리고 이름과 별명 쓰기.	활동지를 할 때에 도움이 필요한 유아는 도움을 준다.
11:50 ~ 12:10 식사 준비	① 각 팀별로 식사 준비. ② 식탁 매트를 가져와 자기 자리에 놓기. ③ 자기 가방을 가져와서 도시락을 준비. ④ 7세들은 식사당번을 번갈아가며 물 종지, 행주, 팀 이름을 준비.	
12:10 ~ 13:00 기도 후 식사 및 정리정돈, 양치질하기	① 기도 후 맛있게 식사. ② 다 먹은 유아는 후식을 먹고 정리정돈. ③ 차례대로 줄을 서서 양치질을 깨끗이 한다.	유의사항 : 먹은 자리를 깨끗하게 정리정돈한다.
13:00 ~ 13:30 6세 바깥놀이 7세 체육수업	① 바깥놀이. / ② 체육수업.	
13:30 ~ 13:40 손 씻기 및 화장실 다녀오기	① 손 씻기 ② 화장실 다녀오기	유의사항 : 깨끗하게 손을 씻도록 한다.
13:40 ~ 14:10 간식 시간	① 간식 먹기.	
14:10 ~ 14:25 토픽 발표	① 토픽 발표. T : 먼저 ○○○ 기자님 나오세요. 토픽노래 시작! C : 토픽 기자님 토픽 들려주세요. 토픽 기자님 토픽 들려주세요. 토(짝짝) 픽(짝짝) 큐~! 최예령 : 〈 안전한 물놀이 약속 〉   물놀이 안전수칙 지키기. 이제 날씨가 아주 아주 따뜻해져 조금만 있으면 재미있는 물놀이를 할 수 있습니다. 그러나 물놀이는 아주 재미도 있지만 또한 아주 위험한 놀이이기도 합니다. 그래서 안전하게 물놀이를 즐기기 위해서는 우리 모두 약속합시다. 첫째, 물놀이 시작하기 전에 반드시 준비운동을 한다. 그리고 몸에 물을조금씩 묻힌다. 둘째, 위험선을 절대로 넘어가지 않는다. 셋째, 물에 빠진 사람을 발견하면 반드시 어른들에게 알리고 절대 우리가 구한다고 물에 들어가면 안 된다. 튜브가 있으면 던져준다.	유의사항 : 발표하는 사람에게 집중을 한다.

<table>
<tr>
<td></td>
<td colspan="2">이상 안전한 물놀이를 위해 우리들이 실천해야 할 약속을 알아보았습니다.
 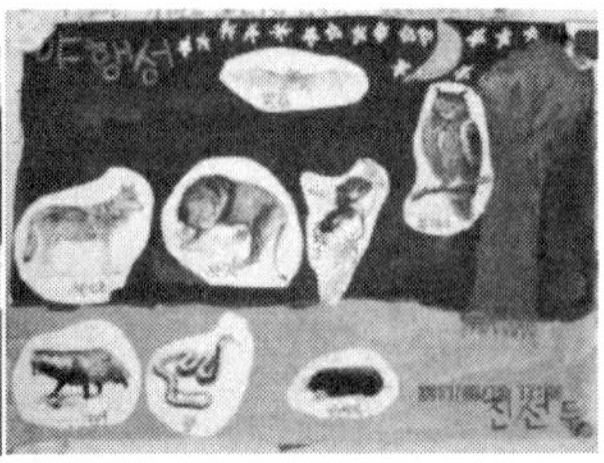
C : (박수)
T : 다음 ○○○ 나오세요. 토픽노래 시작!
C : 토픽 기자님 토픽 들려주세요. 토픽 기자님 토픽 들려주세요.
토(짝짝) 픽(짝짝) 큐~!
진선두 : 〈 야행성 〉

저는 오늘 야행성에 대해서 알아보도록 하겠습니다. 밤 야(夜), 행동할 행(行). 야행성은 낮에는 잠을 자고 밤에 먹이를 찾으러 다닙니다.
땅 속에 굴을 파고 사는 야행성 동물은 너구리, 뱀, 두더지입니다. 땅 위에 사는 야행성 동물은 늑대, 사자입니다. 나무 위에는 부엉이, 하늘에는 박쥐가 있습니다. 나팔꽃은 밤이 되면 꽃이 피는 야행성입니다. 이상입니다.
C : (박수)
T : 밤에 활동하는 동물을 뭐라 한다구요?
C : 야행성
T : 박쥐는 어디서 다니죠?
C : 하늘에서요.
T : 나팔꽃, 늑대, 사자, 두더지, 너구리, 뱀, 부엉이는 낮보다 밤에 더 활발하게 행동한다고 해요.</td>
<td></td>
</tr>
<tr>
<td>14:25 ~ 14:30
하원 준비 및 하원</td>
<td>① 종일제를 제외한 6세 하원 준비.
② 준비가 마치면 밑으로 내려가 인사를 하고 하원.</td>
<td>① 토픽 발표 후 책 읽기.</td>
<td>유의사항 : 책은 제자리에 정리한다.</td>
</tr>
<tr>
<td>14:30 ~ 14:40
동화 듣기</td>
<td colspan="2">① 동화 소개.
T : 선두가 친구들에게 도움이 될 거 같아서 가져온 책이 있대요. 한 번 볼까요? 동화 제목은 '용돈 주세요.'입니다.
② 그림 표지에 대해 이야기 나누기.
③ 동화를 들려준다.
T : 첫 장을 보니까 가족들이 뭐하고 있어요?
C : 마트 가고 있어요.
T : 근데 아빠랑 아들 표정이 안 좋은거 같은데 무슨 내용일까?
〈동화 내용〉
토요일 오후, 병관이와 지원이는 엄마 아빠를 따라 장을 보러 감. 쇼핑 카트를 밀어 보고, 둘이서 여기저기 둘러보며 시식도 함. 그런데 잠시 후, 병관이는 장난감 파는 곳 앞에서 걸음을 멈추고 새로 나온 장난감을 사달라고 조르기 시작. 급기야 내년 생일 선물을 미리 사달라고 함. 하지만 엄마는 단호하게 안된다고 말씀. 그러자 병관이는 "그럼, 나도 용돈 줘요!"라고 외침. 갖고 싶은 장난감도 못 사고, 용돈도 못 받자 금세 풀 죽은 모습으로 계산대 옆에 서 있는 병관이. 다음 날 아침 병관이는 자진해서 심부름을 하겠다고 나섬. 청소기도 돌리고, 엄마 곁에서 엄마처럼 빨래도 털어 널고 설거지까지 해냄. 평소와 달리 알아서 척척 집안일을 돕는 병관이를 보고 흐뭇한 엄마. 하지만 집 안 곳곳을 누비는 병관이 머릿속에는 용돈 받을 생각만 가득함. 심부름을 마친 병관이는 그 대가로 삼천원을 달라고 함. 그런데 엄마는 심부름을 했다고 용돈을 받으면, 밥을</td>
<td>유의사항 : 동화를 들을 때에는 바른 자세로 듣는다.
용돈의 개념을 바르게 인식할 수 있도록 한다.</td>
</tr>
</table>

<table>
<tr><td></td><td colspan="2">먹었으니 엄마에게 밥값을 내겠냐고 말함. 잔뜩 속상해 있던 병관이는 잠이 들고, 꿈속에서 그동안 병관이에게 들어간 돈을 내라는 엄마를 만남. 다음 날 아침, 잠이 덜 깬 병관이는 꿈속에서 만난 엄마 모습을 떠올리며 여전히 의기소침함. 이런 모습을 눈치 챈 엄마는 병관이에게 이제부터 용돈을 주겠다며, 앞으로도 열심히 심부름을 하라고 하심. 하늘에 닿을 듯 펄쩍 뛰어오른 병관이가 누나와 함께 돼지 저금통을 들고 좋아함.

T : 친구들도 사고 싶은 거 있을 때 떼쓰지 말고 심부름 열심히 해서 용돈 받아서 사도록 해요.</td><td></td></tr>
<tr><td rowspan="2">14:40 ~ 15:20
종일반,
별자리 수업</td><td colspan="2">① 6세는 종일반 수업.
· 3층 강당 ○○○, ○○○ 선생님
폴라리스 및 아이스타 율동
- 명상
- 발가락 인사(발가락 밑으로 쭉 내리기, 위로 쭉 올리기)
- 고양이 자세(혹은 늑대 자세) : 손을 바닥에 짚고 엎드리기. 그 상태에서 상체만 위로 올리며 고양이(혹은 늑대)소리를 내기.
- 나무 되어보기 : 손을 모으고 팔을 위로 쭉 올리기.
- 씨앗 되어보기 : 온 몸을 웅크리기. 그리고 싹이 난 것처럼 몸을 활짝 펴기.
- 균형 잡기 : 한 쪽 다리를 반대쪽 무릎 옆에 올리고 비행기로 변신. 번갈아 가며 하기.
- 아이스타 율동 : 아기공룡 둘리, 사랑해요, 지구방위대 후레시맨</td><td></td></tr>
<tr><td colspan="2">① 7세는 별자리 수업.

착한반 ○○○ 선생님 - 언어
고운반 ○○○ 선생님 - 다도
예쁜반 ○○○ 선생님 - 집중력
밝은반 ○○○ 선생님 - 사진
상상반 ○○○ 선생님 - 찰흙</td><td></td></tr>
<tr><td>15:20 ~ 15:40
마무리 및
귀가지도</td><td colspan="2">① 모두 마무리를 하고 하원 준비.
② 하원 준비가 끝이 나면 선생님들과 수녀님과 인사를 하고 하원.</td><td></td></tr>
<tr><td>15:40 ~ 16:20
종일제 준비 및
종일제 수업</td><td>〈 상상반 - ○○○ 선생님〉
① 동화로 주의집중 후 이야기 나누기.
② 명화 이야기 - 화가 박수근
③ 화가 박수근의 그림들을 감상한 후 이야기 나누기.
④ 감상해 본 박수근의 그림들 기억하기.</td><td>〈맑은반 - ○○○ 선생님〉
① 우리 가족이 쓰는 물건에 대해 이야기 나누기.
② 활동지(우리 가족이 쓰는 물건)를 잘라서 붙이기</td><td></td></tr>
<tr><td>16:20 ~ 16:30
종일제 귀가지도</td><td></td><td>① 종일제 유아들이 하원 한 후 오늘 하루에 대해 수녀님과 선생님들과 이야기를 나누기.</td><td>유의사항 : 버스 타기 전 차례 지키기, 바르게 인사하기.</td></tr>
<tr><td>평가 — 실습생</td><td colspan="3">아침에 일어나는 것과 피곤에 지쳐 유치원에 있으면서 잠이 오지만 아이들과 함께 있으면 기분이 좋아지고 그 순간만큼은 힘이 들지 않는다. 오늘 우리 가족을 소개하는 활동을 하였다. 재미있게 가족들의 별명을 지어 친구들에게 우리 가족의 수와 구성원을 소개하는 것이었는데, 아이들이 대부분 스스로 가족들의 별명을 짓고, 또 가족의 수와 구성원을 잘 표현하는 것이 가족들을 사랑하기 때문에 이러한 별명도 지을 수 있다는 생각이 들었다. 그리고 신승원은 동생이 새로 태어났는데, 동생도 적어 놓았다. 내가 "동생 이름은 뭐에요?"라고 묻자, "몰라요."라고 말하였다. 이때까지만 해도 동생이 태어났는지 몰라서 '동생 이름이 기억나지 않는 가보구나' 생각했지만, 점심시간에 선생님과 승원이의 대화를 통하여 동생이 태어났음을 알게 되었다. 새로 태어난 동생까지도 생각하여 활동지에 적은 것을 보고 우리 가족의 수와 구성원의 변화에 대해서도 잘 알고</td></tr>
</table>

		있구나. 라며 기특한 생각도 들었다. 그리고 아직 글씨를 쓰는 것이 서툴러 도움이 필요한 아이들을 도와주었다. 그런데 한 가지 실수한 점이 있다면, 아이들에게 바르게 글 쓰는 것을 알려주어야 하는 데 나도 모르게 바르게 쓰지 않고 그냥 쓴 것 같아 마음이 좀 쓰였다. '아차!' 싶어서 그 다음부터는 바르게 글을 쓰면서 아이들에게 알려주었다. 내일부터는 아이들이 바르게 글을 쓸 수 있도록 유도해주어야겠다.
	지도교사	

일일교육실습일지

<table>
<tr><td rowspan="2">결
재</td><td>지도교사</td><td>원감</td><td>원장</td></tr>
<tr><td></td><td></td><td></td></tr>
</table>

<table>
<tr><td>일 시</td><td>2011년 5월 20일 금요일</td><td>학 급 명</td><td>착한 반</td></tr>
<tr><td>생 활 주 제</td><td colspan="3">나와 가족 · 이웃</td></tr>
<tr><td>일 일 주 제</td><td colspan="3">우리 가족 소개하기(6세) 및 고구마 밭 물 주기(7세)
(7세의 고구마 밭 물주기로 인한 수업변동 : 본 주제 - 가족구성)</td></tr>
<tr><td>목 표</td><td colspan="3">· 식물이 자라는데 필요한 요소를 알고, 자연을 사랑하는 마음을 가질 수 있다.
· 우리 가족에게 어울리는 별명을 짓고, 친구들에게 우리 가족의 구성원과 별명을 소개할 수 있다.</td></tr>
</table>

<table>
<tr><td rowspan="2">활동유형 및 시간</td><td colspan="2">활 동 내 용</td><td rowspan="2">준비물 및 유의사항</td></tr>
<tr><td>1수준</td><td>2수준</td></tr>
<tr><td>09:10 ~ 09:20
등원 및 인사,
기도 및 체조</td><td></td><td>① 유아들의 등원을 맞이하고 인사를 한 뒤 유아들의 건강상태를 확인.
② 아침기도 및 체조.</td><td></td></tr>
<tr><td>09:20 ~ 09:30
입실지도,
출석카드 및
가방정리</td><td></td><td>① 입실 후 출석카드에 출석도장 찍기.
② 가방 정리.</td><td>준비물 : 출석카드
유의사항 : 날짜에 맞는 도장을 찍을 수 있도록 하고 차례를 지켜 출석카드를 할 수 있다.</td></tr>
<tr><td>09:30 ~ 10:10
화산공소로 출발</td><td></td><td>① 화산공소로 이동하기 위한 준비.
② 개인 물통을 준비하여 버스로 이동.
③ 버스를 타고 화산공소로 이동.</td><td>유의사항 : 버스에서 안전벨트를 착용하도록 한다.</td></tr>
<tr><td>10:10 ~ 10:20
6세 등원 및
7세 고구마 밭 출발</td><td>① 6세 등원.
② 인사 후 건강상태 확인.
③ 아침기도 및 체조.</td><td>① 고구마 밭에 도착.</td><td></td></tr>
<tr><td>10:20 ~ 10:40
출석카드 및
가방정리,
콩,멸치,우유 먹기</td><td>① 출석카드에 출석도장 찍기.
② 가방을 정리.
③ 콩, 멸치, 우유 먹기.</td><td rowspan="3">① 물 조리개 준비.
② 고구마 밭 관찰 및 물 주기.
③ 배추 솎아내기.
④ 상추, 배추, 고추 물 주기.</td><td rowspan="2">준비물 : 물조리개
유의사항 : 뿌리까지 다 솎아내며, 가장 큰 것만 솎아낸다. 또한 고구마는 물을 충분히 주고, 다른 채소들은 적당히 준다.</td></tr>
<tr><td>10:40 ~ 10:45
명상</td><td>① 고운반 6세와 착한반 6세는 착한반에서 바르게 앉기.
② 명상하기.</td></tr>
<tr><td>10:45 ~ 11:35
우리가족 소개하기</td><td>① 우리가족 소개하기 활동지 하기.
T : 이것은 우리 가족을 소개하는 활동지입니다. 어제 착한반 친구들은 하다가 덜 한 친구들이 있어서 마무리 할거구요, 고운반 친구들은 처음 하는 거지요?
C : 네.
T : 여기 활동지에 큰 동그라미에는 가족들의 표정을 그리구요, 밑에는 아버지, 어머니 이름과 별명을 적어볼 거예요.</td><td>유의사항 : 활동지를 할 때에 도움이 필요한 유아는 도움을 준다.</td></tr>
</table>

<table>
<tr><th rowspan="2">활동유형 및 시간</th><th colspan="2">활 동 내 용</th><th rowspan="2">준비물 및 유의사항</th></tr>
<tr><th>1수준</th><th>2수준</th></tr>
<tr><td></td><td>활동지를 나누어 주기 전에 우리 형님들은 어떻게 했는지 한번 볼까요?
② 형님들이 한 활동지 보여주기.
③ 색깔반 가방을 가져와 활동지 하기.
T : 빨간반, 잘 할 수 있나요?
C : 잘 할 수 있어요!</td><td></td><td></td></tr>
<tr><td>11:35 ~ 11:50
정리 및 화장실 다녀오기</td><td>① 활동지는 선생님께 제출하고 자기자리 바르게 정리.
② 화장실 다녀오기.</td><td>① 7세 유치원 도착.</td><td></td></tr>
<tr><td>11:50 ~ 12:05
식사 준비 및
7세 유치원 도착</td><td>① 고운반은 자기 반으로 돌아가 식사 준비.
② 각 팀별로 식사 준비.
③ 자신의 식탁매트와 형님들의 식탁매트를 가져와 제자리에 놓기.
④ 자신의 가방과 형님들의 가방을 가져와 도시락을 준비.
⑤ 7세 형님들 중 당번인 형님의 동생들은 물 종지, 행주, 팀 이름을 준비.</td><td>① 손 씻고, 자리 자리 정리.
② 식사 준비.</td><td></td></tr>
<tr><td>12:05 ~ 13:00
식사 및 정리정돈, 양치질하기</td><td colspan="2">① 기도 후 맛있게 식사.
② 다 먹은 유아는 후식을 먹고 정리정돈.
③ 차례대로 줄을 써 양치질을 깨끗이 한다.</td><td>유의사항 : 먹은 자리를 깨끗하게 정리 정돈한다.</td></tr>
<tr><td>13:00 ~ 13:40
6세 바깥놀이
7세 체육수업</td><td>① 바깥놀이.</td><td>① 체육수업.</td><td></td></tr>
<tr><td>13:40 ~ 13:50
손 씻기 및
화장실 다녀오기</td><td colspan="2">① 손 씻기
② 화장실 다녀오기</td><td>유의사항 : 깨끗하게 손을 씻도록 한다.</td></tr>
<tr><td>13:50 ~ 14:30
간식 시간</td><td colspan="2">① 간식 지도.</td><td></td></tr>
<tr><td>14:30 ~ 14:40
하원 준비 및 하원</td><td>① 종일제를 제외한 6세 하원 준비.
② 준비가 마치면 밑으로 내려가 인사를 하고 하원.</td><td>① 바르게 글쓰기 활동지 개인 파일에 넣기.</td><td></td></tr>
<tr><td>14:40 ~ 14:50
동화 듣기</td><td colspan="2">① 동화 소개.
T : 오늘은 강민진 선생님께서 친구들에게 동화책을 들려주실 거예요. 멋지게 들어보기로 해요.
② 동화 들려주기.
S : 오늘은 선생님이 친구들에게 동화책을 읽어줄 거예요.
T : 자, 동화 노래 시작!</td><td>유의사항 : 바르게 앉아서 동화를 듣는다.</td></tr>
<tr><td>14:50 ~ 15:30
종일반,
별자리 수업</td><td colspan="2">① 6세는 종일반 수업.
· 3층 강당 정혜진, 송정남 선생님
폴라리스 및 아이스타 율동</td><td></td></tr>
</table>

<table>
<tr><td colspan="2"></td><td colspan="2">① 7세는 별자리 수업.

착한반 ○○○ 선생님 - 언어
고운반 ○○○ 선생님 - 다도
예쁜반 ○○○ 선생님 - 집중력
밝은반 ○○○ 선생님 - 사진
상상반 ○○○ 선생님 - 찰흙</td><td></td></tr>
<tr><td colspan="2">15:30 ~ 16:00
마무리 및
귀가지도</td><td colspan="2">① 모두 마무리를 하고 하원 준비.
T : 친구들도 병원에서 친구들 몸이 건강한지 그렇지 않은지 검사를 하듯이 샛별차도 아픈 곳은 없는지 다친 곳은 없는지 검사를 하러 갔대요. 샛별차가 올 때까지 기다립시다. 선생님 따라 한번 해볼까요?
('옆에 옆에 옆에' 노래 등 신나는 율동과 노래)
② 하원 준비가 끝이 나면 선생님들과 인사를 하고 하원.</td><td></td></tr>
<tr><td colspan="2">16:00 ~ 16:30
종일제 준비 및
종일제 수업</td><td>〈상상반 - ○○○ 선생님〉
① '복슬강아지' 동요로 주의집중.
② 지난 시간에 이야기 나눈 강아지똥에 대해 기억하기.
③ 강아지똥 동화듣기
④ 강아지똥 영상자료 관람.
⑤ 영상자료 본 느낌에 대해 이야기 나누기</td><td>〈맑은반 - ○○○ 선생님〉
① 부모님 얼굴 꾸미기
② 우리 집 모형 만들기</td><td></td></tr>
<tr><td colspan="2">16:30 ~ 16:40
종일제 귀가지도</td><td></td><td>① 종일제 유아들이 하원 한 후 오늘 하루에 대해 수녀님과 선생님들과 이야기를 나누기.</td><td>유의사항 : 버스 타기 전 차례 지키기, 바르게 인사하기.</td></tr>
<tr><td rowspan="2">평
가</td><td>실습생</td><td colspan="3">오늘은 7세가 월요일에 고구마 모순을 심었던 화산공소로 가서 고구마가 잘 자랄 수 있도록 물을 주러 갔다. 몇일 전 아침 등원 시간에 수녀님께서 "고구마가 잘 자랄 수 있도록 물을 주러 갈 건 데 도와줄 멋진 친구 있나요?"라고 묻자 모두들 손을 들고 자신이 물을 주러 가겠다며 하였다. 그 모습이 무척이나 기특하고 멋져보였다. 그런 멋진 친구들이 오늘 화산공소로 가서 물을 주었고, 6세들은 손현주 선생님이 수업을 하셨고 나는 손현주 선생님을 도와 친구들과 함께 있었다. 어제 우리가족에게 별명을 지어 소개하는 활동을 했는데, 조금 덜 한 착한반 친구들과 처음 하는 고운반 친구들을 위해 친구들에게 활동지를 나누어 주었다. 어제도 알 수 있었지만 오늘도 마찬가지로 아이들이 자신의 가족에게 어울리는 별명을 스스로 지어보면서 우리가족의 수와 구성원에 대해 알고, 또 다른 친구들에게 소개할 수 있었다. 도움이 필요한 친구들에게는 다가가서 도움을 주었다. 어제와 같은 실수를 반복하지 않으리 다짐하며 아이들에게 바르게 글을 쓸 수 있도록 유도해주었다. 앞으로도 아이들이 바르게 성장할 수 있도록 많은 도움을 줄 것이다. 물론 아이들이 스스로 할 수 있게 말이다. 다음 주도 더욱더 활기차고 보람 있는 하루를 만들어 나가야겠다.</td></tr>
<tr><td>지도교사</td><td colspan="3"></td></tr>
</table>

일일교육실습일지

결재	지도교사	원감	원장

일 시	2011년 5월 23일 월요일	학 급 명	착한 반
생 활 주 제	나와 가족 · 이웃		
일 일 주 제	정다운 이웃 (전체 모임)		
목 표	· 주말에 있었던 일을 상기해보고, 주말을 어떻게 보냈는지 이야기 할 수 있다.		

활동유형 및 시간	활 동 내 용		준비물 및 유의사항
	1수준	2수준	
09:10 ~ 09:20 등원 및 인사, 기도 및 체조		① 유아들의 등원을 맞이하고 인사를 한 뒤 유아들의 건강상태를 확인. ② 아침기도 및 체조.	
09:20 ~ 09:30 입실지도, 출석카드 및 가방정리		① 입실 후 출석카드에 출석도장 찍기. ② 가방을 정리.	준비물 : 출석카드 유의사항 : 날짜에 맞는 도장을 찍을 수 있도록 하고 차례를 지켜 출석카드를 할 수 있다.
09:30 ~ 10:00 바르게 글쓰기 및 정리정돈, 콩 · 멸치 · 우유 먹기		① 바르게 글쓰기 활동자료를 자기 파일에 넣기. ② 스스로 바르게 글쓰기 활동지를 가져가 바르게 글을 쓴다. T : 33탄 다 한 친구들은 34탄 가져가세요. ③ 콩, 멸치, 우유 먹기.	유의사항 : 바르게 글을 쓸 수 있도록 한다.
10:00 ~ 10:20 6세 등원	① 6세 등원. ② 인사 후 건강상태 확인. ③ 콩, 멸치, 우유 먹기.		
10:20 ~ 10:35 이야기 나누기	① 주말에 있었던 일을 이야기 나누기. T : 친구들 주말 잘 보냈어요? C : 네! T : 선생님은 토요일에 유치원 와서 차성현도 만나고, 오상민도 만났어요. 그리고 마치고 나서 친구들을 만나서 고기도 먹고 재미있게 보냈답니다. 주말에 무엇을 했는지 발표해 볼 친구는 손을 들어주십시오. C : 제가 해보겠습니다. T : 김민수 앞으로 나오세요. 김민수 : 네, 선생님. 저는 주말에 놀이터에서 두발 자전거를 탔습니다. T : 누구랑 탔어요? C : 아버지랑 탔습니다. T : 그랬구나. 정말 재미있었겠네요. 다음 발표해 볼 친구는 손을 들어주십시오. C : 제가 해보겠습니다. T : 정지우 앞으로 나오세요. 정지우 : 저는 동생 지아 돌잔치에 갔다 왔습니다. T : 지우는 동생인 지아의 돌잔치에 갔다 왔대요. 정말 재미있었겠구나. 다음 발표해 볼 친구는 손을 들어주십시오. C : 제가 해보겠습니다.		유의사항 : 다른 사람이 말할 때에는 바르게 앉아서 듣는다.

<table>
<tr><th rowspan="2">활동유형 및 시간</th><th colspan="2">활 동 내 용</th><th rowspan="2">준비물 및 유의사항</th></tr>
<tr><th>1수준</th><th>2수준</th></tr>
<tr><td></td><td colspan="2">T : 여준수 앞으로 나오세요.
여준수 : 저는 주말에 동물 퍼즐을 아버지랑 함께 했습니다.
T : 아버지랑 함께 동물 퍼즐을 했대요. 정말 재미있었겠구나. 친구들 모두 재미있는 주말을 보내고 왔네요.</td><td></td></tr>
<tr><td>10:35~11:50
전체모임</td><td colspan="2">① 전체모임
T : 2011년 5월 23일 월요일 전체모임을 시작하도록 하겠습니다.

② 국기에 대하여 경례
③ 애국가 제창
〈애국가 - 악보 첨부〉
④ 선국선열에 대한 묵념
⑤ 기도 노래
〈기도노래 - 악보 첨부〉
⑥ 샛별유치원가 제창
T : 예쁜손 허리에!
C : (짝짝) 허리에! 뮤직 큐~
〈원가 - 악보 첨부〉
⑦ 제자리에 앉는다.
⑧ '벌 한 마리' 손유희로 주의집중.
T : 벌 1 마리가 윙윙윙~ 콕! 아~
벌 2 마리가 윙윙잉~ 콕!콕! 아~ 아~
벌 3 마리가 윙윙윙~ 콕!콕!콕! 아~ 아~ 아~
벌 0 마리가 쉿!
⑨ 고사성어와 속담 배우기

부자유친(父子有親)
아비 부(父), 아들 자(子), 있을 유(有), 친할 친(親)
아버지와 아들이 친함을 말함.

열 손가락 깨물어 안 아픈 손가락 없다.

T : 이번 달 고사성어와 속담 선생님은 누구실까요? 힌트를 줄게요.
1번, 이 선생님은 안경을 쓰고 계세요. 2번, 앞머리가 있어요.</td><td></td></tr>
</table>

3번, 스타킹을 신은 다리에요. 4번, 줄무늬 양말을 신고 계십니다.
C : 윤정은 선생님! 나와주세요~
○○○T : 이번 달 속담과 고사성어, 선생님이랑 한번 해봐요. 상혁이 한번 나와 보세요. 선생님이 손을 깨끗이 씻고 왔답니다. 한번 깨물어보세요.
이번에는 채령이가 나와서 한번 깨물어보세요. 아악! 상혁이가 깨문 손가락도, 채령이가 깨문 손가락도 아팠어요. 열 손가락은 다 물어서 안 아픈 손가락 있을까요?
C : 아니요! 다 아파요.
○○○T : 맞아요. 다 아파요. 자, 이번에는 황희영 초대합니다. 그리고 황희준도 초대합니다. 희영이와 희준이는 비슷한 게 많지요.
C : 황으로 시작해요.
○○○T : 맞아요. 이름이 황으로 시작하고, 희도 똑같이 시작하지요? 그리고 어머니와 아버지가 똑같은 희영이와 희준이는 남매랍니다. 부모님들은 희영이가 더 이쁘고 희준이가 더 미울까요? 아니면 희준이가 더 이쁘고 희영이가 더 미울까요?
C : 아니요.
○○○T : 맞아요. 부모님들은 희영이와 희준이 모두 똑같이 사랑하고 아껴준답니다. 이것을 '열 손가락 깨물어 안 아픈 손가락 없다.' 라고 해요.
열 손가락 깨물어!
C : 안 아픈 손가락 없다. 열 손가락 깨물어!
○○○T : 안 아픈 손가락 없다.
T,C : 열 손가락 깨물어 안 아픈 손가락 없다.
윤정은T : 잘했습니다. 그리고 이번 달 고사성어는요.
부자유친 아비 부, 아들 자, 있을 유, 친할 친, 아버지와 아들이 친함을 말함. 다 같이 한 번 읽어볼까요?
C : 부자유친! 아버지와 아들이 친함을 말함.
윤정은T : 부자유친!
C : 부자유친 아비 부, 아들 자, 있을 유, 친할 친, 아버지와 아들이 친함을 말함. 읽기! 아비 부, 아들 자, 있을 유, 친할 친, 아버지와 아들이 친함을 말합니다.

⑩ 수녀님의 말씀.
T : 수녀님을 초대합니다.
C : ○○○ 수녀님! 나와주세요~
수녀님 : 수녀님께 인사해봅시다. 일어나서 100점 인사해봅시다. 100점 인사는요, 눈이 자기 발을 봐야합니다. 다 같이 마음 모아서!
C : ○○○ 수녀님 안녕하십니까?
수녀님 : 수녀님을 보세요. 이게 뭘까요? 하, 기, 사, 인? 하기사인이 뭐지? 예령이와 소은이, 민수, 상원이 나와서 도와주세요. 친구들이 잘 볼 수 있게 바르게 순서대로 서 볼까요? 와, 여기에 뭐라고 적혀 있어요?
C : 인사하기.
수녀님 : 맞아요. '인사하기'라고 적혀있어요.

⑪ 토끼와 뽀롱뽀롱 뽀로로와 사람의 인사가 다름을 인식.
수녀님 : 인사는 사람만이 할 수 있는 일이에요. 사람이 하는 일을 '인사.'라고 한대요.

⑫ 새로 온 전학생 소개하기.
수녀님 : 서로 도와주고 아껴주고 사랑해주는 샛별 친구들이 됩시다.
C : 수녀님 좋은 말씀해 주셔서 감사합니다.

⑬ 특별상 수여식.
수녀님 : 샛별유치원 6살 박선민 앞으로 나오십시오.
T : 다 같이 마음 모아서.
C : 서 미카엘라 수녀님 감사합니다.

⑭ 새 노래 배우기.

♥ 참 좋은 말 ♥

사랑해요- 이 한마디. 참 좋은 말.
우리 식구 자고 나면, 주고 받는 말.
사랑해요- 이 한마디. 참 좋은 말.
엄마 아빠 일터갈 때 주고 받는 말.
이 말이 좋아서 온종일 신이 나지요.
이 말이 좋아서 온종일 일 맛 나지요.
이 말이 좋아서 온종일 가슴이 콩닥 콩닥인대요.
사랑해요- 이 한마디. 참 좋은 말.
나는 나는 이 한마디가 정말 좋아요. 사랑 사랑해요.

T : 이번 달에 새 노래 한번 불러 보고, 반으로 내려가도록 해요. 새 노래 선생님은 누구실까요? 힌트를 줄게요.
1번, 안경을 썼어요. 2번, 노란색 가디건을 입으셨어요.
3번, 머리에 파란색 삔을 꽂으셨네요.
C : ○○○ 선생님! 나와주세요~
○○○T : 이번 달의 새 노래는 무엇인지 선생님이 한번 불러볼게요.
〈참 좋은 말 - 악보 첨부〉
○○○T : 이번에는 다같이 한번 불러볼게요. 모르는 친구는 가사 판을 보고 불러보도록 해요.
C : (노래 부르기)
T : 정말 잘했어요.

⑮ 동시 배우기.
T : 다음은 동시 선생님을 불러볼게요. 이번에는 힌트 하나로 알 수 있어요.
힌트는 노란색 가디건을 입고 있지 않아요.
C : ○○○ 선생님! 나와주세요~
○○○T : 선생님이랑 배워 볼 동시는 손가락 가족이에요. 무슨 가족?
C : 손가락 가족!
○○○T : 이 손가락은 맘 좋은 아빠 손가락, 이 손가락 상냥한 엄마 손가락, 이 손가락 멋쟁이 언니 손가락, 이 손가락 인형 같은 아우 손가락, 이 손가락 귀여운 아기 손가락.
○○○T : 이번에는 같이 한번 해볼까요?

	♥ 손가락 가족 ♥ 이 손가락은 맘 좋은 아빠 손가락, 이 손가락 상냥한 엄마 손가락, 이 손가락 멋쟁이 언니 손가락, 이 손가락 인형 같은 아우 손가락, 이 손가락 귀여운 아기 손가락. (번갈아 가면서 읽기.) T : 정말 잘했어요. 이번 달 고사성어, 속담, 새 노래, 동시 들을 잘 기억하도록 해요.	
11:50~12:00 입실 지도 및 식사 준비	① 유아들을 각 반으로 내려보낸 후 식사 준비. ② 식탁 매트를 가져와 자기 자리에 놓기. ③ 자기 가방을 가져와 도시락 준비. ④ 7세들은 식사당번을 번갈아가며 물 종지, 행주, 팀 이름 준비.	
12:00~13:10 기도 후 식사 및 정리정돈, 양치질하기	① 기도 후 맛있게 식사. ② 다 먹은 유아는 후식을 먹고 정리정돈. ③ 차례대로 줄을 서서 양치질을 깨끗이 한다.	유의사항 : 먹은 자리를 깨끗하게 정리 정돈한다.
13:10~13:45 6세 블록놀이 7세 체육수업	① 블록놀이. ②체육수업.	
13:45~14:00 손 씻기 및 화장실 다녀오기	① 손 씻기 ② 화장실 다녀오기	유의사항 : 깨끗하게 손을 씻도록 한다.
14:00~14:15 간식 시간	① 간식 지도.	
14:15~14:25 하원 준비 및 하원	① 종일제를 제외한 6세 하원 준비. ② 준비가 마치면 밑으로 내려가 인사를 하고 하원. ① 간식 후 책 읽기.	유의사항 : 책은 제자리에 정리 한다.
14:25~14:35 토픽 발표	① 토픽 발표. T : 토픽 기자 오상민 나오세요. 토픽 노래 시작! C : 토픽 기자님 토픽 들려주세요. 토픽 기자님 토픽 들려주세요. 토(짝짝) 픽(짝짝) 큐~! ○○○ : 〈 거북선 〉 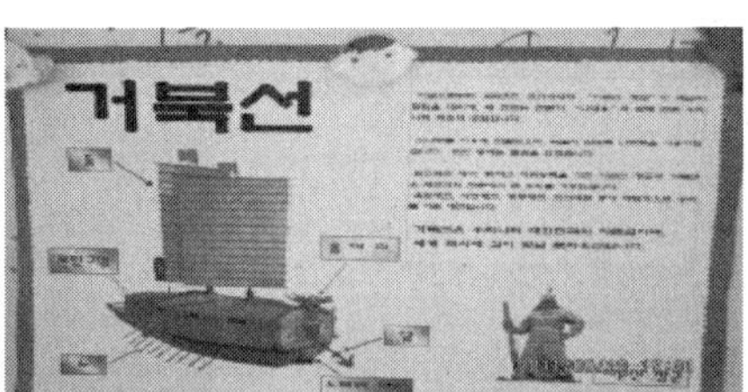 지금으로부터 400년전 조선시대에 "이순신 장군"이 왜군의 침입을 대비	유의사항 : 자기 스스로 반을 찾아갈 수 있도록 한다.

	해, 배 만드는 전문가 "나대용"과 함께 만든 우리나라 최초의 군함입니다. 거북선은 튼튼한 소나무를 이용해 만들었으며, 바닷물 속에서도 녹슬지 않도록 나무못을 사용하였고, 등에는 철갑을 입혔습니다. 뱃머리에는 용모양의 머리를 달아 안에서 불을 피워 입으로 연기가 나오게 만들었으며, 등판에는 침을 꽂아 적들이 거북선 위에 올라타지 못하도록 하였습니다. 또 옆부분에는 대포 구멍을 뚫어 포를 쏠 수 있게 하였습니다. 그 외에 배의 앞쪽 밑에는 적의 배에 부딪쳤을 때 배를 부수고 망가뜨리는 도깨비 머리가 있으며, 배를 움직이는 노, 배를 고정시키는 닻, 바람에 의해 배가 앞으로 가게 하는 돛 등이 있습니다. 임진왜란 당시 뛰어난 지휘능력을 가진 이순신 장군과 거북선은 왜구와의 전투에서 큰 승리를 거두었습니다. 옥포해전, 사천해전, 당포해전, 한산대첩 등이 대표적으로 승리를 거둔 해전입니다. 그러나, 거북선은 이순신 장군이 감옥에 갇힌 사이 "원균장군"이 이끈 칠천량해전에서 적의 공격에 의해 침몰되고 말았습니다. 거북선은 우리나라 대한민국의 자존심이며, 세계 역사에 길이 빛날 문화유산입니다. 이상입니다. C : (박수) T : 역사에 나오는 어려운 말이 있었지만 포기하지 않고 다 읽었어요. 대단하다. 오상민에게 잘했다 박수! C : 잘(짝) 했(짝) 다(짝) T : 선생님이 간단하게 설명해줄게요. 다른 나라가 우리나라 땅을 다 가지고 갈려고 전쟁이 났는데, 바다에서 전쟁은 어떻게 하면 될까요? C : 배타고 싸워요. T : 그래요. 그래서 이순신 장군님이 배 만드는 전문가 나대용과 함께 거북선을 만들었어요. 거북선은 올라타지 못하게 위에 뾰족뾰족한 것이 있구요. 앞에 용머리가 있어서 아주 용감해 보인답니다.	
14:35~15:20 종일반, 별자리 이동 및 수업	① 6세는 종일반 이동 후 수업. · <u>3층 강당 OOO, OOO 선생님</u> 폴라리스 및 아이스타 율동	
	② 7세는 별자리 이동 후 수업. ·<u>고운반 OOO 선생님</u> 다도 : 홍보 접기 - 절 하기 복습. - 홍보 접기 T : 홍보를 접기 전에 두 가지 확인할 것이 있지요. 먼저 가로세로 확인 하구요. 그 다음으로는 볼록 튀어나온 부분(접는 선)이 아래쪽에 있는지 확인합니다. 이제 접어볼 건데요. 친구들이 말을 하면 선생님이 접어볼게요. - 홍보 펴기 - 스트레칭 하기 - 스스로 연습하기 T : 다도는 천천히 생각하면서 부드럽게 하는 거랍니다. 25분까지 스스로 연습하는 시간을 줄 거예요. 종을 치면 접어서 가져오도록 할게요. - 홍보 접기 T : 한번 접어보세요. 선생님이 가르쳐 주지 않고 친구들 스스로 접어볼 거예요. 아주 천천히 해보세요. - 정리하기 T : 다음에도 아주 아주 천천히 해볼게요. 잘했습니다. 앞 줄 친구들 일어나세요. C : 일어났어요. T : 홍보와 방석 정리하구요. 가방 정리하고 앞에 한 줄기차 해주세요.	
15:20~15:40 마무리 및 귀가지도	① 모두 마무리를 하고 하원 준비. ② 하원 준비가 끝이 나면 선생님들과 수녀님과 인사를 하고 하원.	

<table>
<tr><td colspan="2">15:40~16:20
종일제 준비 및
종일제 수업</td><td>〈 상상반 - 손현주 선생님〉
① 여러 가지 도형 이야기
② 창조꾸러기 - 원으로 그린 해바라기
③ 친구들이 그린 해바라기 감상.</td><td>〈맑은반 - 최수린 선생님〉
① 숫자 따라 선 그어 색칠하기.
</td><td></td></tr>
<tr><td colspan="2">16:20~16:30
종일제
귀가지도</td><td></td><td>① 종일제 유아들이 하원 한 후 오늘 하루에 대해 수녀님과 선생님들과 이야기를 나눈다.</td><td>유의사항 : 버스 타기 전 차례 지키기, 바르게 인사하기.</td></tr>
<tr><td rowspan="2">평
가</td><td>실습생</td><td colspan="3">둘째 주 월요일이다. 전체모임시간에 배우는 사자성어와 속담, 새 노래 동시들이 참 좋은 것 같다. 그 시간에 배워, 반으로 돌아와서는 수시로 그것을 반복하고 생각하면서 아이들이 자기 것으로 만들 수 있어 참 좋다. 그리고 주말을 지내고 와서 아이들과 주말에 있었던 일들을 이야기하면서 주말에 어떻게 보냈는지 알 수 있었다. 아쉬웠던 점이 있다면 민수와 지우, 준수 외에 아이들에게 "주말에 뭘 했어요?"라고 상호작용을 해줬으면 좋았을 것 같다. 길게는 아니더라도 간단하게나마 아이들과 의사소통을 하면서 좀 더 많은 상호작용이 했으면 싶은 아쉬움이 남았다. 내일은 아이들과 더 많은 상호작용을 하고 싶다. 그러면서 아이들에 대해 많은 것을 알게 되고 좋을 것 같다. 내일도 귀여운 샛별친구들을 위해서 파이팅!</td></tr>
<tr><td>지도교사</td><td colspan="3"></td></tr>
</table>

애국가

기도 노래 - 주님의 기도

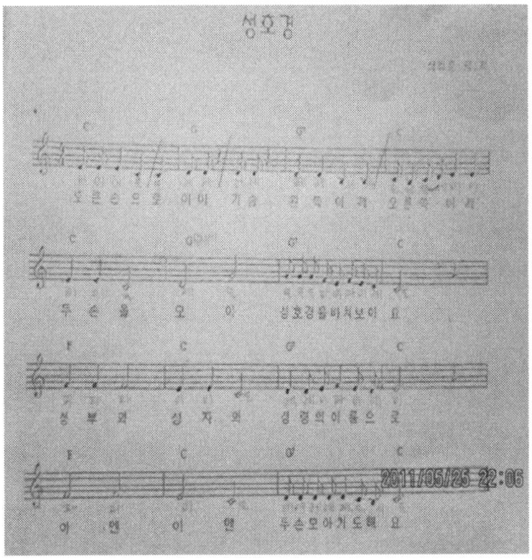

기도 노래 - 성호경

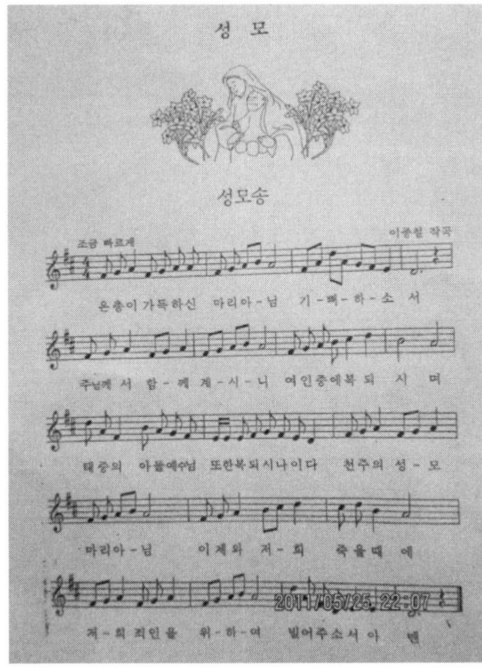

기도 노래 - 성모송

OO유치원 원가

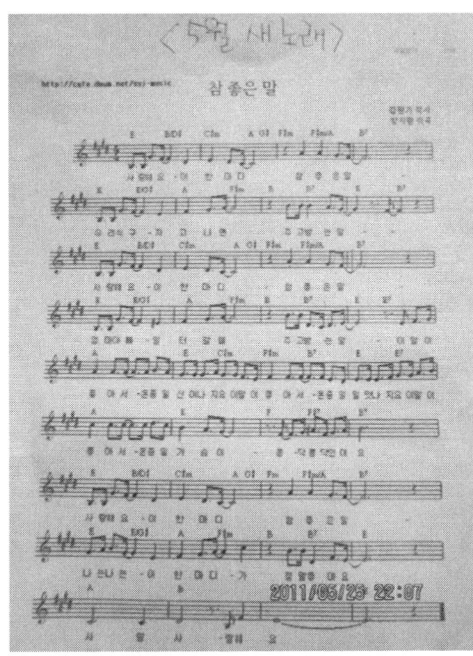

5월 새 노래 - 참 좋은 말

일일교육실습일지

<table>
<tr><td rowspan="2">결
재</td><td>지도교사</td><td>원감</td><td>원장</td></tr>
<tr><td></td><td></td><td></td></tr>
</table>

<table>
<tr><td>일 시</td><td colspan="2">2011년 5월 24일 화요일</td><td>학 급 명</td><td>착한 반</td></tr>
<tr><td>생 활 주 제</td><td colspan="4">나와 가족 · 이웃</td></tr>
<tr><td>일 일 주 제</td><td colspan="4">도움을 주는 이웃, 도움이 필요한 이웃</td></tr>
<tr><td>목 표</td><td colspan="4">· 이웃이 무엇인지 알고, 우리 동네 이웃(같은 아파트에 사는 친구)이 누구인지 말할 수 있다.
· 이웃과 친하게 지내기 위한 방법이 무엇인지 알고, 도움이 필요한 이웃에게 도움을 줄 수 있는 방법을 말할 수 있다.
· 일상생활에서 우리에게 도움을 주시는 분들, 도움이 필요하신 분들을 알고 감사한 마음을 전할 수 있다.</td></tr>
<tr><td rowspan="2">활동유형 및 시간</td><td colspan="3">활 동 내 용</td><td rowspan="2">준비물 및 유의사항</td></tr>
<tr><td>1수준</td><td colspan="2">2수준</td></tr>
<tr><td>09:10 ~ 09:20
등원 및 인사
기도 및 체조</td><td></td><td colspan="2">① 유아들의 등원을 맞이하고 인사를 한 뒤 유아들의 건강상태를 확인.
② 아침기도 및 체조.</td><td></td></tr>
<tr><td>09:20 ~ 09:30
출석카드 및
가방정리</td><td></td><td colspan="2">① 출석카드에 출석도장 찍기.
② 가방을 정리.</td><td>준비물 : 출석카드
유의사항 : 날짜에 맞는 도장을 찍을 수 있도록 하고 차례를 지켜 출석카드를 할 수 있다.</td></tr>
<tr><td>09:30 ~ 10:00
바르게 글쓰기 및 정리정돈, 콩·멸치·우유·누룽지 먹기</td><td></td><td colspan="2" rowspan="2">① 바르게 글쓰기 활동자료를 자기 파일에 넣기.
② 스스로 바르게 글쓰기 활동지를 가져가 바르게 글을 쓴다.
③ 콩, 멸치, 우유 먹기.</td><td>유의사항 :
바르게 글을 쓸 수 있도록 한다.</td></tr>
<tr><td>10:00 ~ 10:20
6세 등원</td><td>① 6세 등원.
② 인사 후 건강상태 확인.
③ 콩, 멸치, 우유 먹기.</td><td></td></tr>
<tr><td>10:20 ~ 10:50
출석체크 및 〈동화나라 어린이 선생님〉 정하기.</td><td colspan="3">① 출석 체크.
T : 친구들이 모두 다 왔는지 출석을 부를 거예요. 파란 반부터 불러볼게요.
② 〈동화나라 어린이 선생님〉 정하기.
T : 오늘은 2011년 5월 24일 화요일입니다.
오늘 날씨는 뿅! 오늘 날씨는 뿅! 어때요?
C : 추워요.
T : 조금 춥지요. 그렇지만 낮이 되면 기온이 올라가서 따뜻해져요. 오늘은 어떤 친구를 초대할거에요. 이 명찰은 노란색 줄도 있고, 귀여운 귀도 있어요. 여기에 뭐라고 적혀 있어요?
C : 동화나라 어린이 선생님.
T : 맞아요. 혹시 놀이터 정자에서 노랑반 친구들이 동화를 듣는 거 본 적이 있나요? 거기서 노랑반 친구들이 도와달라고, "형님답게 동생들도 잘 돌보는 형님 있으면 도와주세요."라고 하길래, 선생님이 "우리 반에 있어요!"라고 말했어요. 그리고 생각 했지요. 누구를 어린이 선생님으로 할까? 생각을 해보다가 멋진 친구를 생각했어요. 요즘 바르게 글쓰기를 열심히 노력하는 친구에요. 또 상
상반에서 간식 받는 동생이 어려워할 때 도움을 주는 멋진
그 형님은요, 바로 바로 오! 상! 민!</td><td></td></tr>
</table>

<table>
<tr><th rowspan="2">활동유형 및 시간</th><th colspan="2">활 동 내 용</th><th rowspan="2">준비물 및 유의사항</th></tr>
<tr><th>1수준</th><th>2수준</th></tr>
<tr><td></td><td colspan="2">C : 와~ (박수)
T : ○○○ 형님은 앞으로 나와 주세요. 조금 있다가 1시가 되면 이 목걸이를 걸고 노랑반으로 가면 되요. 잘 할 수 있나요?
○○○ : 네. 잘할 수 있습니다.
③ 보건소 교육 - 비만예방교육 예고.
T : 조금 있다가 11시부터 3층 강당에서 비만 예방 교육을 한답니다. 올라가서 비만이 무엇인지, 비만예방교육은 무엇인지 잘 들어보고 내려와서 이야기 나누도록 해요.</td><td></td></tr>
<tr><td>10:50 ~ 11:00
3층 강당으로 이동</td><td colspan="2">① 보건소 비만 예방 교육을 듣기 위해 3층 강당으로 이동.</td><td></td></tr>
<tr><td>11:00 ~ 11:40
보건소 비만
예방 교육</td><td colspan="2">① 보건소 비만 예방 교육 - '멋쟁이 토마토' 율동
T : 집에 가면 부모님들이 일찍 자고 일찍 일어나야 된다고 하시죠?
C : 네, 성장 호르몬이 많이 나오라고요.
T : 네, 맞았어요. 그리고 음식을 골고루 먹어야 된다고 말씀 하시죠?
C : 네, 튼튼해지라고요.
T : 어린이 여러분, 정말 똑똑하네요. 마지막으로 세 번째는 열심히 지금부터 선생님 따라 운동을 하면 날씬하고 키 큰 어린이가 되요. 친구들 멋쟁이 토마토 노래 알아요?
C : 네.
T : 그렇구나. 그 노래에 맞춰서 율동을 할 건데요. 잘 따라하면 재미있는 게임도 할 거니까 잘 해야겠죠?
C : 네.
T : 자 그럼 해보기 전에 선생님 따라서 한번 해봐요.
(준비 운동 : 목 돌리기 - 어깨 돌리기 - 허리 돌리기 - 무릎 돌리기 - 발 돌리기)
〈 '멋쟁이 토마토' 에 맞춰 율동 〉
② 보건소 비만 예방 교육 - 기차 게임
T : 지금부터 기차를 만들 거에요. 앞 친구 어깨에 손을 올려볼까요?
1번 기차가 다녀오면 2번 기차가 갈 수 있고, 2번 기차가 다녀오면 그 다음 기차가 갈 수 있어요. 잘 할 수 있겠나요?</td><td></td></tr>
<tr><td>11:40 ~ 11:50
이야기 나누기</td><td colspan="2">① '오리 가족' 손유희로 주의 집중.
T,C : 아빠 오리가 점심 가지고 소풍을 간다. 뒤뚱~
돌다리를 건너서, 언덕을 넘으면, 야~ 시냇물이 흐르는
즐거운 오리 소풍, 뒤뚱!
엄마 오리가 점심 가지고 소풍을 간다. 뒤뚱~
돌다리를 건너서, 언덕을 넘으면, 야~ 시냇물이 흐르는
즐거운 오리 소풍, 꽥꽥!
아기 오리가 점심 가지고 소풍을 간다. 뒤뚱~
돌다리를 건너서, 헥헥~ 언덕을 넘으면, 헥헥~ 시냇물이 흐르는, 헥헥~
즐거운 오리 소풍, 헥헥!
할아버지 오리가 점심 가지고 소풍을 간다. 뒤뚱~
돌다리를 건너서, 아이고 허리야~ 언덕을 넘으면, 아이고 허리야~
시냇물이 흐르는, 아이고 허리야~ 즐거운 오리 소풍, 뒤뚱!
② 비만 예방 교육에 대해 이야기 나누기.
T : 강당에서 뭐했어요?
C : 체조 했어요.
T : 체조 왜 했어요?
C : 다이어트. 살찌지 말라고.
T : 맞아요. 날씬한 친구들은 달리기 어때요?</td><td>유의사항 :
바른 자세로
이야기 나누기.</td></tr>
</table>

	C : 잘해요. T : 날씬한 친구들은 달리기를 잘하지만 뚱뚱한 친구들은 달리기 하면 힘이 들죠? 뚱뚱하다는 말을 어려운 말로 '비만'이라고 해요. 비만이 되지 않게, 뚱뚱해지지 않게 하기 위해 체조를 했답니다. ③ 이웃에 대해 이야기 나누기. T : 자, 선생님이 친구를 데려 왔어요. 이 친구의 이름은 민호에요. 집에서 혼자 노니까 너무 심심해서 옆집에 지현이라는 예쁜 여자친구와 같이 재미있게 놀고 있었어요. 근데 놀이터에서 신나게 놀고 있는데, 너무 깜깜해 버렸 지 뭐에요. 지현이는 그만 울고 말았어요. 그 때였어요. 동네 아저씨가 지현이가 울고 있는 것을 보고는 "민호랑 지현이 왜 울고 있어?"라고 물어보자 지현이가 "너무 깜깜해서 못 가겠어요." 라고 했어요. 그러자 아저씨가 "넌 우리 바로 윗 층에 살잖아. 같이 가자." 하면서 민호와 지현이를 집에 데려다 주셨답니다. 이 아저씨는 어디에 산다고 했어요? C : 지현이 윗 층. T : 민호는? C : 옆 집이요. T : 맞아요. 지현이와 민호를 데려다 주신 분은 같은 동네에 사는 동네 아저씨에요. 가족은 아니지만 가까운 곳에서 사는 사람들을 어려운 말로 '이웃'이라고 해요. 같은 아파트에 사는 사람들을 이웃사촌이라고 한답니다. 이웃사촌이랑 친하게 지내려면 어떻게 해야 해요? C : 도와줘요. T : 같은 아파트에 사는 어떤 아줌마가 애기도 업고 짐도 들고 있으면 어떻게 해야 해요? C : 짐을 들어줘요. T : 맞아요. 짐을 들어주면 더 기분이 좋겠죠? 또 어떤 것이 있을까? C : 어른에게 인사를 잘해요. T : 우리 성현이 생각과 선생님의 생각이 똑같네요. 그래요. 우리는 이웃이니까 서로 도와줘야 하겠죠. 인사도 바르게 안녕하십니까? 하면 더 사이좋고 기분 좋게 지낼 수 있대요. 우리 친구들이 말한 대로 지킬 수 있나요? C : 네!	
11:50 ~ 12:10 식사 준비	① 각 팀별로 식사 준비. ② 식탁 매트를 가져와 자기 자리에 놓기. ③ 자기 가방을 가져와서 도시락 준비. ④ 7세들은 식사당번을 번갈아가며 물 종지, 행주, 팀 이름 준비.	준비물 : 도시락
12:10 ~ 13:20 기도 후 식사 및 정리정돈, 양치질하기	① 기도 후 맛있게 식사. T : 기도 손. C : 아멘. T.C : 성부와 성자와 성령의 이름으로 아멘. 주님, 은혜로이 내려주신 이 음식과 저희에게 강복하소서. 아멘. C : 선생님들 먼저 드세요. 맛있게 잘 먹겠습니다. 선생님 먼저 드세요~ ② 다 먹은 유아는 후식을 먹고 정리정돈. ③ 차례대로 줄을 서서 양치질을 깨끗이 한다.	유의사항 : 먹은 자리를 깨끗하게 정리 정돈한다.
13:20 ~ 13:50 6세 바깥놀이 7세 체육수업	① 바깥놀이 및 소 운동회 연습. ② 체육수업.	
13:50 ~ 14:00 손 씻기 및	① 손 씻기 ② 화장실 다녀오기	유의사항 : 깨끗하게 손을 씻도록 한다.

<table>
<tr><td>화장실 다녀오기</td><td colspan="2"></td><td></td></tr>
<tr><td>14:00 ~ 14:20
간식 시간</td><td colspan="2">① 기도 후 간식 지도.
T : 기도 손.
C : 아멘.
T,C : 성부와 성자와 성령의 이름으로 아멘. 간식 주신 하느님께 늘 감사드립니다. 아멘.
C : 선생님들 먼저 드세요. 맛있게 잘 먹겠습니다. 선생님 먼저 드세요~</td><td></td></tr>
<tr><td>14:20 ~ 14:30
하원 준비 및 하원</td><td>① 6세 하원 준비.
② 준비가 마치면 밑으로 내려가 인사를 하고 하원.</td><td>① 바르게 글쓰기 칭찬.
T : 바르게 글쓰기 칭찬하겠습니다.
② 칭찬카드 주기.
T : 이상원, 최예령, 진선두, 정다현, 서근영. 받은 5명은 많이 노력했네요. 그 점을 칭찬합니다.</td><td></td></tr>
<tr><td>14:30 ~ 14:50
동화 듣기</td><td></td><td>① 동화 듣기 - "내 동생 김점박"

T : 동화 노래 시작!
C : 선생님 손에서 그림동화나라 나와라. 선생님 손에서 그림동화나라 나와라. 시(짝짝) 작(짝짝) 큐~!
T : 내 동생 김점박.
〈동화 내용〉
서니의 집에는 여섯 식구가 삼. 막내 서니의 소원은 귀여운 동생이 생기는 것. 그러던 어느 날 서니에게 귀여운 점박이 강아지가 생김. 이름을 김점박이라고 짓고 우유도 먹여주고, 재워 주고, 같이 놀아도 주고, 응가도 치워 줌. 어느 날, 옆집에서 예쁜 강아지를 주었는데, 엄마는 둘 중 한 마리만 키워야 한다고 함. 결국 점박이를 할머니 댁에 데려다 주었는데, 점박이가 개집을 끌고 서니의 뒤를 따라옴. 서니와 점박이는 다시 같이 살게 됨. 가족들과 자장면 집에서 식사를 하고 서니는 언니들 몰래 점박이에게 줄 만두를 가방에 넣음. 집에 돌아가 보니 점박이는 보이지 않음. 하나, 둘, 셋, 넷, 다섯... 아홉 반, 아홉 반의 반.... 그래도 점박이는 돌아오지 않음.
T : 점박이가 왔을까요? 어떻게 됐을까?
C : 죽었을 거 같아요.
C : 돌아 왔을 거 같아요.
T : 그림만 다시 보고 어떻게 되었는지 생각해 보기로 해요.
(그림만 보기)
C : 죽은 거 같아요.
C : 외할머니 집으로 간 거 같아요.
T : 이 동화책에 나오는 김점박은 실제로 글쓴이의 강아지였대요. 잃어버린 줄 알고 있었는데 아중에 알고 보니까 어머니가 점박이를 팔아서 그 돈으로 자장면을 먹었다고 하네요.
C : 선생님 동화 들려 주셔서 감사합니다.</td><td>준비물 : '내 동생 김점박' 동화책

유의사항 :
동화를 들을 때에는 바른 자세로 듣는다.</td></tr>
</table>

<table>
<tr><td colspan="2">14:50 ~ 15:20
별자리 수업</td><td>① 별자리 수업.
· 예쁜반 이은화 선생님
집중력 : 젓가락 바르게 잡기, 바둑알 가로로 놓아보기.
- 젓가락 바르게 잡기, 뽕뽕이 옮기기, 젓가락으로 박수 치기.
- 바둑판과 바둑알 가져오기.
- 바둑판의 9개의 점에 바둑알 놓아보기.
- 바둑알 가로로 놓기.
T : 오늘은 가로를 배울 거에요. 자기 앞 첫 점에서 끝 점까지 가로로 놓아 볼게요.
- 일회일수규칙 알기.
T : 한 번에 한 번만 놓을 수 있는 규칙을 일회일수 규칙이라고 합니다.
두 사람이 번갈아가면서 한번 씩만 놓아요.
(○●○●○●....)
한 번에 하나만 놓아야 해요. 지키지 않으면 반칙입니다. 반칙이란 규칙을 지키지 않았기 때문에 더 이상 오목을 둘 수 없다는 말입니다.
- 정리하기.
T : 오늘은 가로를 배웠습니다. 다음 시간에는 세로로 놓아보고, 또 일회일수 규칙으로 해볼게요. 바둑알 먼저 갖다 놓고 그 다음에 바둑판 정리하도록 해요.</td><td></td></tr>
<tr><td colspan="2">15:20 ~ 15:40
마무리 및
귀가지도</td><td>① 모두 마무리를 하고 하원 준비.
② 하원 준비가 끝이 나면 선생님들과 수녀님과 인사를 하고 하원.</td><td>유의사항 :
종일제 없는 날</td></tr>
<tr><td rowspan="2">평
가</td><td>실습생</td><td colspan="2">이야기 나누기를 통해 이웃이 우리에게 도움을 줄 수도 있고, 반대로 우리가 이웃을 도와줄 수도 있다는 것을 알 수 있었다. 유아들이 오늘 비만예방교육을 통해서도 알 수 있었지 않았나하는 생각이 든다. 영천 보건소에서 우리에게 도움을 주기 위해 비만을 예방하는 체조도 알려주었다고 이야기를 덧붙였으면 좋았을 거 같다. 곧 부분수업도 하고 전체수업도 하게 되는데, 내일부터는 선생님이 어떻게 하는지 더욱 꼼꼼히 살펴보아야겠다. 내일도 샛별 착한 반 파이팅!</td></tr>
<tr><td>지도교사</td><td colspan="2"></td></tr>
</table>

일일교육실습일지

결재	지도교사	원감	원장

<table>
<tr><td>일 시</td><td>2011년 5월 25일 수요일</td><td>학 급 명</td><td>착한 반</td></tr>
<tr><td>생 활 주 제</td><td colspan="3">나와 가족 · 이웃</td></tr>
<tr><td>일 일 주 제</td><td colspan="3">창작예술스튜디오 견학, 7세 과학 수업</td></tr>
<tr><td>목 표</td><td colspan="3">· 공공장소에서 지켜야 할 예절을 알고, 미술관에서의 예절을 지킬 수 있다.
· 자석에 붙을 수 있는 물건을 알고, 그 물건을 이용하여 '꽃밭의 나비'를 만들 수 있다.</td></tr>
</table>

<table>
<tr><td rowspan="2">활동유형 및 시간</td><td colspan="2">활 동 내 용</td><td rowspan="2">준비물 및 유의사항</td></tr>
<tr><td>1수준</td><td>2수준</td></tr>
<tr><td>09:10 ~ 09:20
등원 및 인사
기도 및 체조</td><td></td><td>① 유아들의 등원을 맞이하고 인사를 한 뒤 유아들의 건강상태를 확인.
② 아침기도 및 체조.</td><td></td></tr>
<tr><td>09:20 ~ 09:30
출석카드 및
가방정리</td><td></td><td>① 출석카드에 출석도장 찍기.
② 가방을 정리.</td><td>준비물 : 출석카드
유의사항 : 날짜에 맞는 도장을 찍을 수 있도록 하고 차례를 지켜 출석카드를 할 수 있다.</td></tr>
<tr><td>09:30 ~ 10:00
바르게 글쓰기 및 정리정돈, 콩 · 멸치 · 우유 · 누룽지 먹기</td><td></td><td>① 바르게 글쓰기 활동자료를 자기 파일에 넣기.
② 스스로 바르게 글쓰기 활동지를 가져가 바르게 글을 쓴다.
③ 콩, 멸치, 우유 먹기.</td><td>유의사항 :
바르게 글을 쓸 수 있도록 한다.</td></tr>
<tr><td rowspan="2">10:00 ~ 10:15
6세 등원 및
이야기 나누기</td><td colspan="2">① 6세 등원.
② 인사 후 건강상태 확인.
③ 콩, 멸치, 우유 먹기.</td><td></td></tr>
<tr><td colspan="2">① 창작예술스튜디오 견학에 대해 이야기 나누기.
T : 오늘은 창작예술스튜디오에 갈 거에요. 그 곳은 뭐하는 곳일까요?
C : 미술관!
T : 맞아요. 그럼 미술관에 가서 어떻게 해야 되요?
C : 얌전히 있어야 해요.
T : 왜 조용히 해야 해요?
C : 다른 사람에게 방해가 돼서 조용히 해야 해요.
T : 맞았어요. 여기는 창작예술스튜디오라고, 화가들이 그림을 전시하는 곳이기도 하고, 작가들이 예술품이나 조각품, 조형들을 전시하는 곳이에요. 혹시 미술관이나 박물관 가 본 친구 있나요?
C : 저요.
T : 거기서 지켜야 할 약속은 무엇이 있을까요?
C : 조용히 해야 되요. 걸어 다녀야 해요. 마음대로 만지면 안돼요. 선생님을 잘 봐야 해요.
T : 그래요. 그 다음 제일 중요한 게 있어요. 뭘까?
C : 만지지 말아요.</td><td>유의사항 :
창작예술스튜디오에서 지켜야 할 약속을 기억한다.</td></tr>
</table>

<table>
<tr><th rowspan="2">활동유형 및 시간</th><th colspan="2">활 동 내 용</th><th rowspan="2">준비물 및 유의사항</th></tr>
<tr><th>1수준</th><th>2수준</th></tr>
<tr><td></td><td colspan="2">T : 맞아요. 손으로 만지지 말고, 어떻게?
C : 눈으로만 봐요.
T : 그래요. 그럼 왜 조용히 해야 할까요?
C : 다른 사람이랑 함께 보니까요.
T : 그럼 왜 뛰면 안 될까요?
C : 뛰다가 사진을 깰 수도 있어요.
T : 그래요. 뛰다가 벽에 부딪혀서 벽에 걸린 액자를 깰 수도 있어요. 그럼 다른 친구들에게 방해가 되겠지요? 그럼 만지지 않고 눈으로만 본다고 했는데 그건 왜 그럴까요?
C : 잠깐만 만져도 깨져서요. 망가져서요. 너무 중요한 게 깨지면 속상해요.
T : 맞아요. 친구들이 열심히 그림을 그렸는데 3살 동생들이 와서 막 만지고 망가뜨리면 친구들은 속상하겠지요? 선생님이 어제 창작예술스튜디오에 가봤어요. 근데 너무 신기한 게 있어서 무엇으로 만들었는지 너무 만져 보고 싶었지만 가까이서 눈으로 보고 문 앞에 설명을 보고 읽었어요. 친구들도 궁금하면 선생님에게 묻거나 거기 계신 선생님에게 물어보도록 해요.</td><td></td></tr>
<tr><td>10:15 ~ 10:30
창작예술스튜디오
출발 및 도착</td><td colspan="2">① 창작예술스튜디오로 출발.
T : 좀전에 선생님이랑 이곳에서 지켜야 할 약속들 기억하나요? 약속지킬 수 있지요?
② 창작예술스튜디오 도착.</td><td></td></tr>
<tr><td>10:30 ~ 11:10
창작예술스튜디오
관람 및 감상</td><td colspan="2">① 창작예술스튜디오에서 지켜야 할 약속 기억하기.
T : 여기는 창작예술스튜디오라고 돼 있지요. 저기에 초대작가 권재현, 김소연씨의 작품이 전시되어 있어요. 안에 들어가서 어떤 목소리로 말해야 할까요?
C : 작게 말해요.
T : 또 어떻게 다닐까요?
C : 걸어 다녀요.
T : 작품을 손으로 만질까? 발로 찰까요?
C : 아니요. 눈으로만 봐요.
② 창작예술스튜디오 관람 및 감상.
 </td><td>유의사항 :
지켜야 할 약속을
잊지 않는다.</td></tr>
<tr><td>11:10 ~ 11:20
유치원
출발 및 도착</td><td colspan="2">① 유치원으로 출발.
② 유치원 도착.</td><td></td></tr>
<tr><td>11:20 ~ 11:30
바깥놀이</td><td colspan="2">① 바깥놀이터 도착.
T : 우리 친구들이 창작예술스튜디오에서 약속을 잘 지켜줘서 선생님이 바깥놀이터로 왔어요. 작품들을 손으로 만지고 싶은데 눈으로만 보는 조절하는 힘을 칭찬해 주고 싶어요. 그래서 칭찬하는 의미로 선생님과 신나게 놀기로 해요. 10분 동안 바깥놀이를 할 거에요.
T : 동그랗게 앉아볼까요? 오늘 갔던 곳은 어디였죠?
C : 창작예술스튜디오!
T : 뭐가 가장 기억에 남아요?</td><td></td></tr>
</table>

<table>
<tr><td></td><td colspan="2">C : 유모차, 정수기, 약, 양복, 병원 옷, 아기, 사람, 전화기, 비너스.
T : 그렇구나. 선생님은 친구들이 만지고 싶은데 잘 조절하여 칭찬해줄려고 바깥놀이를 할 거에요. 바깥 놀이터에서는 걷자고 했나요?
C : 아니요.
T : 바깥놀이터에서는 씩씩하게 뛰어 놀자고 했지요? 지붕이 없어서 소리를 크게 질러도 된다고 했어요. 미술관이랑 바깥놀이터는 같아요?
C : 아니요.
T : 맞아요. 장소가 다른 것처럼 지키는 약속이 달라요. 놀이터와 미술관이 다른 것처럼 여기서는 우리가 정한 약속대로 신나게 놀기로 해요.</td><td></td></tr>
<tr><td>11:30 ~ 11:50
입실지도 및
손 씻기</td><td colspan="2">① 입실 지도.
② 손 씻기 및 화장실 다녀오기.</td><td></td></tr>
<tr><td>11:50 ~ 12:10
식사 준비</td><td colspan="2">① 각 팀별로 식사 준비.
② 식탁 매트를 가져와 자기 자리에 놓기.
③ 자기 가방을 가져와서 도시락 준비.
④ 7세들은 식사당번을 번갈아가며 물 종지, 행주, 팀 이름 준비.</td><td>준비물 : 도시락</td></tr>
<tr><td>12:10 ~ 13:20
기도 후 식사
및 정리정돈,
양치질하기</td><td colspan="2">① 기도 후 맛있게 식사.
T : 기도 손.
C : 아멘.
T,C : 성부와 성자와 성령의 이름으로 아멘.
주님, 은혜로이 내려주신 이 음식과 저희에게 강복하소서. 아멘.
C : 선생님들 먼저 드세요. 맛있게 잘 먹겠습니다. 선생님 먼저 드세요~
② 다 먹은 유아는 후식을 먹고 정리정돈.
③ 차례대로 줄을 서서 양치질을 깨끗이 한다.</td><td>유의사항 :
먹은 자리를 깨끗하게 정리정돈한다.</td></tr>
<tr><td>13:20 ~ 13:50
바깥놀이</td><td colspan="2">① 바깥놀이 및 소 운동회 연습.</td><td></td></tr>
<tr><td>13:50 ~ 14:00
손 씻기 및
화장실 다녀오기</td><td colspan="2">① 손 씻기
② 화장실 다녀오기</td><td>유의사항 : 깨끗하게 손을 씻도록 한다.</td></tr>
<tr><td>14:00 ~ 14:30
간식 시간</td><td colspan="2">① 간식 먹기 전 내일 견학에 대해 이야기 나누기.
T : 내일은 견학 가는 날이에요. 대구에 있는 수목원에 가요. 수목원이 뭐예요?
C : 나무가 많은 곳이요. 좋은 공기가 있는 곳이에요.
T : 맞아요. 나무도 많고, 좋은 공기가 있어서 숨 쉬기 좋은 곳이에요. 그리고 여러 가지 나무들이 많이 있대요. 알고 있는 나무도 있고 처음 보는 모르는 나무들도 있어요. 내일 수목원에 가서 보기로 해요.
그리고 내일 더우면 연못에 들어가서 놀 거예요. 그러니까 무릎까지 오는 스타킹이나 양말을 신고 오세요. 비오면 하늘이 안 보이는 실내로 갈 거예요. 내일은 하복을 입고 오세요. 아침부터 쌀쌀하면 하복 안에 흰색 긴 티 입고 오면 되요. 친구들 알았나요?
C : 네~
② 기도 후 간식 지도.
T : 기도 손.
C : 아멘.
T,C : 성부와 성자와 성령의 이름으로 아멘. 간식 주신 하느님께 늘 감사드립니다. 아멘.
C : 선생님들 먼저 드세요. 맛있게 잘 먹겠습니다. 선생님 먼저 드세요~</td><td></td></tr>
<tr><td>14:30 ~ 14:40
하원 준비 및 하원</td><td>① 6세 하원 준비.
② 준비가 마치면 밑으로 내려가 인사를 하고 하원.</td><td>① 간식 후 책 읽기.</td><td>유의사항 :
책은 제자리에 정리 한다.</td></tr>
<tr><td>14:40 ~ 15:20
7세 과학 수업
[꽃밭의 나비]</td><td colspan="2">① 과학 수업.
T : 오늘 무엇을 해야 되는지 아는 친구 있나요?
C : 저요~ '꽃밭의 나비'입니다.
- 예스사이언스 열기 노래 부르기.</td><td></td></tr>
</table>

<table>
<tr>
<td colspan="2"></td>
<td colspan="2">- 오늘의 동영상 보기.
: 자석으로 나비를 날아오르게 해 봅니다.
: 준비물 : 자석, 클립, 양면테이프, 투명 통, 뚜껑, 줄, 꽃과 나비, 투명 스티커
- 만드는 방법
T : 제일 첫 번째로 해야 하는 게 뭐였어요?
C : 뚜껑 열고 꽃을 넣어요.
T : 어떻게 넣어요?
C : 돌돌 말아서 넣어요.
T : 이렇게 맞아요? 그 다음은 뭐해야해요?
C : 나비 뜯어요.
T : 나비 뜯어서 뭐해야 되요?
C : 클립에 나비 붙여요.
T : 어떻게 붙여요? 선생님은 못 봐서 친구 한명을 초대할거에요. 나와서 붙여 주세요. (붙임) 이렇게 맞아요?
C : 네.
T : 실 넣고 클립 놓고 투명테이프로 붙였어요. 그 다음은 뭐였어요?
C : 자 뜯어서 길이 재요. 그리고 실 길이 재서 테이프로 붙여요.
T : 이렇게 맞아요? 그 다음은 또 어떻게 해요?
C : 뚜껑 닫아요.
T : 닫을까요? 어? 근데 나비가 안 나는데요?
C : 자석을 붙여야 해요.
T : 양면테이프로 자석을 붙여볼게요. 위에 붙여요? 밑에 붙여요?
C : 위에 붙여요.
T : 선생님이 실을 너무 길게 했나 봐요. 천장에 달라 붙어버렸네요. 선생님처럼 실수했을 땐 어떻게 하죠?
C : 도와주세요.
T : 실수했을 때는 "도와주세요."라고 하면 되겠죠? 근데 나비가 왜 붙을까?
C : 자석 때문에요.
T : 맞아요. 자석이랑 클립 때문에 나비가 붙었어요. 친구들이 알려 준대로 만들었더니 이렇게 나비가 날 수 있게 되었어요. 자 이제 팀별로 앉아서 만들어 보도록 할게요.
- '꽃밭의 나비' 만들기.
- 다 만든 친구 이름 적고, 뒷 페이지에 활동지 하기.
: 자석이 멀어지면 나비는 어떻게 될지 그림 그리기.</td>
<td>준비물 : 예스사이언스가방
유의사항 :
준비물을 모두 다
꺼내어 놓지 않고,
필요한 것만
꺼내어 쓴다.</td>
</tr>
<tr>
<td colspan="2">15:20 ~ 15:40
마무리 및
귀가지도</td>
<td colspan="2">① 모두 마무리를 하고 하원 준비.
② 하원 준비가 끝이 나면 선생님들과 수녀님과 인사를 하고 하원.</td>
<td></td>
</tr>
<tr>
<td colspan="2">15:40 ~ 16:20
종일제 준비 및
종일제 수업</td>
<td>〈상상반 - ○○○ 선생님〉
① 시장에 대하여 이야기 나누기.
② 색종이 탐색하기.
③ 색종이로 집을 접어 시장 꾸미기.
④ 시장에 가는 기분 이야기 나누기.</td>
<td>〈맑은반 - ○○○ 선생님〉
① 우리 동네 사람들의 직업에 대해 이야기 나누기.
② 관련된 직업 색칠하기.
③ 우리 동네 사람들에게 고마움 알기.</td>
<td></td>
</tr>
<tr>
<td colspan="2">16:20 ~ 16:30
종일제 귀가지도</td>
<td></td>
<td>① 종일제 유아들이 하원 한 후 오늘 하루에 대해 수녀님과 선생님들과 이야기 나누기.</td>
<td></td>
</tr>
<tr>
<td>평
가</td>
<td>실습생</td>
<td colspan="3">오늘 창작예술스튜디오에 견학을 갔는데, 가기 전에 선생님께서 미술관에서 지켜야 할 예절에 대해 이야기 해주시니 아이들이 약속한 예절을 잘 지켜준 것 같다. 유독 호기심이 많은 몇몇 아이들을 제외하고는 모두들 뛰어다니지도 않고, 작품들을 눈으로만 보았으며, 큰 소리를 내지도 않았다. 조금 아쉬웠던 점이 있다면 큐레이터 선생님의 설명이다. 작품 설명이 아이들이 이해하기에는 조금은 무리가 있는 내용이었다. 다 그랬던 것은 아니었지만 내가 들으면서 과연 아이들이 저 말을 이해할까? 하는 의문이 들었다. 유치원에서 샛별차를 타고 10분도 안 가서 도착한 곳이었기 때문에 가까운 곳에 위치하고 있고, 유치원 주위에 이러한 스튜디오가 있다는 것을 알 수 있었던</td>
</tr>
</table>

		계기가 된 것 같아 좋았다. 그리고 오늘 과학 수업을 했는데, 역시나 과학은 아이들에게 호기심을 자극하기에 충분한 것 같다. 평소에 산만한 아이들도 오늘 만들기를 하면서 집중하는 모습을 발견할 수 있었다. 내일은 대구 수목원 견학이다. 수목원에 가서 아이들이 새로운 것을 많이 알 수 있도록 나도 노력해야겠다.
	지도교사	

일일교육실습일지

결재	지도교사	원감	원장

일 시	2011년 5월 26일 목요일	학 급 명	착한 반
생 활 주 제	나와 가족 · 이웃		
일 일 주 제	○○ 어린이회관 견학 (우천 시 취소 : ○○ 수목원 견학)		
목 표	· 공공장소에서 지켜야 할 예절을 알고, 어린이회관에서의 예절을 지킬 수 있다. · 여러 가지 과학을 직접 체험 해 볼 수 있다.		

활동유형 및 시간	활 동 내 용 (1수준 / 2수준)	준비물 및 유의사항
08:50 ~ 09:00 등원 및 인사, 버스에 탑승	① 유아들의 등원을 맞이하고 인사를 한 뒤 유아들의 건강상태를 확인. ② 비가 와서 유아 등원 하면 바로 바로 차에 탑승.	
09:10 ~ 10:00 어린이 회관으로 출발 및 기도	① 각 반 배정된 버스 탑승. ② 기도하기. ③ ○○ 어린이 회관으로 출발. T : 오늘은 수목원 가는 날이지요? 그런데 밖에 날씨가 어때요? C : 비와요. T : 수목원은 건물 밖에 있어서 구경하려면 비를 다 맞아야 해요. 그래서 오늘은 수목원에 가질 못한답니다. 그래서 오늘은 비를 맞지 않는 대구 어린이 회관으로 가서 구경도 하고, 사진도 찍고, 밥도 먹을 거예요. 어린이회관에 가서 지켜야 할 약속을 또 이야기 하지 않아도 잘 기억할 수 있나요? C : 아니요. T : 그럼 어떻게 해야 하는 지 잘 알고 있겠네요. 그렇죠? C : 네. 뛰어 다니지 말고, 작은 목소리로 말해야 해요.	유의사항 : 버스에서 안전벨트를 착용하도록 한다.
10:00 ~ 10:30 어린이회관 도착, 가방 정리 및 화장실 다녀오기	① 도착을 하면 각 반마다 자리 잡고 돗자리 펴기. ② 돗자리 위에 가방을 가지런히 정리. ③ 화장실 다녀오기.	
10:30 ~ 11:00 놀이방	① 놀이방에서 자유놀이.	유의사항 : 놀다가 다치지 않도록 한다.
11:00 ~ 11:40 1층 - 제 1전시실 (수족관 포함)	① 제 1전시실(거울의 세계, 요술거울, 메아리 터널, 네온터널 등) 체험. ② 1층에 있는 수족관 체험.	유의사항 : 어린이 회관에서 지켜야 할 약속 기억하기
11:40 ~ 11:45 화장실 다녀오기	① 화장실 다녀오기.	
11:45 ~ 11:50 식사 준비	① 도시락을 꺼내 식사 준비.	준비물 : 도시락
11:50 ~ 12:40 기도 후 점심 식사	① 기도 후 점심 식사.	
12:40 ~ 12:50 식사 후 정리정돈	① 다 먹은 유아는 후식 먹기. ② 정리정돈.	유의사항 : 먹은 자리를 깨끗하게 정리한다.

<table>
<tr><th colspan="2" rowspan="2">활동유형 및 시간</th><th colspan="2">활 동 내 용</th><th rowspan="2">준비물 및 유의사항</th></tr>
<tr><th>1수준</th><th>2수준</th></tr>
<tr><td colspan="2">12:50 ~ 13:00
화장실 다녀오기</td><td colspan="2">① 화장실 다녀오기.</td><td></td></tr>
<tr><td colspan="2">13:00 ~ 13:30
2층 - 제 2전시실</td><td colspan="2">① 제 2전시실(틀린그림찾기, 카드뒤집기, 플러스플러스, 도르레, 파이프전화, 토네이도-용오름, 요술북, 고무줄구성놀이, 쌍곡선의 틈, 이상한 창틀 등) 체험.</td><td></td></tr>
<tr><td colspan="2">13:30 ~ 13:50
3층 - 유아오락실</td><td colspan="2">① 유아오락실 체험.</td><td></td></tr>
<tr><td colspan="2">13:50 ~ 14:20
4층 - 박제
전시실</td><td colspan="2">① 박제 전시실(여러 조류, 포유류, 파충류 박제) 관람.</td><td>유의사항 :
손으로 만지지 않는다.</td></tr>
<tr><td colspan="2">14:20 ~ 14:30
화장실 다녀오기</td><td colspan="2">① 화장실 다녀오기.</td><td></td></tr>
<tr><td colspan="2">14:30 ~ 14:45
1층 수족관</td><td colspan="2">① 1층 수족관에서 물고기와 악어 관람.</td><td>유의사항 :
유리를 두드리지 않는다.</td></tr>
<tr><td colspan="2">14:45 ~ 15:35
영천 시민운동장으로 출발</td><td colspan="2">① 우천으로 인한 하원 장소 변경.
② 오늘 하루 체험에 대한 평가 나누기.
T : 오늘 어린이회관을 다녀왔는데, 뭐가 제일 기억에 남았어요?
C : 박제 / 토네이도 / 요술북 / 거울의 세계 / 놀이방 이요.
T : 그렇구나. 친구들 오늘 재미있었어요?
C : 네!</td><td>유의사항 :
다른 피곤한 친구들을 위해 배려하는 마음을 갖고 조용히 한다.</td></tr>
<tr><td colspan="2">15:35 ~ 16:00
귀가지도</td><td colspan="2">① 유아들 하원 준비.
② 부모님이나 가족 분들이 오시면 선생님들과 수녀님과 인사를 하고 하원.</td><td></td></tr>
<tr><td colspan="2">16:00 ~ 16:20
샛별유치원
출발 및 도착</td><td colspan="2">① ○○유치원으로 출발.
② ○○유치원으로 도착.</td><td></td></tr>
<tr><td colspan="2">16:20 ~ 17:00
종일제 준비 및
종일제 수업</td><td colspan="2">〈상상반 - ○○○ 선생님〉 ※상상반과 맑은반 = 합반</td><td></td></tr>
<tr><td rowspan="2">평
가</td><td>실습생</td><td colspan="3">오늘 부득이하게도 수목원에 가지 못했다. 하지만 날씨에 영향을 받지 않는 실내공간인 대구 어린이회관으로 장소를 옮겼지만, 아이들이 과학의 원리에 접근할 수 있었던 기회여서 참 좋았다. 그곳에는 우리 유치원 말고도 다른 학생들도 많았다. 다른 학생들은 이리 저리 뛰어다니며 시끄럽게 했지만 우리 샛별친구들은 뛰지도 않고 시끄럽게 소리도 지르지 않으며 바르게 약속을 잘 지켜주었다. 그리고 여러 가지 과학을 직접 체험해 볼 수 있도록 많은 과학적 요소들이 많이 있었다. 성인인 나도 신기하고 재미있었던 것이 많았는데, 한창 호기심 발달이 풍부한 친구들은 얼마나 신기하고 재미있었을까 싶다. 이런 아이들에게 정말 좋은 기회가 되었던 것 같고, 와 봤던 친구들은 다시 체험을 하면서 더욱 많은 것을 깨닫고, 처음 와 본 친구들은 색다른 체험의 기회가 되었으리라 생각한다. 내일은 부분수업 발표하는 날이다. 아쉽게도 이런 저런 행사와 견학으로 인해 수업참관의 기회가 많지는 않았으나, 선생님의 유아지도방법을 되짚어보며 부드럽게 진행 될 수 있도록 노력해야겠다.</td></tr>
<tr><td>지도교사</td><td colspan="3"></td></tr>
</table>

일일교육실습일지

결재	지도교사	원감	원장

일 시	2011년 5월 27일 금요일	학 급 명	착한 반
생 활 주 제	나와 가족 · 이웃		
일 일 주 제	우리 동네 지도		
목 표	· 우리 동네의 모습과 특징을 알고, 친구와 협력하여 우리 동네를 여러 가지 재료로 꾸밀 수 있다. · 우리 동네에는 다양한 형태의 건물이 있음을 알고, 장소와 위치를 그림이나 붙이기로 표현할 수 있다.		

활동유형 및 시간	활 동 내 용		준비물 및 유의사항
	1수준	2수준	
09:10 ~ 09:20 등원 및 인사 기도 및 체조		① 유아들의 등원을 맞이하고 인사를 한 뒤 유아들의 건강상태를 확인 ② 아침기도 및 체조.	
09:20 ~ 09:40 출석카드 및 가방정리		① 출석카드에 출석도장 찍기. ② 가방을 정리.	준비물 : 출석카드 유의사항 : 날짜에 맞는 도장을 찍을 수 있도록 하고 차례를 지켜 출석카드를 할 수 있다.
09:40 ~ 10:20 바르게 글쓰기 및 정리정돈, 콩·멸치·우유 먹기		① 바르게 글쓰기 활동자료를 자기 파일에 넣기. ② 스스로 바르게 글쓰기 활동지를 가져가 바르게 글 쓰기. ③ 콩, 멸치, 우유 먹기.	유의사항 : 바르게 글을 쓸 수 있도록 한다.
10:20 ~ 10:40 6세 등원	① 6세 등원. ② 인사 후 건강상태 확인. ③ 콩, 멸치, 우유 먹기.		
10:40 ~ 11:50 부분수업 (이야기 나누기 및 우리 동네 지도 만들기)	① 부분수업. T : 오늘은 2011년 5월 24일 즐거운 금요일입니다. 오늘 날씨는 뿅! 오늘 날씨는 뿅! 어때요? C : 추워요. T : 어제 비가 내려서 좀 춥고, 오늘은 보니까 구름이 있네요. 어제 견학 갔다 왔는데 피곤해요? C : 아니요. 안 피곤해요. T : 친구들은 건강하네요. 선생님은 어제 피곤해서 잠깐 누웠다가 눈을 뜨니까 아침이었어요. 근데 친구들을 보니까 힘이 난답니다. 오늘은 선생님이 아닌, 강민진 선생님이 친구들과 재미있는 활동을 할 거예요. 우리 강민진 선생님을 초대해볼까요? C : 강민진 선생님~ 초대합니다! ② 수수께끼로 주의 집중. S : 오늘은 선생님이랑 재미있는 활동을 해 볼 거예요. 선생님이 수수께끼를 낼 테니까 한번 맞춰보도록 해요. 그런데, 답을 알 거 같은 친구는 말하지 않고 조용히 손만 들어주기로 해요. · 이것은 종이로 만들어졌어요. · 이것은 우리 동네 이름이 적혀 있어요.		준비물 : 바구니 4개, 전지, 색종이, 사인펜, 색연필, 연필, 지우개, 가위, 풀, 미션카드, 미션카드를 담을 토순이

<table>
<tr><th rowspan="2">활동유형 및 시간</th><th colspan="2">활 동 내 용</th><th rowspan="2">준비물 및 유의사항</th></tr>
<tr><th>1수준</th><th>2수준</th></tr>
<tr><td></td><td colspan="2">· 이것은 내가 길을 모를 때 보면 알 수 있어요.
· 이것은 우리 동네만 있는 것도 있고, 대한민국이 있는 것도 있고, 세계 여러 나라가 있는 것도 있어요. 이것은 무엇일까요?
C : 지도!
S : 맞았어요. 바로 바로 지도랍니다. 지도를 살펴보면 우리 동네가 어디에 있는지, 우리 유치원이 어디에 있는지 찾아볼 수 있죠. 지도는 우리가 빠르고 쉽게 길을 찾을 수 있게 도와줘요.
③ 우리 동네에는 무엇이 있는지 이야기 나누기.
S : 선생님이 지도를 가지고 왔는데, 어디 있을까요?
C : 손에 있어요?
S : 짠, 선생님은 화면으로 영천의 지도를 볼 수 있게 가져왔어요.
이 지도에는 샛별유치원도 있고, 시청도 있고, 창신 아파트도 있고 보건소도 있어요. 또 뭐가 있을까?
C : 마트, 아파트요.
S : 맞아요. 맞아요. 우리 주위에는 정말 많은 것들이 있다. 그렇지요? 이마트랑 신우유통은 물건을 파는 가게지요? 그럼 학교는 가게일까? 시민 운동장은 가게일까? 은행은 가게일까요?
C : 아니요.
S : 그럼 뭘까요?
C : 같이 쓰는 곳이요.
S : 맞아요. 가게는 물건을 파는 곳이에요. 그리고 학교나, 시민 운동장, 은행은 여러 사람들이 함께 사용하죠? 이처럼 혼자만 쓰는 것이 아니라 여러 사람이 함께 이용하는 곳을 공공기관이라고 한 대요. 그럼 또 다른 공공기관에는 어떠한 것들이 있을까요?
④ '우리 동네 지도' 만들기 방법 설명.
S : 오늘은 우리 동네 지도를 만들어 볼 거예요. 어떻게 만들 수 있을까요?
C : 그림 그려서요.
S : 오늘은 선생님이 팀별로 미션을 줄 거예요. 바로, 지도 만들기 미션이에요.
한명이 우리 동네 지도를 그리면 어때요?
C : 힘들어요.
S : 그렇죠. 혼자서 그 많은 건물들 다 그리고 나무랑 꽃도 그리고 하려면 힘들고, 시간도 엄청 걸리겠죠? 그러니까 친구들이 협동을 해서 지도를 만들어 볼 거예요. 선생님이 미션 카드를 준비했어요.
- 미션카드를 하나씩 보며 설명한다.
⑤ 각 팀별로 정해진 미션 수행하기.
⑥ 지도 만들기.
⑦ 지도를 만들어 게시판에 붙이기.
</td><td>유의사항 :
가게와 공공기관의 차이점을 말해주어 두 기관을 구별할 수 있다.</td></tr>
<tr><td>11:50 ~ 12:10
식사 준비</td><td colspan="2">① 각 팀별로 식사 준비.
② 식탁 매트를 가져와 자기 자리에 놓기.
③ 자기 가방을 가져와서 도시락 준비.
④ 7세들은 식사당번을 번갈아가며 물 종지, 행주, 팀 이름 준비.</td><td>준비물 : 도시락</td></tr>
<tr><td>12:10 ~ 13:20
기도 후 식사</td><td colspan="2">① 기도 후 맛있게 식사.
T : 기도 손.</td><td>유의사항 :
먹은 자리를</td></tr>
</table>

<table>
<tr><td>및 정리정돈,
양치질하기</td><td colspan="2">C : 아멘.
T.C : 성부와 성자와 성령의 이름으로 아멘.
주님, 은혜로이 내려주신 이 음식과 저희에게 강복하소서. 아멘.
C : 선생님들 먼저 드세요. 맛있게 잘 먹겠습니다. 선생님 먼저 드세요~
② 다 먹은 유아는 후식을 먹고 정리정돈.
③ 차례대로 줄을 서서 양치질을 깨끗이 한다.</td><td>깨끗하게 정리 정돈한다.</td></tr>
<tr><td>13:20 ~ 13:50
6세 실내놀이
7세 체육수업</td><td>① 실내놀이.
T : 밖에 비가 와서 오늘은 바깥놀이를 못할 거 같아요. 오늘은 선생님이랑 재미있는 놀이를 할 거예요. 장혜진 선생님팀이랑 강민진 선생님팀 해서 '무궁화 꽃이 피었습니다.' 놀이를 할 거에요. 친구들 이 놀이 알아요?
- 팀을 나누어 팀명 정하기.
- 놀이방법 설명.
- 놀이진행.</td><td>② 체육수업.</td><td></td></tr>
<tr><td>13:50 ~ 14:00
손 씻기 및
화장실 다녀오기</td><td colspan="2">① 손 씻기
② 화장실 다녀오기</td><td>유의사항 : 깨끗하게 손을 씻도록 한다.</td></tr>
<tr><td>14:00 ~ 14:20
간식 시간</td><td colspan="2">① 기도 후 간식 지도.
T : 기도 손.
C : 아멘.
T.C : 성부와 성자와 성령의 이름으로 아멘. 간식 주신 하느님께 늘 감사드립니다. 아멘.
C : 선생님들 먼저 드세요. 맛있게 잘 먹겠습니다. 선생님 먼저 드세요~</td><td></td></tr>
<tr><td>14:20 ~ 14:35
하원 준비 및 하원</td><td>① 6세 하원 준비.
② 준비가 마치면 밑으로 내려가 인사를 하고 하원.</td><td>① 책 읽기.</td><td></td></tr>
<tr><td>14:35 ~ 14:45
별자리 수업 이동</td><td colspan="2">① 별자리 수업 이동</td><td></td></tr>
<tr><td>14:45 ~ 15:20
별자리 수업</td><td colspan="2">· 착한반 ○○○ 선생님
언어 : 책 만들기
T : 오늘은 우리가 지금까지 해왔던 활동들 있지요. '친구가 올까?' 활동지를 모아서 책을 만들 거예요. 순서대로 활동지를 모아서 책을 만들고, 덜 한 거 마무리 하도록 할게요.
- 순서
1. 표지 제목 정하기.
2. 단어 기지 만들기.
3. 비밀 그림 그리기.
4. 동화 내용 순서 맞히기.
5. 책 내용 기억하여 질문에 답하기.
T : 오늘이 '친구가 올까?'의 마지막 활동이에요. 다음 주부터는 다른 활동을 하도록 할게요. 우리가 동극 하기로 했었지요? 동극을 어떤 것 할지 이야기 나누어 볼게요.</td><td></td></tr>
<tr><td>15:20 ~ 15:40</td><td colspan="2">① 모두 마무리를 하고 하원 준비.</td><td></td></tr>
</table>

<table>
<tr><td colspan="2">마무리 및
귀가지도</td><td colspan="2">② 하원 준비가 끝이 나면 선생님들과 수녀님과 인사를 하고 하원.</td><td></td></tr>
<tr><td colspan="2">15:40 ~ 16:20
종일제 준비 및
종일제 수업</td><td>〈 상상반 - 손현주 선생님〉
① 동화 '강아지똥' 내용 기억하기
- 강아지똥은 누구를 도와주었나요?
- 강아지똥은 어떻게 도와주었나요?
② 도움 열매 달기
- 강아지똥이 도움을 준 것처럼 우리도 도움을 줄 거예요.
- 누굴 도와줄까요?
- 어떻게 도와줄까요?
③ 도움 주고 싶은 사람들 생각하여 도움 열매 만들기.
④ 빨간 사과 모양 종이에 내용 적어 상상나무에 달아보자.
⑤ 도움을 주면 나의 기분은 어떤지 이야기 나누기.</td><td>〈맑은반 - 송정남 선생님〉
① 몰펀 블록 놀이
② 자유롭게 색종이 접어보기.</td><td></td></tr>
<tr><td colspan="2">16:20 ~ 16:30
종일제 귀가지도</td><td></td><td>① 종일제 유아들이 하원 한 후 오늘 하루에 대해 수녀님과 선생님들과 이야기를 나눈다.</td><td>유의사항 : 버스 타기 전 차례 지키기, 바르게 인사하기.</td></tr>
<tr><td rowspan="2">평
가</td><td>실습생</td><td colspan="3">오늘 부분수업을 했다. 아이들에게 우리 동네의 모습과 특징을 알려주고, 다양한 형태의 건물이 있음 알려주는 목적으로 수업을 했다. 친구와 협력을 하면서 여러 가지 재료로 지도를 꾸미는 모습을 보니 조금 다행이었다. 아쉬웠던 부분은 가게와 공공기관의 차이점을 설명해주는데, 설명을 잘 못해준 것 같았다. 아이들이 설명이 끝나고 지도를 만들기 시작했을 때 아이들이 "선생님 공공기관이 뭐에요? 도와주세요."라고 했다. 조금 더 쉽게 설명해 줬으면 하는 생각이 들었다. 또한 수업 전체가 조금 아쉬웠었다. 수업에 많은 아쉬움이 남지만 다음 부분수업 때는 준비를 조금 더 많이 해서 아이들에게 알려주어야겠다.</td></tr>
<tr><td>지도교사</td><td colspan="3"></td></tr>
</table>

부분수업계획안

결재	지도교사	원감	원장

<table>
<tr><td>일 시</td><td>2011년 5월 27일 금요일</td><td>학 급 명</td><td>착한 반</td></tr>
<tr><td>생 활 주 제</td><td colspan="3">나와 가족 · 이웃</td></tr>
<tr><td>일 일 주 제</td><td colspan="3">우리 동네 지도</td></tr>
<tr><td>목 표</td><td colspan="3">· 우리 동네의 모습과 특징을 알고, 친구와 협력하여 우리 동네를 여러 가지 재료로 꾸밀 수 있다.
· 우리 동네에는 다양한 형태의 건물이 있음을 알고, 장소와 위치를 그림이나 붙이기로 표현할 수 있다.</td></tr>
<tr><td rowspan="2">활동유형 및 시간</td><td colspan="2">활 동 내 용</td><td rowspan="2">준비물 및 유의사항</td></tr>
<tr><td>1수준</td><td>2수준</td></tr>
<tr><td>10:40 ~ 12:00
이야기 나누기
및
우리 동네
지도 만들기</td><td colspan="2">【 도입 】
① 수수께끼로 주의 집중.
T : 선생님이 수수께끼를 낼 테니까 한번 맞춰보도록 해요. 그런데, 답을 알 거 같은 친구는 어떻게 하면 좋을까? 선생님 생각엔 다른 친구에게 방해되지 않게 손만 들었으면 해요. 할 수 있나요?
· 이것은 종이로 만들어졌어요.
· 이것은 우리 동네 이름이 적혀있어요.
· 이것은 내가 길을 모를 때 보면 알 수 있어요.
· 이것은 우리 동네만 있는 것도 있고, 대한민국이 있는 것도 있고, 세계 여러 나라가 있는 것도 있어요. 이것은 무엇일까요?
C : 지도!
T : 맞았어요. 바로 바로 지도랍니다. 지도를 살펴보면 우리 동네가 어디에 있는지, 우리 유치원이 어디에 있는지 찾아볼 수 있죠.
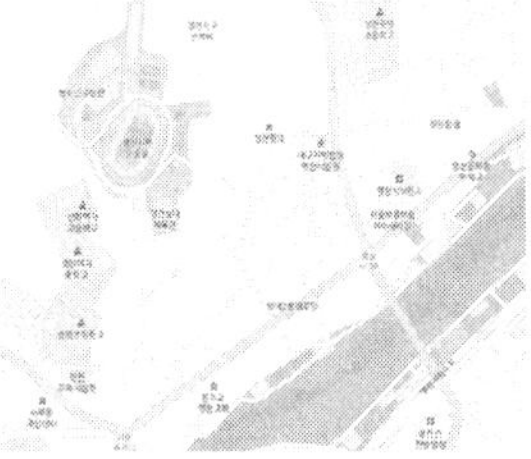 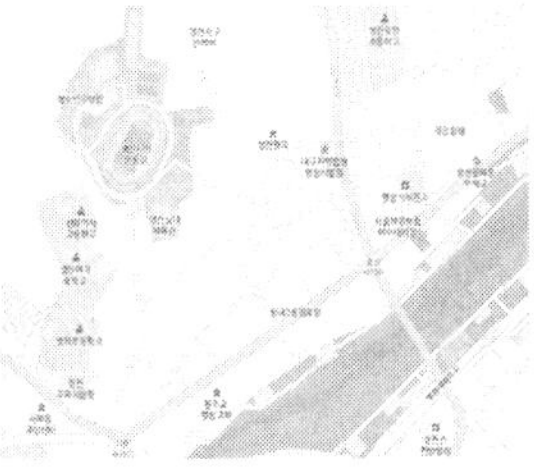
친구들이 만약에 다른 지역에 갔는데, 길을 잃어버렸어요. 그런데 지도가 있으면 어떨까?
C : 길을 찾을 수 있어요. 쉽게 찾을 수 있어요.
T : 그래요. 지도는 우리가 빠르고 쉽게 길을 찾을 수 있게 도와줘요.

【 전개 】
② 우리 동네에는 무엇이 있는지 이야기 나누기.
T : 선생님이 영천의 지도를 가지고 왔는데, 어디 있을까요?
C : 손에 있어요?
T : 짠. 선생님은 화면으로 영천의 지도를 볼 수 있게 가져왔어요. 이 지도에는 샛별유치원도 있고, 시청도 있고, 창신 아파트도 있고 보건소도 있어요. 또 뭐가 있을까?
C : 우체국이요, 전화국도 있어요. 파리바게트도 있어요.</td><td>준비물 :
바구니 4개, 전지,
색종이, 사인펜,
색연필, 연필, 지우개,
가위, 풀, 미션카드,
미션카드를 담을 토순이
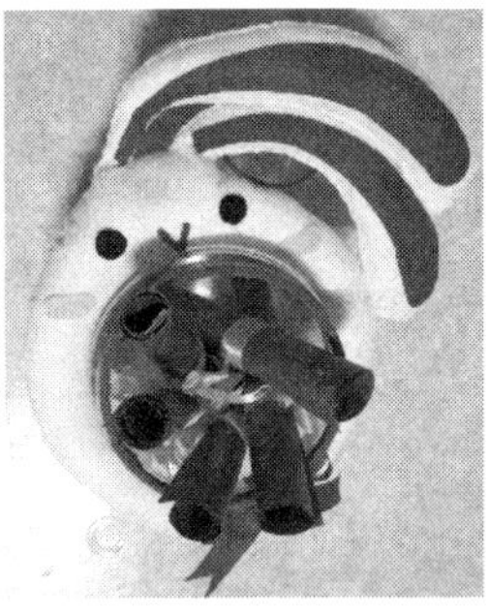</td></tr>
</table>

T : 맞아요. 또 삼산아파트도 있고, 옆으로 가니까 공원도 있고, 약국도 있고 신우유통도 있어요. 또 위로 올라가보니까 뭐가 있어요?
C : 시민 운동장이요.
T : 시민 운동장이 있지요. 옆에 보니까 학교도 있어요. 또 우리 동네 주위에는 뭐가 있을까요?
C : 우체국이요, 전화국도 있어요. 파리바게트도 있어요.
T : 맞아요. 또 삼산아파트도 있고, 옆으로 가니까 공원도 있고, 약국도 있고 신우유통도 있어요. 또 빵집도 있고, 위로 올라가보니까 뭐가 있어요?
C : 시민 운동장이요.
T : 시민 운동장이 있지요. 옆에 보니까 학교도 있어요. 또 우리 동네 주위에는 뭐가 있을까요?
C : 은행도 있어요. 목욕탕도 있어요. 버스터미널도 있어요.
T : 맞아요. 우리 주위에는 나무도 있고 꽃도 있고, 정말 많은 것들이 있다. 그렇지요? 이마트랑 신우유통은 물건을 파는 가게지요? 그럼 학교는 가게일까?
시민 운동장은 가게일까? 은행은 가게일까요? 버스터미널은 가게일까요?
C : 아니요.
T : 그럼 뭘까요?
C : 같이 쓰는 곳이요.
T : 맞아요. 가게는 물건을 파는 곳이에요. 그리고 학교나, 시민 운동장, 은행, 버스터미널은 여러 사람들이 함께 사용하죠? 이처럼 혼자만 쓰는 것이 아니라 여러 사람이 함께 이용하는 곳을 공공기관이라고 한 대요.
그럼 또 다른 공공기관에는 어떠한 것들이 있을까요?

유의사항 :
1. 샛별유치원을 기준으로 지도를 만든다.
2. 협동으로 이루어지는 활동이므로 개별 과제를 제시하여 유아들의 갈등을 최소화한다.

③ '우리 동네 지도' 만들기 방법
T : 오늘은 우리 동네 지도를 만들어 볼 거예요. 어떻게 만들 수 있을까요?
C : 그림 그려서요.
T : 아, 그림을 그릴 수도 있어요. 또 어떻게 만들 수 있을까요?
C : 만들기 해요.
T : 만들기를 할 수도 있어요. 오늘은 선생님이 팀별로 미션을 줄 거예요.
무슨 미션일까?
C : 궁금해요.
T : 바로, 지도 만들기 미션이에요. 한명이 우리 동네 지도를 그리면 어때요?
C : 힘들어요. 오래 걸려요.
T : 그렇죠. 혼자서 그 많은 건물들 다 그리고 나무랑 꽃도 그리고 하려면 힘들고, 시간도 엄청 걸리겠죠? 그러니까 친구들이 협동을 해서 지도를 만들어 볼 거예요. 선생님이 미션카드를 준비했어요. 토순이가 가지고 있는 이 미션카드에는 무엇이 적혀 있을까요?

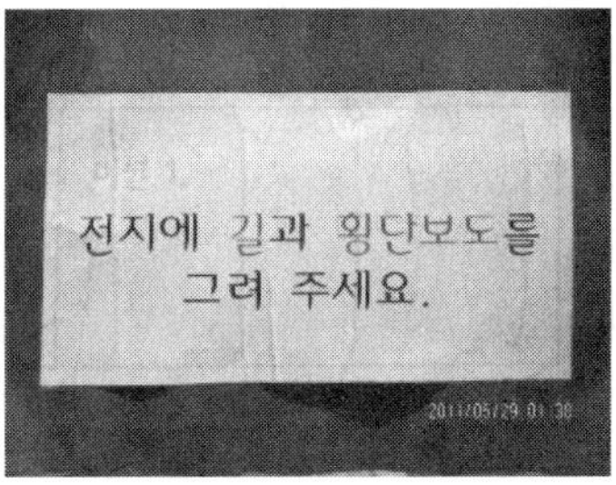

T : 이 미션카드에는 '<u>전지에 길과 횡단보도를 그려주세요.</u>'라고 적혀 있지요.
이렇게 큰 전지에 좀 전에 봤던 지도를 생각하면서 길을 만들고, 또 횡단보도를 그려주면 되요.

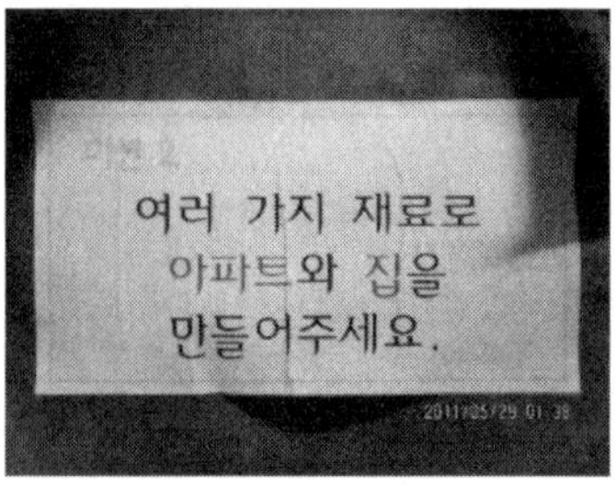

그리고 두 번째 미션카드에는 '여러 가지 재료로 집과 아파트를 만들어주세요.' 라고 적혀 있어요. 선생님이 조금 있다가 한 팀마다 재료를 줄 거예요.
그럼 그 곳에서 자기가 하고 싶은 재료를 찾아서 집이랑 아파트를 만들어주면 되요. 자기가 색종이를 오려서 붙여도 되구요. 그림을 그려서 잘라도 되요.

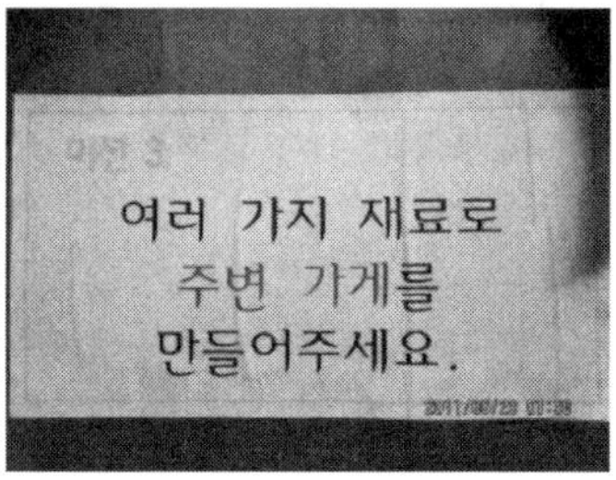

세 번째 미션카드에는 '여러 가지 재료로 주변 가게를 만들어주세요.' 조금 전 가게에는 어떤 것들이 있다고 했어요?

C : 신우유통, 이마트, 빵집
T : 그래요. 또 고깃집도 있을 수 있고, 피자집도 있을 수 있죠. 그리고 마트도 있어요. 이거 말고도 또 생각나는 가게가 있으면 여러 가지 재료를 이용해서 만들어 보도록 해요.

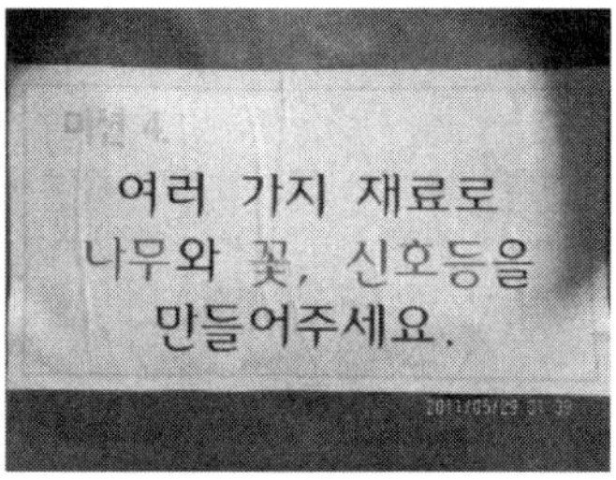

그리고 네 번째 미션카드에는 '여러 가지 재료로 나무와 꽃, 신호등을 만들어주세요.'라고 적혀 있지요. 똑같이 다양한 재료를 이용해서 나무도 만들고, 꽃도 만들고, 신호등도 만들면 되는 거예요.

T : 그리고 마지막 미션카드는 바르게 앉아 있는 친구를 초대해서 확인할 거예요.
진선두형님, 나와 주세요. 뭐라고 적혀 있는지 친구들에게 보여줄까요?
C :

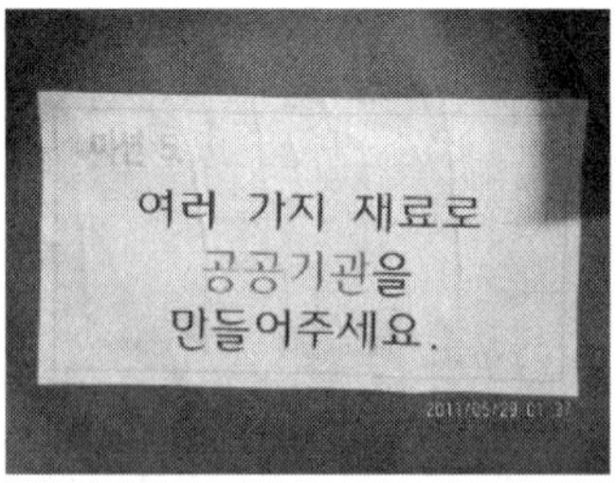

'여러 가지 재료로 공공기관을 만들어 주세요.'

T : 아까 공공기관에는 어떤 것들이 있다고 했어요?
C : 우체국, 은행.

T : 그래요. 우체국, 은행, 시청, 버스터미널, 영천역도 공공기관이 되겠죠. 다양한 재료를 이용해서 공공기관을 만들어주면 미션이 반만 성공하는 거예요.
그럼 나머지 반은 어떻게 하면 미션을 성공할 수 있을까?
C : 다 만든 거 모아서 붙여요.
T : 맞았어요. 자기가 만든 것을 나중에 전지에 붙일 거예요.

④ 각 팀별로 정해진 미션 수행하기.
T : 이제부터 우리 동네 지도 만들기 미션을 시작할건데요. 선생님이랑 약속을 해줘야 해요. 어떤 약속이냐면, 자기가 할 일을 다 했으면 내가 만든 것을 책상 위에 올려놓고 자기 자리를 깨끗하게 정리하면 되는 거예요.
약속 지킬 수 있나요?
C : 네. 지킬 수 있어요.
T : 그럼 자신의 색깔반 가방을 가지고 와서 팀별로 앉아보도록 해요.

⑤ 지도 만들기.
T : 먼저 아파트와 집을 만든 팀 나와주세요. 어디에 놓을까요?
T : 가게 만든 팀 나와주세요. 가게는 어디에 놓으면 좋을까요?
T : 공공기관 만든 팀 나와주세요. 어디에 놓으면 좋을까요?
T : 나무랑 꽃, 신호등 만든 팀 나와주세요. 어디에 놓으면 좋을까요?
(두 팀씩 나와서 붙임.)

【 마무리 】
T : 친구들이 만든 우리 동네 지도에요. 어때요? 진짜 지도 같아요?
C : 네.
T : 더 필요한 것이 있어요? 더 그려 넣을 곳은 없나요?
이거 보고 길 찾아 갈 수 있겠나요?
C : 네. 찾아갈 수 있어요.
T : 우리 친구들 모두 열심히 해주어서 선생님 기분이 좋아서 날아갈 거 같아요.
친구들이 만든 이 지도는 밖에다 붙여 놓을테니까 나중에 한번 더 보고, 친구들이랑 이야기 도 나눠보도록 해요.

평가	실습생의 자기평가	준비기간 동안 계획안을 짜고, 수업자료를 준비하고 했지만 생각 한만큼 수업의 완성도가 높지 않았다. 아이들과 이야기 나누기를 할 때에도 당황스럽고, 어색해서 내가 수업을 시작하는 순간 머리가 하얘지고 아무것도 떠오르지 않았다. 당황했지만 나름 침착하게 수업을 이끌어 갔는

		데, 심장이 너무 쿵쿵거렸다. 이 아이들에게 내가 우리 동네 지도의 모습과 특징을 알려주고, 친구들과 협동하여 다양한 재료로 지도를 만들 수 있도록 해야 하는데, 생각만큼 잘 되지 않았던 것 같아 너무 아쉽다. 그래도 결과물을 보니까 아이들에게 고맙기도 하고 미안하기도 했고, 또 장혜진선생님께도 죄송하고 감사했다. 옆에서 많이 도와주셨는데, 선생님이 아니었으면 난 더욱더 수업이 힘들게 느껴졌으리라 생각한다. 다음 부분수업 때에는 충실하게 준비를 하여 아이들에게 참된 지식을 불어넣어줘야겠다.
	지도교사 의 견	
	수정 및 보완 사 항	

일일교육실습일지

결재	지도교사	원감	원장

<table>
<tr><td>일 시</td><td>2011년 5월 30일 월요일</td><td>학 급 명</td><td colspan="2">착한 반</td></tr>
<tr><td>생 활 주 제</td><td colspan="4">교통기관</td></tr>
<tr><td>일 일 주 제</td><td colspan="4">전체 모임</td></tr>
<tr><td>목 표</td><td colspan="4">· 주말에 있었던 일을 상기해보고, 주말을 어떻게 보냈는지 이야기 할 수 있다.
· 6월의 새 노래, 고사성어와 속담, 새 동시를 알고, 친구들이나 선생님에게 이야기 할 수 있다.</td></tr>
<tr><td rowspan="2">활동유형 및 시간</td><td colspan="3">활 동 내 용</td><td rowspan="2">준비물 및 유의사항</td></tr>
<tr><td>1수준</td><td colspan="2">2수준</td></tr>
<tr><td>09:10 ~ 09:30
등원 및 인사,
기도 및 바깥놀이</td><td></td><td colspan="2">① 유아들의 등원을 맞이하고 인사를 한 뒤 유아들의 건강상태를 확인.
② 아침기도 및 바깥놀이.</td><td></td></tr>
<tr><td>09:30 ~ 09:40
입실지도,
출석카드 및
가방정리</td><td></td><td colspan="2">① 입실 후 출석카드에 출석도장 찍기.
② 가방을 정리.</td><td>준비물 : 출석카드
유의사항 : 날짜에 맞는 도장을 찍을 수 있도록 하고 차례를 지켜 출석카드를 할 수 있다.</td></tr>
<tr><td>09:30 ~ 10:10
바르게 글쓰기 및
정리정돈,
콩·멸치·우유 먹기</td><td></td><td colspan="2" rowspan="2">① 바르게 글쓰기 활동자료를 자기 파일에 넣기.
② 스스로 바르게 글쓰기 활동지를 가져가 바르게 글쓰기.
③ 콩, 멸치, 우유 먹기.</td><td>유의사항 : 바르게 글을 쓸 수 있도록 한다.</td></tr>
<tr><td>10:10 ~ 10:40
6세 등원</td><td>① 6세 등원.
② 인사 후 건강상태 확인.
③ 콩, 멸치, 우유 먹기.</td><td></td></tr>
<tr><td>10:40 ~ 10:45
이야기 나누기</td><td colspan="3">① 주말에 있었던 일을 이야기 나누기.
T : 친구들 주말 잘 보냈어요?
C : 네!
T : 주말에 무엇을 했는지 발표해 볼 친구는 손을 들어주십시오.
정지우 : 네, 선생님. 저는 주말에 엄마, 아빠랑 우방랜드에 갔습니다.
T : 그랬구나. 정말 재미있었겠네요. 우리 이제 전체모임 올라가야 해서, 다른 친구들은 점심 때 조별끼리 이야기 나누도록 해요.</td><td>유의사항 : 다른 사람이 말 할 때에는 바르게 앉아서 듣는다.</td></tr>
<tr><td></td><td colspan="3">① 전체모임
T : 2011년 5월 30일 월요일 전체모임을 시작하도록 하겠습니다.
② 국기에 대하여 경례
③ 애국가 제창 (2절)
동해물과 백두산이 마르고 닳도록 하느님이 보우하사 우리나라 만세.
무궁화 삼천리 화려강산 대한 사람 대한으로 길이 보전하세.
남산 위에 저 소나무 철갑을 두른 듯 바람서리 불변함은 우리 기상일세.
무궁화 삼천리 화려강산 대한 사람 대한으로 길이 보전하세.
④ 선국선열에 대한 묵념</td><td></td></tr>
</table>

<table>
<tr><th rowspan="2">활동유형 및 시간</th><th colspan="2">활 동 내 용</th><th rowspan="2">준비물 및 유의사항</th></tr>
<tr><th>1수준</th><th>2수준</th></tr>
<tr><td>10:45 ~ 11:50
전체모임</td><td colspan="2">⑤ 기도 노래
1. 성호경
2. 주님의 기도
3. 성모송
⑥ 샛별유치원가 제창
⑦ 새 노래 배우기

♥ 간다간다 ♥

간다 간다 간다 간다 골목길로
간다 간다 간다 간다 넓은길로
간다 간다 간다 간다 뛰뛰빵빵
랄라랄라 자동차.
간다 간다 간다 간다 지붕 위로
간다 간다 간다 간다 구름 위로
간다 간다 간다 간다 하늘 높이
랄라랄라 비행기
간다 간다 간다 간다 산을 넘어
간다 간다 간다 간다 강을 건너
간다 간다 간다 간다 굴을 지나
랄라랄라 기-차

T : 이번 달 새 노래 선생님의 힌트는요. 얼굴이 동글동글하구요, 동글동글 안경을 끼지 않았어요. 그리고 갑자기 어제 미용실에 가서 "제 머리카락을 잘라주세요."라고 했대요. 누구실까요?
C : ○○○선생님! 나와주세요~
○○○T : 새 노래 힌트는요. 먼저, 바퀴가 4개가 있어요.
그리고 뛰뛰빵빵 소리가 난대요.
C : 자동차!
○○○T : 또 다른 힌트는요, 구름 위를 갈 수도 있고, 지붕 위를 갈 수도 있어요. 그리고 중국도 가고, 일본도 갈 수 있어요.
C : 비행기!
○○○T : 마지막! 산 있는 곳도 슝슝 지나가구요, 터널도 슝슝 지나갈 수 있어요. 그리고 칙칙폭폭 소리를 낸대요.
C : 기차!
○○○T : 맞는지 한번 볼게요. 새 노래 제목은 '간다간다'에요. 어딜 갈까?
C : 놀러가요. 집에 가요.
○○○T : 노랠 한번 불러볼게요. 윤정은 선생님께 뮤직 큐~! 라고 해요.
C : ○○○ 선생님~ 뮤직 큐!
(노래 부르기)
○○○T : 이 노래 아는 사람 있어요?
C : 네, 저요. 저요.
○○○T : 그럼 가사 읽어보고 율동하면서 노래 불러보도록 해요.
(한 소절씩 부르다가, 3절까지 다 부르면 율동 만들어서 다 같이 부름.)
○○○T : 반에 가서 선생님들과 불러보도록 해요.
⑧ 속담, 고사성어 배우기
○○○T : 다음으로 고사성어 선생님을 불러 볼 거예요. 힌트는, 여자에요.
그리고 안경을 썼어요. 얼굴이 귀엽게 생겼구요. 노란색 옷을</td><td></td></tr>
</table>

입지 않았어요.
C : ○○○ 선생님! 나와주세요~

군계일학(群鷄一鶴)
무리 군(群), 닭 계(鷄), 한 일(一), 학 학(鶴)
무리 중에 한 사람이 뛰어나다.

낮 말은 새가 듣고, 밤 말은 쥐가 듣는다.

○○○T : 6월의 고사성어는 무리 군, 닭 계, 한 일, 학 학 군계일학입니다. 군계일학은 '무리 중에 한 사람이 뛰어나다.'라는 뜻입니다. 파랑반에서 줄넘기를 제일 잘하는 사람을 보고 군계일학이라 해요.
친구들 산토끼 노래 알지요? 그 노래에 맞춰서 선생님이 노래를 지어 왔어요. 한번 들어보도록 해요.
군계일학 무리 군, 닭 계, 한 일, 학 학, 무리 중에 한 사람이 뛰어남을 말함. 읽기! 무리 군, 닭 계, 한 일, 학 학, 무리 중에 한 사람이 뛰어남을 말합니다.
C : 군계일학 무리 군, 닭 계, 한 일, 학 학, 무리 중에 한 사람이 뛰어남을 말함. 읽기! 무리 군, 닭 계, 한 일, 학 학, 무리 중에 한 사람이 뛰어남을 말합니다.
○○○T : 우리 5월에 배운 속담이 뭐였는지 말해볼까요?
C : 열 손가락 깨물어 안 아픈 손가락 없다.
○○○T : 6월 속담은 '낮 말은, 새가 듣고, 밤 말은 쥐가 듣는다.'에요. 이게 무슨 말일까?
C : 몰라요.
○○○T : 내가 혹시 어느 친구가 미워서 미운 점을 막 얘기하는데, 그 친구의 친한 친구가 듣고 그 친구에게 말해줬어요. 그럼 그 친구는 마음이 아프겠지요? 나중에 그 친구가 들을 수 있어요. 말을 조심하면서 해야 해요. 우리 이도언 형님이 씩씩하게 한번 읽어주세요.
이도언 : 낮 말은 새가 듣고!
○○○T : 밤 말은 쥐가 듣는다. 낮 말은 새가 듣고!
이도언 : 밤 말은 쥐가 듣는다. 낮 말은 새가 듣고, 밤 말은 쥐가 듣는다!
○○○T : 이도언 형님이 아주 씩씩하게 해주었네요. 다 같이 씩씩하게 해봐요.
⑨ 동시 배우기.

♥ 달팽이 ♥
비야 비야 내려라. 이슬비야 내려라. 달팽이야 달팽이야 어서 어서 나오너라 뿔도 내고 눈도 내고 춤을 추어라

	○○○T : 마지막 동시 선생님 힌트는요, 하얀색 셔츠를 입고 계세요. 까만색 스타킹도 신으셨구요, 안경을 쓰셨어요. C : 송정남 선생님! 나와주세요~ ○○○T : 선생님은 동시를 알려줄게요. 제목은 달팽이입니다. 달팽이 아는 친구 있어요? C : 비 올 때 봤어요. ○○○T : 그래요. 비 올 때 달팽이를 볼 수 있어요. 자, 동시 따라 해봐요. 비야 비야 내려라 이슬비야 내려라 달팽이야 달팽이야 어서 어서 나오너라 뿔도 내고 눈도 내고 춤을 추어라 (한 줄씩 번갈아 가며 읽어보기.) ○○○T : 다음 시간에는 율동과 함께 읽어보도록 해요. 5살 동생들 교실로 내려가도록 해요.	
11:50 ~ 12:00 입실 지도 및 식사 준비	① 유아들을 각 반으로 내려 보낸 후 식사 준비. ② 식탁 매트를 가져와 자기 자리에 놓기. ③ 자기 가방을 가져와 도시락 준비. ④ 7세들은 식사당번을 번갈아가며 물 종지, 행주, 팀 이름 준비.	
12:00 ~ 13:10 기도 후 식사 및 정리정돈, 양치질하기	① 기도 후 맛있게 식사. ② 다 먹은 유아는 후식을 먹고 정리정돈. ③ 차례대로 줄을 서서 양치질을 깨끗이 한다.	유의사항 : 먹은 자리를 깨끗하게 정리 정돈한다.
13:10 ~ 13:40 바깥놀이 및 소운동회 연습	① 소운동회 연습 및 선수 선발. ② 바깥놀이.	
13:40 ~ 13:45 손 씻기 및 화장실 다녀오기	① 손 씻기 ② 화장실 다녀오기	유의사항 : 깨끗하게 손을 씻도록 한다.
13:45 ~ 14:00 간식 시간	① 간식 지도.	
14:00 ~ 14:30 6세 응원 연습 7세 체육 수업	① 6세 응원 연습. T : 내일 소 운동회지요. 내일 6살 줄넘기 대표는 조의재, 신승원이구요. 훌라우프는 허진영, 황다희입니다. 가족 운동회 때에는 백팀, 청팀 했었죠? 내일은 반 별로 할거에요. 착한반, 예쁜반, 밝은반, 고운반, 맑은반대로 응원할거에요. 선생님이 응원을 지었는데, 선생님이 '으쌰으쌰, 착한반 나와라.' 하면 '으쌰으쌰 착한반 나왔다.'라고 하면 되요. 으쌰 으쌰 착한반 나와라! C : 으쌰 으쌰 착한반 나왔다! T : 착한 반 구호 준비! C : 착! 한! T : 잘했어요. 선생님이 하는 거 알려줄게요. 우리 모두 다 같이 힘을 내(으쌰) 우리 모두 다 같이 힘을 내(으쌰) 착한반 다 같이 힘을 내서 파이팅, 최선을 다하는 착한반. 예~ 선생님이 율동이랑 보여줄게요. (율동과 함께 알려주고, 노래 한번 불러보고 일어나서 응원 연습.)	
	① 7세 체육 수업.	
14:30 ~ 14:40 6세 하원 및 7세 응원 연습	① 종일제를 제외한 6세 하원 준비. ② 준비가 마치면 밑으로 내려가 인사를 하고 하원. ① 7세 응원 연습. : 6세에게 알려주었던 방법대로 7세에게도 응원 법 알려주기.	유의사항 : 구령을 해 줄 친구를 구한다. (조의재, 정다현)
14:40 ~ 15:20 종일반, 별자리 이동 및	① 6세는 종일반 이동 후 수업. · 3층 강당 ○○○, ○○○ 선생님 폴라리스 및 아이스타 율동	

<table>
<tr><td>수업</td><td>② 7세는 별자리 이동 후 수업.
· 밝은반 ○○○ 선생님
사진 : 흑백 기능
- 지난 시간 상기하기.
T : 우리 지난 시간에 뭐했지요?
C : 내가 찍은 사진 지우기, 가까이 보는 거, 멀리 보는 거요.
T : 맞아요. 삭제기능도 배웠구요, 줌인, 줌아웃 기능도 배웠지요.
- 흑백기능에 대해 설명.
T : 오늘은 무엇을 해볼까요? 자, 선생님이 밝은반 바르게 글쓰기 파일을 찍었어요. 무슨 색이에요?
C : 파랑색.
T : 저 뒤에 강민진 선생님 앞치마를 찍었어요. 무슨 색이예요?
C : 분홍색이요.
T : 저기에 있는 피아노를 찍었는데, 무슨 색이에요?
C : 검정색이요.
T : 우리 주변에는 여러 가지 색이 있어요. 양말에도 색이 있고, 의자에도 색이 있어요. 근데 이 많은 색들을 지우게 할 거에요. 어떻게 할 수 있을까?
T : 선생님이 한번 해볼게요. 짠, 우리 색이 사라졌어요.
이 기능은 흑백기능이라고 한 대요. 흑백기능입니다.
C : 흑백기능입니다.
T : 여기에 무슨 색이 있어요?
C : 흰색이랑, 검정색이요. 회색 있어요.
T : 왜 흑백기능이냐면, 한자로 검정색을 흑이라고 하고, 흰색을 백이라고 해요. 흰색과 검정색만 두고 다 사라지게 하는 걸 흑백기능이라고 한답니다.
- 흑백기능 하는 방법 설명.
T : 줌인하는 버튼 밑에 E라고 적힌 버튼이 있어요. 보이나요? 그 버튼을 누르면, 이렇게 종류가 나와요. 그러면 꽃모양 버튼을 한 번 누르고, OK를 누르면 흑백기능이 된답니다.
- 바깥놀이터에서 사진 촬영.
T : 오늘은 색이 사라진 세상을 찍을 거예요.
색깔이 있는 것을 흑백기능으로 찍어보자.
- 다음 시간 알림.
T : 다음 시간에는 친구들이 찍은 사진 중에 잘 찍은 사진을 한 장 골라서, 종이에 프린트를 할 거예요. 그리고 색을 다시 입혀주는 활동을 해보도록 할게요.
 </td><td></td></tr>
<tr><td>15:20 ~ 15:40
마무리 및
귀가지도</td><td>① 모두 마무리를 하고 하원 준비.
② 하원 준비가 끝이 나면 선생님들과 수녀님과 인사를 하고 하원.</td><td></td></tr>
</table>

<table>
<tr><td colspan="2">15:40 ~ 17:20
종일제 준비 및
종일제 수업
(간식 후
바깥놀이)</td><td>〈 상상반 - 손현주 선생님〉
① 하늘 위에서 본 것 말하기.
② 창조꾸러기 - 구름위의 하늘
: 하늘에서 본 것 중 기억나는 것 떠올리기
: 그림으로 표현하기
: 발표하기
: 교통기관 중 하늘에서 다니는 것 말하기
: 다른 친구들의 하늘 감상하기</td><td>〈맑은반 - 최수린 선생님〉
① 책 읽기.
② 바깥놀이.</td><td>유의사항 :
사용한 물건들을 제자리에 바르게 정리한다.</td></tr>
<tr><td colspan="2">17:20 ~ 17:30
종일제 귀가지도</td><td></td><td>① 종일제 유아들이 하원 한 후 오늘 하루에 대해 수녀님과 선생님들과 이야기를 나눈다.</td><td>유의사항 : 버스 타기 전 차례 지키기, 바르게 인사하기.</td></tr>
<tr><td rowspan="2">평
가</td><td>실습생</td><td colspan="3">벌써 3주째다. 이번 주는 행사가 많아서 시간이 금방 지나갈 것 같아서 기분이 묘하다. 남은 기간도 열심히 파이팅해야겠다. 월요일 전체모임에서 새 노래와 고사성어, 속담과 동시를 배우는데 아이들이 모두 활기차고 똑똑하게 잘해주었다. 저번 달 고사성어를 기억하는 것에 대해 기특함을 느낄 수 있었다. 그리고 주말을 지내고 와서 아이들과 주말에 있었던 일들을 이야기하면서 주말에 어떻게 보냈는지 알 수 있었다. 시간이 없어 발표를 모두 하지 못하고 전체모임하러 강당으로 올라갔다. 저번 주처럼 가만히 있지 않고, 오늘은 시간 날 때마다 아이들에게 주말에 뭐했어요? 라고 물어보면서 상호작용을 했다. 아이들이 저는 주말에 뭐 했어요. 라고 말해주고, 또 묻지 않아도 먼저 와서 말해주는 친구도 있었다. 주말을 어떻게 보냈는지 이야기하는 아이들을 보니까 왠지 흐뭇했다. 내일은 소운동회를 하는데, 우리 반뿐만 아니라 다른 모든 샛별 아이들이 활기차고 보람있는 소운동회를 했으면 좋겠다.</td></tr>
<tr><td>지도교사</td><td colspan="3"></td></tr>
</table>

일일교육실습일지

<table>
<tr><td rowspan="2">결
재</td><td>지도교사</td><td>원감</td><td>원장</td></tr>
<tr><td></td><td></td><td></td></tr>
</table>

<table>
<tr><td>일 시</td><td>2011년 5월 31일 화요일</td><td>학 급 명</td><td>착한 반</td></tr>
<tr><td>생 활 주 제</td><td colspan="3">교통기관</td></tr>
<tr><td>일 일 주 제</td><td colspan="3">2차 소운동회</td></tr>
<tr><td>목 표</td><td colspan="3">· 운동회를 하는 목적과 지켜야 할 규칙에 대해 알고, 서로 협동하여 협동심을 기르고 경기의 즐거움을 경험한다.</td></tr>
<tr><td rowspan="2">활동유형 및 시간</td><td colspan="2">활 동 내 용</td><td rowspan="2">준비물 및 유의사항</td></tr>
<tr><td>1수준</td><td>2수준</td></tr>
<tr><td>09:10 ~ 09:20
등원 및 인사,
기도 및 체조</td><td></td><td>① 유아들의 등원을 맞이하고 인사를 한 뒤 유아들의 건강상태를 확인.
② 아침기도 및 체조.</td><td></td></tr>
<tr><td>09:20 ~ 09:30
입실지도,
출석카드 및
가방정리</td><td></td><td>① 입실 후 출석카드에 출석도장 찍기.
② 가방을 정리.</td><td>준비물 : 출석카드
유의사항 : 날짜에 맞는 도장을 찍을 수 있도록 하고 차례를 지켜 출석카드를 할 수 있다.</td></tr>
<tr><td>09:30 ~ 10:00
바르게 글쓰기 및
정리정돈,
콩 · 멸치 · 우유
먹기</td><td></td><td>① 바르게 글쓰기 활동자료를 자기 파일에 넣기.
② 스스로 바르게 글쓰기 활동지를 가져가 바르게 글쓰기.
③ 콩, 멸치, 우유 먹기.</td><td>유의사항 : 바르게 글을 쓸 수 있도록 한다.</td></tr>
<tr><td>10:00 ~10:30
6세 등원 및
응원 연습</td><td>① 6세 등원.
② 인사 후 건강상태 확인.
③ 콩, 멸치, 우유 먹기.</td><td>① 응원 연습.</td><td></td></tr>
<tr><td>10:30 ~ 11:50
소 운동회</td><td colspan="2">① 바깥놀이터 이동.
② 기도 노래(성호경)
T,C : 오른 손으로 이마 가슴 왼쪽 어깨 오른쪽 어깨 두손을 모아 성호경을 바쳐 보아요. 성부와 성자와 성령의 이름으로 아멘 아 멘 두 손 모아 기도해요.
③ 수녀님 말씀.
④ 개회선언
T : 2011년 5월 31일 2차 소운동회를 시작하겠습니다.
⑤ 국민체조
⑥ 반 별로 자리 이동.
⑦ 응원전
- 착한 반
정다현, 조의재 : 으쌰 으쌰 착한 반 나와라!
C : 으쌰 으쌰 착한 반 나왔다!
정다현, 조의재 : 착한 반 구호 준비!
C : 착! 한!
정다현, 조의재 : 착한 반 구호 시작!</td><td>유의사항 : 다른 사람이 말 할 때에는 바르게 앉아서 듣는다.</td></tr>
</table>

<table>
<tr><th rowspan="2">활동유형 및 시간</th><th colspan="2">활 동 내 용</th><th rowspan="2">준비물 및 유의사항</th></tr>
<tr><th>1수준</th><th>2수준</th></tr>
<tr><td></td><td colspan="2">C : 우리 모두 다 같이 힘을 내(으쌰) 우리 모두 다 같이 힘을 내(으쌰)
착한 반 다 같이 힘을 내서 파이팅, 최선을 다하는 착한 반. 예~ 감사합니다.
⑧ 훌라우프
: 대표 - 7세 이상원, 최예령 & 6세 허진영, 황다희
⑨ 줄넘기
: 대표 - 7세 이명훈, 김소은 & 6세 조의재, 신승원
⑩ 줄다리기
: 고운반 & 착한반 (살구팀) VS 예쁜반 & 밝은반 (자두팀)
⑪ 시상식
⑫ 폐회선언
T : 2011년 5월 31일 2차 소운동회를 마치겠습니다.</td><td></td></tr>
<tr><td>11:50 ~ 12:00
입실 지도 및 시상</td><td colspan="2">① 유아들을 각 반으로 입실 지도.
② 칭찬카드 시상.
: 줄넘기 최우수상 이명훈 - 칭찬스티커 3개가 붙어 있는 칭찬카드.
줄넘기 우수상 김소은 - 칭찬스티커 2개가 붙어 있는 칭찬카드.
훌라우프 최우수상 최예령 - 칭찬스티커 3개가 붙어 있는 칭찬카드.
훌라우프 우수상 이상원 - 칭찬스티커 2개가 붙어 있는 칭찬카드.
③ 과자 시상.
T : 새우짱은 우리가 살구팀이지요. 3판해서 몇 판을 이겼나요?
C : 2판!
T : 고운반과 협동해서 2판을 이겼죠? 그래서 우리는 최우수상을 받아서 상품으로 새우짱을 받았어요. 집에 가서 어머니께 "2차 소운동회 때 협동해서 받은 상품이에요. 드셔보세요." 하도록 해요. 이건 집에 갈 때 나누어 줄게요.</td><td></td></tr>
<tr><td>12:00 ~ 12:10
식사 준비</td><td colspan="2">① 식탁 매트를 가져와 자기 자리에 놓기.
② 자기 가방을 가져와 도시락 준비.
③ 7세들은 식사당번을 번갈아가며 물 종지, 행주, 팀 이름 준비.</td><td></td></tr>
<tr><td>12:00 ~ 13:30
기도 후 식사 및 정리정돈, 양치질하기</td><td colspan="2">① 기도 후 맛있게 식사.
② 다 먹은 유아는 후식을 먹고 정리정돈.
③ 차례대로 줄을 서서 양치질을 깨끗이 한다.</td><td>유의사항 : 먹은 자리를 깨끗하게 정리 정돈한다.</td></tr>
<tr><td>13:30 ~ 13:40
짝꿍 바꾸기</td><td colspan="2">① '한국을 빛낸 100명의 위인들'로 주의집중.
② 짝꿍 바꾸기.</td><td></td></tr>
<tr><td>13:50 ~ 14:00
간식 시간</td><td colspan="2">① 간식 지도.</td><td></td></tr>
<tr><td>14:00 ~ 14:30
6세 간식
7세 체육</td><td>① 간식 먹기.</td><td>② 체육 수업.</td><td></td></tr>
<tr><td>14:30 ~ 14:40
1코스 하원 준비</td><td colspan="2">① 종일제를 제외한 6세 하원 준비.
② 유인물 나눠주기.
: 가정통신문, 저금통장, 식단표, 소운동회 상품(스케치북), 과자</td><td></td></tr>
<tr><td>14:40 ~ 14:50
동화 읽기</td><td colspan="2">① 동화 듣기 - "작은 기차"
T : 강민진 선생님께서 동화를 읽어주신대요. 멋지게 들어보도록 해요.
T : 동화 노래 시작!
C : 선생님 손에서 그림동화 나와라. 선생님 손에서 그림동화 나와라. 시(짝짝) 작(짝짝) 큐~!
S : 작은 기차.
〈동화 내용〉</td><td>유의사항 :
별자리 수업 없는 날, 동화를 들을 때 바르게 듣는 힘 가</td></tr>
</table>

	 작은 기차 두 대가 철길을 달려요. 작은 기차 두 대가 서쪽으로 가요. 칙칙폭폭, 칙칙폭폭, 서쪽으로 가는 작은 기차 두 대. 작은 기차 한 대는 날씬한 새 기차, 서쪽을 향해 칙칙칙 달려요. 작은 기차 한 대는 조그만 옛날 기차, 서쪽을 향해 폭폭폭 가요. 내려다봐요, 내려다봐요, 기다란 철길을. 서쪽으로 나 있는 기다란 철길. 작은 기차 두 대가 언덕에 이르렀어요. 서쪽으로 뻗은 높고 큰 언덕. 작은 기차 두 대는 칙칙폭폭 서쪽을 향해, 언덕 속으로 곧장 들어가요. 들여다봐요, 들여다봐요, 길고 어두운 터널 속을. 서쪽으로 뚫린 길고 어두운 터널. 작은 기차 두 대가 강에 이르렀어요. 서쪽으로 흐르는 강. 칙칙폭폭, 칙칙폭폭, 작은 기차 두 대는 서쪽으로 가는 강을 건너요. 내려다봐요, 내려다봐요, 다리 아래를. 서쪽으로 흐르는 깊고 깊은 강. 작은 기차 두 대 위로 비가 내려요. 서쪽으로 가는 작은 기차 두 대 위로. 작은 기차 두 대는 비에 젖어 더욱 검어졌어요. 작은 기차 두 대가 물기를 반짝이며 서쪽으로 갑니다. 눈이 내려 하얗게 땅을 덮었어요. 서쪽으로 가는 작은 기차 두 대도 눈에 덮였지요. 작은 기차 두 대는 하얗고 부드러운 눈 옷을 입고 바삐 달려요. 칙폭 칙폭, 서쪽으로 가요. 달님은 희미하게 빛나는 철길을 비추고, 서쪽으로 가는 작은 기차 두 대를 비춰요. 작은 기차 두 대는 서둘러 달리며 노래를 들어요. 서쪽에 사는 흑인 아저씨 노래를. 내려다봐요, 내려다봐요, 기다란 철길을. 우리가 달려야 할 기다란 철길. 우리가 집으로 돌아가지 전에 지나야 할 기다란 철길과 튼튼한 가로대. 바람이 불어요. 서쪽을 향해 달리는 작은 기차 두 대 주위로 먼지가 일어요. 작은 기차 두 대는 먼지 바람 속을 달려요. 툴툴거리지도 않고, 끽끽거리지도 않고 서쪽으로 가요. 들판을 지나자 산들이 나타났어요. 작은 기차 두 대는 서쪽을 향해 기어올라요. 높고 큰 산들을 오르고, 봉우리를 굽이돌아 넘고, 터널을 지나 서쪽으로 가요. 바다가 드넓어요. 서쪽 땅 너무 파란 바다. 작은 기차 두 대가 멈췄어요. 여행이 끝나고, 작은 기차 두 대는 서쪽 끝에 이르렀답니다. S : 무슨 내용이었을까요? 그림만 보면서 무슨 내용인지 생각해봐요. (그림만 보기) C : 강민진 선생님 동화 들려 주셔서 감사합니다.	지기.
14:50 ~ 15:25 명상 및 우유 달력	① 명상. ② 우유 달력 나눠주기. T : 우유는 어디서 가져 오는 걸까요? C : 소, 농장. T : 그냥 소? C : 젖소. T : 우리가 고기로 먹는 소는 갈색 소구요, 우유를 주는 소는 얼룩무늬 젖소에요. 이 달력은 우유를 먹을 때 가까운 곳 있죠? 그래서 우유를 먹고 나면 스티커를 붙여요. 우리가 우유를 왜 먹을까? C : 키가 커져요. 튼튼해져요. 피부가 좋아져요. 건강해져요. T : 맞아요. 친구들이 말한 것처럼 키도 커지고, 힘도 쎄 지고, 피부도 좋아져요. 그리고 머리가 좋아진대요. 그리고 똥도 잘 누고, 나쁜 병인 암에도 걸리지 않는대요. 왜 우유를 먹으면 그러냐면 우유 속에는 여러 영양소가 골고루 들어 있어서 그렇대요. ③ 우유 달력 찢어서 모아두기. T : 원래는 친구들이 가지고 가서 우유 먹을 때 마다, 여기 보면 친구가 입이 삐죽하게 표정을 짓고 있지요. 그런데 우유를 먹으면 뒷장에 웃고 있는 스티커를 떼서 여기에 붙여주는 거예요. 그럼 우유	

<table>
<tr><td colspan="2"></td><td colspan="2">먹을 때 마다 웃는 표정으로 바뀌겠지요? 작년에 해보니까 친구들이 우유를 먹어도 깜빡하는 친구가 있어서 이거는 선생님이 관리를 할게요. 선생님이 이 달력을 하나씩 줄 테니까 뜯어서 순서대로 모아요. 그런 다음에 선생님한테 주면 되요. 알았나요?</td><td></td></tr>
<tr><td colspan="2">15:25 ~ 15:40
마무리 및
귀가 지도</td><td colspan="2">① 모두 마무리를 하고 하원 준비.
② 하원 준비가 끝이 나면 선생님들과 인사를 하원.</td><td></td></tr>
<tr><td colspan="2">15:40 ~ 17:20
종일제 이동 및
종일제 수업
(간식 후
바깥놀이)</td><td>〈 상상반 - ○○○ 선생님〉
① 롤러 굴려 그림 그리기.</td><td>〈맑은반 - ○○○ 선생님〉
① 놀이동산의 풍선 마음대로 그리기.</td><td>유의사항 :
사용한 물건들을 제자리에 바르게 정리한다.</td></tr>
<tr><td colspan="2">17:20 ~ 17:30
종일제 귀가지도</td><td></td><td>① 종일제 유아들이 하원한 후 오늘 하루에 대해 수녀님과 선생님들과 이야기를 나눈다.</td><td>유의사항 : 버스 타기 전 차례 지키기, 바르게 인사하기.</td></tr>
<tr><td rowspan="2">평
가</td><td>실습생</td><td colspan="3">소운동회를 하면서 아이들이 서로 협동하여 경기를 즐기는 모습을 보니 절로 웃음이 나고 재미있었다. 아직 실력이 부족한 아이들이 그래도 열심히 하겠다고 줄넘기를 넘고, 훌라우프를 돌리고, 또 협동하여 줄을 당기고 하는 모습을 보니까 정말 기특했다. 아이들의 활기차고 열심히 하는 모습이 보기 좋았다.
그리고 반으로 돌아와서 동화를 읽어주었는데, 아이들이 진지하게 동화를 들어주어서 내심 기분이 좋았다. 조금 더 연습해서 목소리 톤도 더 좋아지게 노력해야겠다. 내일 부분수업을 하는데, 아이들이 잘 들어주었으면 좋겠다. 그러려면 열심히 노력을 해야겠지. 파이팅!</td></tr>
<tr><td>지도교사</td><td colspan="3"></td></tr>
</table>

일일교육실습일지

<table>
<tr><td rowspan="2">결
재</td><td>지도교사</td><td>원감</td><td>원장</td></tr>
<tr><td></td><td></td><td></td></tr>
</table>

<table>
<tr><td>일 시</td><td colspan="2">2011년 6월 1일 수요일 | 학 급 명 | 착한 반</td></tr>
<tr><td>생 활 주 제</td><td colspan="3">교통기관</td></tr>
<tr><td>일 일 주 제</td><td colspan="3">육상교통의 종류, 7세 과학수업</td></tr>
<tr><td>목 표</td><td colspan="3">· 육상교통의 종류와 다니는 길을 알고, 육상교통의 공통점을 이야기 할 수 있다.
· 자신이 좋아하는 육상교통을 친구들에게 바른 자세로 이야기 할 수 있다.
· 계단모양 미끄럼대에서 인형이 회전하며 구르는 것을 알고, 재료를 이용하여 '회전하는 인형'을 만들 수 있다.</td></tr>
<tr><td rowspan="2">활동유형 및 시간</td><td colspan="2">활 동 내 용</td><td rowspan="2">준비물 및 유의사항</td></tr>
<tr><td>1수준</td><td>2수준</td></tr>
<tr><td>09:10 ~ 09:20
등원 및 인사,
기도 및 체조</td><td></td><td>① 유아들의 등원을 맞이하고 인사를 한 뒤 유아들의 건강상태를 확인.
② 아침기도 및 체조.</td><td></td></tr>
<tr><td>09:20 ~ 09:30
입실지도,
출석카드 및
가방정리</td><td></td><td>① 입실 후 출석카드에 출석도장 찍기.
② 가방을 정리.</td><td>준비물 : 출석카드
유의사항 : 날짜에 맞는 도장을 찍을 수 있도록 하고 차례를 지켜 출석카드를 할 수 있다.</td></tr>
<tr><td>09:30 ~ 10:00
바르게 글쓰기 및 정리정돈, 콩·멸치·오미자 먹기</td><td></td><td rowspan="2">① 바르게 글쓰기 활동자료를 자기 파일에 넣기.
② 스스로 바르게 글쓰기 활동지를 가져가 바르게 글쓰기.
③ 콩, 멸치, 오미자 먹기.
④ 바닥자리 정하기.</td><td>유의사항 : 바르게 글을 쓸 수 있도록 한다.</td></tr>
<tr><td>10:00 ~10:30
6세 등원</td><td>① 6세 등원.
② 인사 후 건강상태 확인.
③ 콩, 멸치, 우유 먹기.</td><td></td></tr>
<tr><td>10:30 ~ 11:50
6세 체육수업
7세 과학수업
[회전하는 인형]</td><td colspan="2">① 과학 수업. (7세 착한반, 고운반)
T : 먼저 동영상으로 어떤 건지 보도록 할게요.

- 예스사이언스 열기 노래 부르기.
- 오늘의 동영상 보기.
: 미끄럼대와 나무 인형을 이용해 장난감을 만들어봅니다.
: 준비물 : 높은 받침대, 낮은 받침대, 미끄럼대, 나무인형, 목공용품, 사인펜
- 만드는 방법
1. 두 개의 받침대 높이 비교하기.
2. 미끄럼대의 홈에 받침대를 끼워 고정 시키기. (헐거울 경우 목공용 풀 사용)
3. 사인펜으로 나무인형 꾸미기.
4. 나무인형을 미끄럼대의 높은 곳에 올려놓기.
5. 나무인형을 살짝 밀어보기.</td><td>준비물 : 예스사이언스가방
유의사항 :
준비물을 모두 다 꺼내어 놓지 않고, 필요한 것만 꺼내어 쓴다.</td></tr>
</table>

<table>
<tr><th rowspan="2">활동유형 및 시간</th><th colspan="2">활 동 내 용</th><th rowspan="2">준비물 및
유의사항</th></tr>
<tr><th>1수준</th><th>2수준</th></tr>
<tr><td></td><td colspan="2">- 선생님이 먼저 만들어보기.
T : 회전하는 인형. 회전이 무엇이니?
C : 뱅글뱅글 도는 것이요.
T : 그럼 이 인형이 어떻게 회전할까요?
C : 도깨비 바퀴랑 비슷해요.
T : 맞아요. 그런데 다른 점은?
C : 울퉁불퉁해요.
T : 이 인형이 어떻게 회전을 할까? 한번 보자. (시범)
왜 회전하는 것 같아요?
C : 울퉁불퉁해서요.
T : 그래요. 올록볼록한 부분에 지나가면서 인형의 무게 때문에 올록한 부분과 볼록한 부분이 내리막이니 무게 때문에 한 바퀴 회전하네요.
친구들도 실험 한 번 해보고 왜 데굴데굴 굴러가는지 다른 점을 발견하면 선생님한테 얘기해주세요.

- '회전하는 인형' 만들기
T : 다 한 친구는 비닐 안에 넣고 가방 정리해주세요. 부지런히 정리하고 바닥자리에 앉아 있도록 해요.

- 마무리
T : 오늘 만든 게 뭐죠?
C : 회전하는 인형이요.
T : 인형은 타이어처럼 동그랗지도 않은데, 왜 굴러가는 걸까요?
C : 높이가 달라서요. 울퉁불퉁해서요.
차성현 : 울퉁불퉁한 곳에 걸쳐져서 굴러가요.
T : 맞아요. 성현이가 잘 이야기 해주었네요. 울퉁불퉁한 곳에 걸쳐서 데굴데굴 굴러간다 맞지요? 집에 가서 인형 밑에 무거운 물건을 한번 달아서 굴려 보세요. 지우개나 동전 같은 무거운 물건을 달면 굴러갈까요?
C : 안굴러가요.
T : 그럴까? 굴러가면 왜 굴러가는지, 안 굴러가면 왜 안 굴러가는지 다음 시간에 물어 볼게요. 집에서 실험해보도록 해요.</td><td></td></tr>
<tr><td>11:50 ~ 12:00
정리정돈</td><td colspan="2">① 정리정돈.
T : 자리 정리 하고, 자기 반으로 돌아가도록 해요.
자기 물건은 스스로 챙기기로 해요.</td><td></td></tr>
<tr><td>12:00 ~ 12:10
식사 준비</td><td colspan="2">① 식탁 매트를 가져와 자기 자리에 놓기.
② 자기 가방을 가져와 도시락 준비.
③ 7세들은 식사당번을 번갈아가며 물 종지, 행주, 팀 이름 준비.</td><td></td></tr>
<tr><td>12:00 ~ 13:10
기도 후 식사
및 정리정돈,
양치질하기</td><td colspan="2">① 기도 후 맛있게 식사.
② 다 먹은 유아는 후식을 먹고 정리정돈.
③ 차례대로 줄을 서서 양치질을 깨끗이 한다.</td><td>유의사항 : 먹은 자리를 깨끗하게 정리 정돈한다.</td></tr>
<tr><td>13:10 ~ 13:40
바깥놀이
(모래놀이)</td><td colspan="2">① 바깥놀이(모래놀이).</td><td>유의사항 : 친구에게 흙을 뿌리거나 튀지 않도록 조심한다.</td></tr>
<tr><td>13:40 ~ 14:00
이야기 나누기
(부분수업)</td><td colspan="2">① 육상교통의 종류에 대해 이야기 나누기. (부분수업계획안 참조)
- '오리소풍' 손유희
- 수수께끼
T : 나는 누구일까요? 나는 바퀴가 4개나 달려있어요. 나는 좁은 골목길이나,</td><td>준비물 : PPT
유의사항 :
바른 자세로
이야기를 듣는다.</td></tr>
</table>

	도로, 고속도로를 쌩쌩 달려요. 나는 누구일까요? C : 자동차요! 차! - 육상교통에 대해 이야기 나누기. T : 친구들 잘 알고 있네요. 선생님이랑 함께 육상교통에는 어떤 것이 있는지 같이 보기로 해요. T : 이것은 무엇일까요? C : 버스요. T : 맞아요. 버스에요. 버스 타 본 친구 있나요? 타고 어딜 갔어요? C : 유치원에 왔어요. T : 그랬구나. 버스는 많은 사람들을 동시에 실어 나르는 교통수단이에요. 버스를 바르게 이용할 수 있는 방법은 무엇이 있을까요? - 위와 같이 택시, 승용차, 자전거, 오토바이, 기차에 대해 이야기 나누기. - 또 다른 육상교통에는 어떤 것들이 있는지 이야기 나누기. T : 친구들이 육상교통을 바르게 이용하는 방법도 다 알고 있는 것 보니까 걱정하지 않아도 바르게 육상교통을 이용할 수 있겠네요. 지금까지 봤던 육상교통에는 무엇이 있다 하셨지요? C : 버스, 택시, 승용차, 자전거, 오토바이, 기차요. T : 선생님 말씀 잘 들어주었네요. 버스, 택시, 승용차, 자전거, 오토바이, 기차의 똑같은 점은 무엇일까요? C : 땅 위로 다녀요. T : 그래요. 땅 위로 다니는 교통기관을 육상교통이라고 한답니다. 뭐라구요? C : 육상교통. T : 네. 선생님이랑 알아 본 버스, 택시, 승용차, 자전거, 오토바이, 기차 말고 다른 육상교통에는 어떤 것들이 있을까요? - 마무리. T : 육상교통을 이용하면 어떤 점이 좋을까요? C : 편하게 다닐 수 있어요. T : 그래요. 오늘 같이 이야기 나눈 육상교통에는 어떤 것들이 있는지, 육상교통을 바르게 이용하는 방법은 무엇인지 친구들이랑 이야기 해 보고, 집에 가서도 부모님께 말씀 드리도록 해요.	
14:00 ~ 14:20 간식 먹기	① 간식 먹기.	
14:20 ~ 14:40 1코스 하원 준비 및 하원	① 종일제를 제외한 6세 하원 준비. ② 내일 장난감 가져오는 날에 대해 이야기 나누기. T : 내일은 뭐 가지고 오는 날인지 아나요? C : 장난감 가지고 오는 날! T : 맞아요. 그래서 내일은 작업도 없구요, 별자리 수업도 없어요. 내일 장난감 가져와서 바깥놀이터에서 하루 종일 신나게 놀 거예요. 내일은 샛별유치원 옷 안 입구요, 자유복을 입을 거예요. 밥은 유치원에서 어머니가 준비해 주신 밥을 먹을 거예요. 밥 먹고 또 내려가서 놀 거예요. 그리고 내일은 간식도 밖에서 먹을 거예요. 내일 덥다고 해서 수녀님께서 바나나를 얼려서 바나나 아이스크림을 주신다고 해요. 그리고 우리 어제 상품으로 받은 과자도 함께 먹을 거예요. 그리고 제일 중요한 거! 놀고 싶은 장난감 많다고 3개, 5개, 8개 가져올까요? C : 아니요. 한 개요. T : 그래요. 잃어버릴 수 있으니까 장난감은 한 개만 가지고 오도록 해요. 친구랑 번갈아 가면서 놀 수 있도록. 그리고 잃어버리면 금방 찾을 수 있도록 장난감에 이름을 적어 오는 거예요. 알았나요? C : 알았어요. T : 그런데 집에 닌텐도 있다고 닌텐도를 가져와도 될까요?	

	C : 안 돼요. T : 선생님 생각엔 닌텐도는 혼자만 가지고 노는 장난감 같아요. 두 명이서 게임을 할 수 없을 것 같아요. 친구 빌려줘도 그 친구도 혼자서만 가지고 놀 수 있지요? 그러니까 가지고 오지 않기로 해요. C : 자유복. T : 장난감 몇 개? C : 1개 T : 빨간 샛별 가방에 도시락 가져오나요? C : 네, 가져와요. T : 닌텐도 같은 오락기 가져오나요? C : 아니요. T : 장난감에 다 이름 쓰고, 내일 친구들이랑 재미있게 장난감 가지고 놀아요. ③ 준비가 마치면 밑으로 내려가 인사를 하고 하원.	
14:40 ~ 14:50 별자리 수업 이동	① 별자리 수업 이동	
14:50 ~ 15:30 별자리 수업	·상상반 ○○○ 선생님 찰흙 : 과일 만들기 ① 인사를 하고 찰흙 매트 준비 및 출석체크. T : 오늘의 활동은 과일 만들기입니다. 먼저 어떤 친구들이 왔는지 이름을 불러 볼게요. ② 과일의 종류에 대해 이야기 나누기. T : 과일은 어떤 것인가요? C : 사과, 열매, 포도, 먹는 거 T : 그래요. 먹는 거고, 열매에요. 과일의 종류에는 토마토, 사과가 있지요. 또 어떤 과일이 있는지 선생님이랑 한번 보기로 해요. - 준비된 사진자료 : 포도, 사과, 오렌지, 딸기, 키위, 토마토, 체리, 산딸기, 멜론, 수박, 바나나, 파인애플 등 ③ 과일 만들기 T : 우리가 지금까지 본 건 과일입니다. 선생님이 그림으로 그려볼게요. T : 이렇게 직접 그릴 수도 있지만 우리가 만들 수도 있어요. 지금부터 찰흙으로 과일을 만들어 볼 거예요. 오늘도 찰흙은 공용으로 쓸거구요. 가운데 놓고 조금씩 조금씩 필요한 만큼 뜯어 쓰기로 해요.   ④ 정리 T : 다 한 친구는 정리하구요. 만든 건 앞에 놓인 접시에 이름을 적어서 담아 두세요.	

<table>
<tr><td colspan="2"></td><td colspan="2">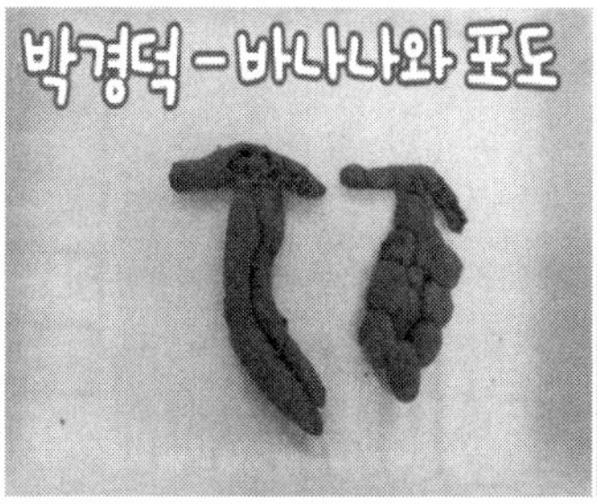

⑤ 마무리
T : 오늘 어떤 과일을 만들었나요?
C : 바나나, 딸기, 수박
T : 그렇구나. 우리 다음 시간에는 꿈 스케치북에 입체 구성하기와 함께 도형을 그려보도록 할게요.</td><td></td></tr>
<tr><td colspan="2">15:30 ~ 15:40
마무리 및
귀가지도</td><td colspan="2">① 모두 마무리를 하고 하원 준비.
② 하원 준비가 끝이 나면 선생님들과 수녀님과 인사를 하고 하원.</td><td></td></tr>
<tr><td colspan="2">15:40 ~ 17:20
종일제 준비 및
종일제 수업
(간식 후
바깥놀이)</td><td>〈 상상반 - 손현주 선생님〉
① 자동차 바퀴 디자인 하기</td><td>〈맑은반 - 정혜진선생님〉
① 유치원 버스에 친구 얼굴 그리기</td><td></td></tr>
<tr><td colspan="2">17:20 ~ 17:30
종일제 귀가지도</td><td></td><td>① 종일제 유아들이 하원 한 후 오늘 하루에 대해 수녀님과 선생님들과 이야기를 나눈다.</td><td>유의사항 : 버스 타기 전 차례 지키기, 바르게 인사하기.</td></tr>
<tr><td rowspan="2">평
가</td><td>실습생</td><td colspan="3">이야기나누기라 별 다른 활동 없이 PPT자료를 이용하여 아이들과 이야기를 나누었다. 아이들이 육상교통의 종류와, 육상교통은 땅 위를 달리는 교통이라는 것도 이야기를 하였다. 그리고 육상교통의 공통점이 무엇인지 물어봤더니 "빨리 달려요.", "땅 위를 달려요."라고도 말할 수 있었다. 조금 아쉬웠던 목소리가 작고 밋밋해서 아이들이 집중을 조금 못한 듯 했다. 다음 발표 때는 목소리에 변화를 주어 아이들이 조금 더 집중을 잘 할 수 있도록 해야겠다. 내일 장난감 가지고 오는 날인데 말 그대로 장난감을 가지고 아이들이 신나고 자유롭게 놀 수 있는 하루가 될 것 같다. 하루 종일 장난감을 가지고 노는 아이들을 관찰도 해보고 상호작용도 꾸준히 해주어야겠다.</td></tr>
<tr><td>지도교사</td><td colspan="3"></td></tr>
</table>

부분수업계획안

결재	지도교사	원감	원장

일 시	2011년 6월 1일 수요일	학 급 명	착한 반
생 활 주 제	교통기관		
일 일 주 제	육상교통의 종류		
목 표	· 육상교통의 종류와 다니는 길을 알고, 육상교통의 공통점을 이야기 할 수 있다. · 자신이 좋아하는 육상교통을 친구들에게 바른 자세로 이야기 할 수 있다.		

활동유형 및 시간	활 동 내 용 (1수준 / 2수준)	준비물 및 유의사항
13:40 ~ 14:00 이야기 나누기	(아래 내용)	준비물 : PPT 이야기 나누기 자료

【 도입 】

① 수수께끼로 주의 집중.

T : 나는 누구일까요?
나는 4개의 바퀴가 달려있어요.
내가 다니는 길은 좁은 골목길, 도로, 고속도로 위에서 이동해요.
C : 자동차!
T : 맞았어요. 바로 바로 자동차랍니다. 친구들 자동차를 타 본 적이 있나요?
C : 네. 타봤어요.
T : 누구와 함께 탔어요? 자동차를 타고 어디를 갔나요?

【 전개 】

② 육상교통에 대하여 이야기 나누기.

육상교통??

T : 육상교통에 대해 들어 본 적이 있나요? 이게 무슨 말일까?
C : 모르겠어요.
T : 육상교통은 도로나 철도처럼, 땅에서 다니는 것을 육상교통이라고 한 대요.

T : 땅에서 다니는 육상교통에는 뭐가 있을까요?
C : 기차, 자동차, 버스요.

T : 친구들 잘 알고 있네요. 선생님이랑 함께 육상교통에는 어떤 것이 있는지 같이 보기로 해요.

많은 사람들을 동시에 실어 나르는 교통수단

T : 이것은 무엇일까요?
C : 버스
T : 맞아요. 버스에요. 버스 타 본 친구 있나요? 타고 어딜 갔어요?
C : 유치원에 왔어요.

T : 그랬구나. 버스는 많은 사람들을 동시에 실어 나르는 교통수단이에요. 버스를 바르게 이용할 수 있는 방법은 무엇이 있을까요?

손님을 태워 주고 시간과 거리에 따라
돈을 받는 교통수단

T : 이것은 무엇일까요?
C : 택시
T : 그래요. 택시 타 본 친구 있나요? 타고 어딜 갔어요?
C : 마트요.

T : 택시 타고 택시비 냈지요? 택시는 손님을 태워주고 시간과 거리에 따라서 돈을 받는 교통수단이에요. 바르게 이용하는 방법에는 무엇이 있을까요?

도로에서 사람을 실어 나르는 교통수단

T : 이것은 무엇일까요?
C : 자동차요!
T : 그래요. 이것은 승용차입니다. 자동차라고도 하고 승용차라고도 해요. 자동차 안에는 큰 짐을 실어 나르는 화물차도 있구요. 사람이 타고 다니는 승용차도 있답니다. 승용차 타 본 친구?
C : 우리 아빠 차에요.
T : 그렇구나. 선생님 아버지도 이렇게 생긴 승용차를 가지고 계세요. 승용차는 도로 위에서 사람을 실어 나르는 교통수단이에요.

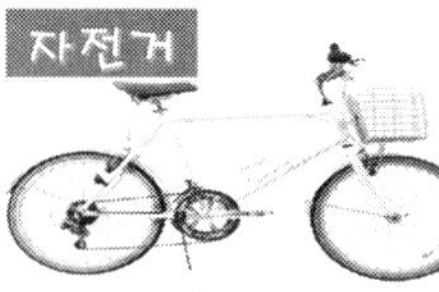

사람의 힘으로 페달을 밟아
바퀴를 움직여 가는 교통수단

T : 다음은 뭐가 나올까요? 다음 육상교통은 바로 바로 자전거입니다. 자전거 타 본 친구 있어요?
C : 저요. 두발 자전거 탈 수 있어요.
T : 와, 대단하네요. 이 자전거는 사람의 힘으로 페달을 밟아 바퀴를 움직여 가는 교통수단이에요. 자전거를 바르게 이용하는 방법에는 무엇이 있을까요?

유의사항 :
바르게 앉아서 듣는 힘을 기른다.

자전거와 비슷하지만
모터를 달아 빠르게 갈 수 있는 교통수단

T : 그 다음 육상교통기관은 오토바이에요. 혹시 오토바이를 타 봤거나, 오토바이 본 적이 있는 친구?
C : 중국집 오토바이요.
T : 맞아요. 배달을 할 때 오토바이를 많이 타고 다니죠? 왜 그럴까? 왜 배달하는 사람들은 오토바이를 탈까요?
C : 빨라서요.
T : 그래요. 오토바이는 자전거와 비슷하지만 모터라는 것을 달아서 빠르게 갈 수 있게 만들었대요. 오토바이는 어떻게 안전하고 바르게 탈 수 있을까요?

먼 곳을 빠르게 갈 수 있는 교통수단

T : 자, 그 다음은 뭐에요?
C : 기차요.
T : 맞아요. 기차에요. 선생님도 학교 갈 때 기차 타고 간 적이 있었어요. 기차를 타니까 엄청 빠르게 갈 수 있었어요. 기차 타 본 친구 있어요?

<table>
<tr>
<td colspan="2"></td>
<td>C : 저요. 놀러 갈 때 기차 타고 갔어요.
T : 그랬구나. 기차 타고 어디에 갔어요?
C : 대구요. 부산요. 할머니 집에 갔어요.
T : 재미있었겠네요. 기차는 우리처럼 먼 곳을 가야 할 때, 빠르게 갈 수 있도록 도와주는 교통수단이에요. 기차를 바르게 탈려면 어떻게 해야 할까요?
C : 노란선을 밟지 않아요. 뛰어다니지 않아요.
T : 그래요. 노란색 안전선 뒤에서 기차를 기다리고, 기차역에서나 기차 안에서 뛰어 다니지 않아야 해요.
T : 친구들이 육상교통을 바르게 이용하는 방법도 다 알고 있는 것 보니까 걱정하지 않아도 바르게 육상교통을 이용할 수 있겠네요. 지금까지 봤던 육상교통에는 무엇이 있다 하셨지요?
C : 버스, 택시, 승용차, 자전거, 오토바이, 기차요.
T : 선생님 말씀 잘 들어주었네요. 버스, 택시, 승용차, 자전거, 오토바이, 기차의 똑같은 점은 무엇일까요?
C : 땅 위로 다녀요.
T : 그래요. 땅 위로 다니는 교통기관을 육상교통이라고 한답니다. 뭐라구요?
C : 육상교통.
T : 네. 선생님이랑 알아 본 버스, 택시, 승용차, 자전거, 오토바이, 기차 말고 다른 육상교통에는 어떤 것들이 있을까요?

【 마무리 】
③ 마무리 하기.
T : 육상교통을 이용하면 어떤 점이 좋을까요?
C : 편하게 다닐 수 있어요.
T : 그래요. 맞아요. 편하게 다닐 수 있지요. 그러면, 자기가 가장 좋아하는 육상교통이 무엇인지 발표 해 볼 친구 있나요?
C : 제가 한번 해보겠습니다. (발표)
T : 잘했어요. 오늘 같이 이야기 나눈 육상교통에는 어떤 것들이 있는지, 육상교통을 바르게 이용하는 방법은 무엇인지 친구들이랑 이야기 해보고, 집에 가서도 부모님께 말씀 드리도록 해요.</td>
<td></td>
</tr>
<tr>
<td rowspan="3">평
가</td>
<td>실습생의
자기평가</td>
<td colspan="2">오늘 두 번째 부분수업을 하였다. 이야기나누기라 별 다른 활동 없이 PPT자료를 이용하여 아이들과 이야기를 나누었다. 아이들이 육상교통의 종류와, 육상교통은 땅 위를 달리는 교통이라는 것도 이야기를 하였다. 그리고 육상교통의 공통점이 무엇인지 물어봤더니 "빨리 달려요.", "땅 위를 달려요." 라고도 말할 수 있었다. 조금 아쉬웠던 목소리가 작고 밋밋해서 아이들이 집중을 조금 못한 듯 했다. 다음 발표 때는 목소리에 변화를 주어 아이들이 조금 더 집중을 잘 할 수 있도록 해야겠다. 그리고 이야기 나누기 도중에도 아이들과 상호작용을 하는데 있어서 발표를 하는 그 아이한테만 시선이 집중이 되는 것이 아니라 다른 아이들에게도 골고루 시선을 집중하여 다른 친구들이 발표를 할 때 잘 들을 수 있게 지도해야겠다.</td>
</tr>
<tr>
<td>지도교사
의 견</td>
<td colspan="2"></td>
</tr>
<tr>
<td>수정 및 보완
사 항</td>
<td colspan="2"></td>
</tr>
</table>

일일교육실습일지

결재	지도교사	원감	원장

일 시	2011년 6월 2일 목요일	학 급 명	착한 반
생 활 주 제	교통기관		
일 일 주 제	장난감 가지고 오는 날, 떡 만들기		
목 표	· 장난감을 서로 공유하고, 사이좋게 친구들과 장난감을 가지고 놀 수 있다. · 친구들과 협동하여 떡을 만들고, 다른 친구들과 사이좋게 나누어 먹을 수 있다.		

활동유형 및 시간	활 동 내 용		준비물 및 유의사항
	1수준	2수준	
09:10 ~ 09:20 등원 및 인사 기도 및 체조		① 유아들의 등원을 맞이하고 인사를 한 뒤 유아들의 건강상태를 확인. ② 아침기도 및 체조.	
09:20 ~ 09:50 출석카드 및 가방정리		① 출석카드에 출석도장 찍기. ② 가방을 정리.	준비물 : 출석카드 유의사항 : 날짜에 맞는 도장을 찍을 수 있도록 하고 차례를 지켜 출석카드를 할 수 있다.
09:50 ~ 10:00 바깥놀이터 이동		① 바깥놀이터 이동. T : 놀이터에서 신발을 벗고, 천막이 깔린 곳에서만 놀도록 해요. 그런데 장난감을 내거만 가지고 놀까요? 다른 친구랑 같이 가지고 놀까요? C : 같이 가지고 놀아요. T : 맞아요. 같이 가지고 놀도록 해요. 그리고 파랑반은요, 10시 20분까지 놀다가 영천초등학교에 재미있는 체험을 하러 갈 거예요. 갔다가 와서 밥먹고 하루 종일 신나게 놀아 봐요.	
10:00 ~ 11:45 장난감 가지고 놀기	① 6세 등원. ② 바깥놀이터 이동하여 장난감 가지고 놀기.	① 장난감 가지고 놀기. 10:20 ~ 12:00 ① 영천 초 - 떡 만들기 체험.	준비물 : 장난감
11:45 ~ 12:00 손 씻기 및 교실로 이동	① 교실로 이동. ② 손 씻기 및 화장실 다녀오기		
12:00 ~ 12:10 식사 준비	① 각 팀별로 식사 준비. ② 자신의 식탁매트와 형님들의 식탁매트를 가져와 제자리에 놓기. ③ 자신의 가방과 형님들의 가방을 가져와 도시락을 준비. ④ 7세 형님들 중 당번인 형님의 동생들은 물 종지, 행주, 팀 이름을 준비.	① 7세 도착. ② 손 씻기 및 화장실 다녀오기. ③ 식사 준비.	준비물 : 도시락

<table>
<tr><th rowspan="2">활동유형 및 시간</th><th colspan="2">활 동 내 용</th><th rowspan="2">준비물 및 유의사항</th></tr>
<tr><th>1수준</th><th>2수준</th></tr>
<tr><td>12:10 ~ 13:20
기도 후 식사
및 정리정돈,
양치질하기</td><td colspan="2">① 기도 후 맛있게 식사.
T : 기도 손.
C : 아멘.
T,C : 성부와 성자와 성령의 이름으로 아멘.
주님, 은혜로이 내려주신 이 음식과 저희에게 강복하소서. 아멘.
C : 선생님들 먼저 드세요. 맛있게 잘 먹겠습니다. 선생님 먼저 드세요~
② 다 먹은 유아는 후식을 먹고 정리정돈.
③ 차례대로 줄을 서서 양치질을 깨끗이 한다.</td><td>유의사항 :
먹은 자리를 깨끗하게 정리 정돈한다.</td></tr>
<tr><td>13:20 ~ 14:05
6세 바깥놀이터
이동
7세 체육 수업</td><td>① 바깥놀이터로 이동하여 장난감 가지고 놀기.
T : 이제 교실에 올라오지 않아요. 가방이랑 장난감 담아 왔던 종이가방이나 비닐 다 챙기고, 신발도 가지고 내려가도록 해요.</td><td>② 체육수업.</td><td></td></tr>
<tr><td>14:05 ~ 14:20
간식 시간</td><td colspan="2">① 기도 후 간식 지도.
T : 기도 손.
C : 아멘.
T,C : 성부와 성자와 성령의 이름으로 아멘. 간식 주신 하느님께 늘 감사 드립니다. 아멘.
C : 선생님들 먼저 드세요. 맛있게 잘 먹겠습니다. 선생님 먼저 드세요~</td><td></td></tr>
<tr><td>14:20 ~ 14:35
하원 준비 및 하원</td><td>① 6세 하원 준비.
② 준비가 마치면 인사를 하고 하원.</td><td>① 책 읽기.</td><td></td></tr>
<tr><td>14:35 ~ 15:20
장난감 가지고
놀기</td><td colspan="2">① 장난감 가지고 놀기.
· 관찰유아 이름 : 황다희
· 놀잇감 : 움직이는 토끼
· 관찰 : 등원하고 놀이터로 왔을 때부터 장혜진 선생님이 없어서 그런지 나한테 뛰어 와서 안겼다. 그러고는 계속 떨어지지 않고 날 따라다녔다. 그래서 "다희야, 친구들이랑 같이 놀까?" 이러니까 고개를 절레절레 흔들며 싫다고 했다. 아직 다른 빨간반 친구들이 오지 않아서 그런지 나한테만 계속 붙어 다녔다. 내가 "다희는 장난감 뭐 가지고 왔어요?" 이렇게 물어보니까 토끼를 내밀더니 웃으면서 나한테 보여주었다. 그러더니 내 앞치마에 토끼를 넣어 둘려고 주머니에 쑤셔 넣는데, 안 들어가니까 그냥 얹혀 놓고는 다른 데 가서 놀았다. 그렇게 시간이 흐르고 친구들도 점점 오니까 "친구들 오네?" 하며 다른 친구랑 놀기를 권유했지만 계속 싫다 하더니 채현이가 오니까 채현이와 함께 나한테 와서 놀았다. 움직이는 토끼가 버튼을 누르면 다리를 움직이면서 앞으로 나아갈 수 있는 인형이었다. 그 인형을 가지고 놀면서 "아, 너무 귀엽다.", "진짜 움직이네." 하며 움직이면 놀라는 척 하고 그랬더니 꺄르르 웃으며 재미있어 했다.
내가 수첩에 필기를 하고 있으니까 나한테 오더니 자기도 해보겠다며 달라고 하길래 "선생님 지금 공부하고 있어서 나중에 보여줄게요." 이랬더니 "뭐가 공부에요, 쓰고 있구만" 이라고 했다. 난 당황해서 "공부하고 있는 거예요." 라고 웃으면서 말했더니 자기도 씨익 웃으면서 내 옆에서 토끼를 가지고 놀았다. 그리고 오후가 되자, 다른 아이들과도 잘 어울려서 장난감을 서로 공유하며 재미있게 노는 모습을 보았다.
· 평가 : 오후가 되니까 친구들과도 잘 어울려서 장난감을 가지고 놀았다. 오전에는 다른 친구들과 어울리지 않고 계속 나한테 붙어있었는데, 그 때 조금 더 상호작용을 해서 다희에게 채현이가 아닌, 또 착한반이 아닌 다른 친구들과도 어울려 놀 수 있게 권유해주었으면 좋겠다는 생각</td><td></td></tr>
</table>

<table>
<tr><td colspan="2"></td><td colspan="2">이 들었다. 다음에는 그럴 수 있도록 노력해야겠다.

사진 설명 : ○○와 ○○이가 토끼 인형을 가지고 놀고 있는 모습.</td><td></td></tr>
<tr><td colspan="2">15:20 ~ 15:40
마무리 및
귀가지도</td><td colspan="2">① 모두 마무리를 하고 하원 준비.
② 하원 준비가 끝이 나면 선생님들과 수녀님과 인사를 하고 하원.</td><td></td></tr>
<tr><td colspan="2">15:40 ~ 16:20
종일제
(간식 후 장난감)</td><td>〈 상상반 - ○○○ 선생님〉
① 휴지심으로 자동차 만들기.</td><td>〈맑은반 - ○○○ 선생님〉
① 장난감 가지고 놀기.</td><td></td></tr>
<tr><td colspan="2">16:20 ~ 16:30
종일제 귀가지도</td><td></td><td>① 종일제 유아들이 하원한 후 바깥놀이터 뒷정리 하기.</td><td>유의사항 : 버스 타기 전 차례 지키기, 바르게 인사하기.</td></tr>
<tr><td rowspan="2">평
가</td><td>실습생</td><td colspan="3">어제 장난감을 가지고 하루 종일 놀면 편하겠다. 재미있겠다. 라는 생각이 들었었는데 막상 오늘 겪어보니까 조금 정신이 없었다. 아이들이 다칠까봐, 혹은 싸울까봐 우리 반 아이들은 물론 다른 반 아이들도 봐야했다. 바람이 불어서 돗자리가 날리고 그 틈 사이로 아이들이 뛰어다니다가 발에 걸려서 넘어지는 모습을 보고 선생님께 말씀 드리니 테이프로 붙여 달라하셨다. 그래서 냉큼 테이프를 가져와 돗자리에 붙여 아이들이 걸리지 않도록 해두었다. 애들이 장난감을 가지고 신나게 노는 모습에 웃음이 절로 났다. 집에서 하나씩의 장난감을 가지고 와서 다른 친구들과 장난감을 공유하면서 사이좋게 놀 수 있어서 아이들에게도 좋은 기억으로 남을 것 같다. 정신없이 뛰어놀고 장난감을 가지고 노는 아이들을 보니까 역시나 어린아이들이구나. 하는 생각이 들었다. 선생님들도 아이들과 어울려서 그 속에서 동화되는 모습을 조금 배워야하지 않나 생각이 든다. 나도 나름 아이들과 같이 놀아준다는 생각을 하고 있었지만 다른 선생님들은 같이 뛰어다니면서 놀아주고, 한쪽에서는 또 미용실놀이가 한창이었다. 그런 모습도 배워두면 좋을 것 같다.</td></tr>
<tr><td>지도교사</td><td colspan="3"></td></tr>
</table>

일일교육실습일지

결재	지도교사	원감	원장

일 시	2011년 6월 3일 금요일	학 급 명	착한 반
생 활 주 제	교통기관		
일 일 주 제	현충일 (6세 고구마 밭 견학, 7세 나자렛집)		
목 표	·6월 6일이 현충일임을 알고, 나라를 위해 돌아가신 분들께 감사하는 마음을 갖고 태극기를 바르게 달 수 있다. ·고구마 밭에 가서 우리가 심은 고구마가 잘 자랄 수 있도록 물을 줄 수 있다. ·나자렛집 어르신들을 위해 기쁘게 해 드릴 수 있는 일을 알고, 함께 색종이 접기를 할 수 있다.		

활동유형 및 시간	활 동 내 용		준비물 및 유의사항
	1수준	2수준	
09:10 ~ 09:20 등원 및 인사, 기도 및 체조		① 유아들의 등원을 맞이하고 인사를 한 뒤 유아들의 건강상태를 확인. ② 아침기도 및 체조.	
09:20 ~ 09:30 입실지도, 출석카드 및 가방정리		① 입실 후 출석카드에 출석도장 찍기. ② 가방을 정리.	준비물 : 출석카드 유의사항 : 날짜에 맞는 도장을 찍을 수 있도록 하고 차례를 지켜 출석카드를 할 수 있다.
09:30 ~ 10:00 바르게 글쓰기 및 정리정돈, 콩·멸치·우유 먹기		① 바르게 글쓰기 활동자료를 자기 파일에 넣기. ② 스스로 바르게 글쓰기 활동지를 가져가 바르게 글쓰기. ③ 콩, 멸치, 우유 먹기.	유의사항 : 바르게 글을 쓸 수 있도록 한다.
10:00 ~ 10:20 6세 등원 및 준비물 챙기기	① 6세 등원. ② 인사 후 건강상태 확인. ③ 콩, 멸치, 우유 먹기.	① 나자렛집에서의 필요한 준비물 챙기기.	준비물 : 물통, 색연필
10:20 ~ 10:40 화산공소 이동	① 화산공소로 이동. - 6세 고구마밭, 7세 나자렛집 ② 기도하기. T : 우리가 차를 타고 가니까 안전하게 갈 수 있도록 기도를 드리기로 해요. T.C : (성호경 후) 예수님, 좋은 날씨 주셔서 감사합니다. 오늘은 착한반 친구들 모두 함께 고구마밭과 나자렛집을 갑니다. 기쁘게 할 수 있도록 예수님께서 지켜봐주세요. 이 모든 말씀 우리 주 예수 그리스도를 통해서 기도 드립니다. 아멘. 성부와 성자와 성령의 이름으로 아멘. ③ 이야기 나누기. T : 어제는 비도 오고, 천둥도 쳤어요. 그런데 오늘은 햇빛이 쨍쨍하지요? 친구들 고구마밭에 가서 고구마가 잘 자라고 있는지, 상추가 잘 자라고 있는지 보고 오라고 날씨가 좋은 것 같아요. 6살은 김영숙 선생님과 강민진 선생님과 친구들과 함께 고구마가 잘 자라고 있는지 보고 또 물도 많이 주고 올 거예요. 물을 줄 때 서로 밀치거나 부딪히지 않게 물을 주도록 해요. 그 동안 파랑반은 나자렛집에 가서 활동을 할 거에요. 동생들은 나자렛집 모를 수도 있어요. 나자렛집이 뭐지요?		유의사항 : 말하는 사람의 눈을 쳐다보며 바르게 듣는 힘을 기른다.

<table>
<tr><th rowspan="2">활동유형 및 시간</th><th colspan="2">활 동 내 용</th><th rowspan="2">준비물 및 유의사항</th></tr>
<tr><th>1수준</th><th>2수준</th></tr>
<tr><td></td><td colspan="2">C : 할머니, 할아버지들이 계시는 곳이요.
T : 몸이 조금 불편하신 할머니, 할아버지들께서 휴식을 취하고 계시는 곳이죠.
저번에 나자렛집 가서 무슨 선물을 드렸었죠?
C : 카네이션. 어머니 은혜 노래요.
T : 그래요. 카네이션도 드리고, 어머니 은혜 노래도 불러드렸었죠.
오늘은 뭘 해드릴까요?
C : 노래요, 안마 해드려요.
T : 그럼 노래 불러드리고, 친구들이 생각해보고 안마도 해드리도록 해요.
무슨 노래를 부를까요?
C : 사랑해요!
T : 사랑해요? 그래요. 그럼 한 번 불러볼까요?
('사랑해요' 노래 연습)
T : 친구들 열심히 부르는 모습에 할머니, 할아버지께서도 기뻐하실 거예요.</td><td></td></tr>
<tr><td>10:40 ~ 10:50
화산공소 도착.</td><td>① 고구마 밭 이동.</td><td>① 나자렛집 이동.</td><td></td></tr>
<tr><td>10:50 ~ 11:20
물 주기 및
나자렛집 활동</td><td>① 고구마 밭 물주기.
</td><td rowspan="3">① 나자렛집 활동.
- 색종이로 소방차 접기.</td><td></td></tr>
<tr><td>11:20 ~ 11:30
상추 솎아내기 및
나자렛집 활동</td><td>① 상추 솎아내기.</td><td></td></tr>
<tr><td>11:30 ~ 11:50
손 씻기 및 휴식,
나자렛집 활동</td><td>① 손 씻기.
② 물 마시기.
③ 그늘에서 휴식 취하기.</td><td></td></tr>
<tr><td>11:50 ~ 12:10
유치원으로 이동</td><td colspan="2">① 유치원으로 이동.
T : 6살 동생들은 어디어디에 물을 줬어요?
C : 고구마요.
T : 고구마 물 많이 줬나요?
C : 네.
T : 고구마가 저번에는 이렇게 누워있었지요. 근데 오늘 보니까 이렇게 솟아 있어요. 잘 자라고 있는 것 같아요. 오늘 형님들은 뭐 만들었는지 동생들에게 알려주도록 할까요?
C : 소방차 만들었어요.
T : 오늘 형님들은 나자렛집에서 소방차를 만들었어요. 교실로 돌아가서 동생들에게 만든 소방차를 보여주면 좋을 것 같아요. 다들 너무 수고했으니까 유치원에 갈 때까지 조금 쉬기로 해요.</td><td>유의사항 : 다른 피곤한 친구를 위한 배려하는 마음을 갖고 조용히 하기로 한다.</td></tr>
<tr><td>12:10 ~ 12:20
유치원 도착 및
입실 지도</td><td colspan="2">① 유치원 도착.
② 손 씻기 및 입실 지도.</td><td>유의사항 :
차례 지키기</td></tr>
<tr><td>12:20 ~ 12:30</td><td colspan="2">① 식탁 매트를 가져와 자기 자리에 놓기.</td><td></td></tr>
</table>

식사 준비	② 자기 가방을 가져와 도시락 준비. ③ 7세들은 식사당번을 번갈아가며 물 종지, 행주, 팀 이름 준비.	
12:30 ~ 13:20 기도 후 식사 및 정리정돈, 양치질하기	① 기도 후 맛있게 식사. ② 다 먹은 유아는 후식을 먹고 정리정돈. ③ 차례대로 줄을 서서 양치질을 깨끗이 한다.	유의사항 : 먹은 자리를 깨끗하게 정리 정돈한다.
13:20 ~ 13:50 바깥놀이	① 바깥놀이.	
13:50 ~ 14:00 간식 시간	① 간식 지도.	
14:00 ~ 14:30 6세 간식 7세 체육	① 간식 먹기. ② 체육 수업.	
14:30 ~ 14:40 1코스 하원 준비	① 종일제를 제외한 6세 하원 준비.  ② 〈애들아! 잠깐! 조심해요!!〉에 대해 알려주기. 1. 끈 달린 옷은 목 졸림을 조심하세요. 2. 자석, 구슬을 삼키면 안돼요. 3. 블라인드 줄로 절대 장난치면 안돼요. 4. 보호 장구를 써야 다치지 않겠죠? ③ 현충일에 대한 이야기 나누기. T : 오늘은 금요일에요. 토요일, 일요일 유치원 오나요? C : 아니요. 안와요. T : 그래요. 토요일, 일요일에 쉬는 것을 어려운 말로 주말이라고 해요. 다음 주 월요일도 유치원에 오지 않는 날이랍니다. 이 날은 바로 현충일이에요. 현충일은 우리나라를 위해 일하다 돌아가신 분이나, 싸우다 돌아가신 분들을 기억하기 위해 만들어진 날이에요. 이 날은 꼭 태극기를 달아요. 부모님이 깜박하시면, 친구들이 "오늘은 우리나라를 위해 싸우다 돌아가신 분들을 생각하는 날이잖아요. 태극기를 달아서 생각해요."라고 말씀드리도록 해요. ④ 준비가 마치면 밑으로 내려가 인사를 하고 하원.	
14:40 ~ 14:50 별자리 수업 이동	① 별자리 수업 이동.	
14:50 ~ 15:30 별자리 수업	<u>·착한반 ○○○ 선생님</u> 언어 : 동극 ① 동극이 무엇일까? - 영화, 뮤지컬과 비교하기. T : 이제부터 회의를 할 거에요. 회의라고도 하지만 토론이라고도 해요. 책 만들기 끝나서 동극하기로 한 거 기억하나요? 동극이 뭘까? C : 사람들이 나와서 분장하고 뭐 하는거요. T : 동극을 다른 말로 하면 아동극이라고도 한 대요. 아동은 너희들처럼 어린 6살 미만, 7살 미만 아이들을 아동이라고 해요. 동극이 뭐냐면, 친구들이 생각하는 생각 주머니, 마음이 바르게 자랄 수 있도록 교훈이 담겨 있는 연극이에요. ② 다른 유치원 동극 영상 보기. T : 동극이 뭔지 다른 유치원에서 어린이들이 한 동극 영상을 보여줄게요. ③ 동화책 고르기.	

<table>
<tr><td></td><td colspan="2">: 「무지개 물고기」, 「그런데 임금님이 꿈쩍도 안 해요.」
④ 선정한 동화책 내용 알아보기.

욕조가 너무 좋은 임금님.
밖에서 사람들이 나오라고 해도
절대 나오지 않아요.
뭐든 욕조에서 하자고 하는 임금님을 밖으로 나오게 하고 싶은 시중드는 아이는 욕조의 마개를 뽑아 마침내 임금님을 욕조에서 나오게 했어요.
⑤ 등장인물에 대해 이야기 나누고, 역할 정하기.
: 시중드는 아이 - 김민서, 기사 - 이현빈, 임금님 - 김지훈,
왕비 - 이윤정, 공작 - 안나형, 신하 - 이희성,
해설 - 박지은 & 임지현, 임금님 친구 - 김지호, 부하 - 이명훈
⑥ 마무리.
T : 다음 주에 대본이 나와요. 그럼 외워야 하는데, 다음 주에 외우는 연습을 할 거예요. 어떻게 연습할건지, 옷이나 의상이랑 머리, 화장은 어떻게 할건지 회의도 할거구요. 대본은 집에서도 연습하고 유치원에서도 연습하기로 해요. 대나무팀은요, 그런데 임금님이 꿈쩍도 안해요. 동극을 할 거예요.
오늘 회의는 여기서 끝입니다. 다음 시간에 보충하거나 수정할 내용들 회의하도록 해요.</td><td></td></tr>
<tr><td>15:30 ~ 15:40
마무리 및
귀가 지도</td><td colspan="2">① 모두 마무리를 하고 하원 준비.
② 하원 준비가 끝이 나면 선생님들과 인사를 하원.</td><td></td></tr>
<tr><td>15:40 ~ 17:20
종일제 이동 및
종일제 수업
(간식 후
바깥놀이)</td><td>〈 상상반 - ○○○ 선생님〉
① 동화책의 표지를 보고 내용을 상상하여 이야기 나누기
</td><td>〈맑은반 - 송정남 선생님〉
① 동화책 읽기.</td><td>유의사항 :
사용한 물건들을 제자리에 바르게 정리한다.</td></tr>
<tr><td>17:20 ~ 17:30
종일제 귀가지도</td><td></td><td>① 종일제 유아들이 하원 한 후 오늘 하루에 대해 수녀님과 선생님들과 이야기를 나눈다.</td><td>유의사항 : 버스 타기 전 차례 지키기, 바르게 인사하기.</td></tr>
<tr><td>평가 — 실습생</td><td colspan="3">벌써 3주 마지막 날이다. 월요일은 현충일이라 유치원 휴무이므로 수업준비도 하고 주말을 알차게 보내도록 노력해야겠다. 오늘 고구마 밭에 6세들과 갔다 왔는데 고구마도 많이 자라고 상추도 많이 자라있었다. 고구마 순이 세워져서 자라고 있으니까 아이들이 신기해했다. 왜 이렇게 자라냐고, 처음에는 누워있었는데 지금은 왜 이렇게 서서 자라냐고 묻기에 "고구마가 쑥쑥 잘 크고 있어서 그래요."라고 말해주었다. 아이들은 끄덕끄덕 거리며 고구마에 물도 주고 했는데 나는 내가 한 대답이 조금 부족하다고 생각이 들었다. 다음에는 왜 그렇게 자라는지 알고 아이들에게 조금 자세히 알려주었으면 좋겠다고 생각이 들었다.</td></tr>
<tr><td>평가 — 지도교사</td><td colspan="3"></td></tr>
</table>

일일교육실습일지

결재	지도교사	원감	원장

<table>
<tr><td>일 시</td><td>2011년 6월 7일 화요일</td><td>학 급 명</td><td>착한 반</td></tr>
<tr><td>생 활 주 제</td><td colspan="3">교통기관</td></tr>
<tr><td>일 일 주 제</td><td colspan="3">동시 - 돛단배</td></tr>
<tr><td>목 표</td><td colspan="3">· 돛단배에 관심을 가지고 육상교통의 종류임을 알 수 있다.
· 동시를 듣고, 동시 '돛단배'에 대한 느낌을 이야기 할 수 있다.</td></tr>
</table>

<table>
<tr><td rowspan="2">활동유형 및 시간</td><td colspan="2">활 동 내 용</td><td rowspan="2">준비물 및 유의사항</td></tr>
<tr><td>1수준</td><td>2수준</td></tr>
<tr><td>09:10 ~ 09:20
등원 및 인사,
기도 및 체조</td><td></td><td>① 유아들의 등원을 맞이하고 인사를 한 뒤 유아들의 건강상태를 확인.
② 아침기도 및 체조.</td><td></td></tr>
<tr><td>09:20 ~ 09:30
입실지도,
출석카드 및
가방정리</td><td></td><td>① 입실 후 출석카드에 출석도장 찍기.
② 가방을 정리.</td><td>준비물 : 출석카드
유의사항 : 날짜에 맞는 도장을 찍을 수 있도록 하고 차례를 지켜 출석카드를 할 수 있다.</td></tr>
<tr><td>09:30 ~ 09:40
정리정돈,
콩 · 멸치 · 오미자
먹기</td><td></td><td>① 가방 정리 정돈.
② 콩, 멸치, 오미자 먹기.</td><td></td></tr>
<tr><td>09:40 ~ 10:00
기차환승체험
이야기 나누기</td><td colspan="2">① 김천 환승 체험 이야기 나누기.
T : 어제 무슨 날이었어요?
C : 빨간날.
T : 빨간날, 현충일이었지요. 오늘 지갑을 가지고 왔어요. 왜 가지고 왔을까?
C : 저축을 하려고.
T : 우리 이번주 목요일에 기차체험을 가지요. 어려운 말로 기차 환승 체험이라고 해요. 환승이 무슨 말일까? 지난 번에 지하철체험을 생각해봅시다. 그때 현충로까지 갈아타고 갔나요, 그냥 갔나요?
C : 그냥 갔어요.
T : 중간에 갈아타는 것 없이 쭉 갔지요. 이번에는 지난 번이랑 좀 달라요. 이번에는 기차를 탈거에요. 쭉 가서 김천에서 내려요. 내려서 직지사라는 곳까지 갈 거예요.
그런데 김천역에서 직지사는 멀어서 버스를 타고 갈 거예요. 어디 목적지까지 가기 위해 갈아타는 것을 환승이라고 해요. 버스를 타고 김천에서 직지사까지 갈 거예요. 버스번호는 11번이나 111번을 타구요. 돌아올 때는 직지사에서 김천역까지 오려면 뭘 타야해요?
C : 버스
T : 버스타고 김천역으로 가요. 거기서 기차타고 영천까지 바로 오는 기차가 없어서 동대구역에서 갈아타고 영천에 올 거예요. 갈아타는 게 환승이에요. 뭐라고 한다구요?
C : 환승.
T : 김천까지 바로 가는 게 아니라 환승을 해서 갈 거예요.</td><td>준비물 :
목걸이 지갑,
500 X 3 = 1500원</td></tr>
</table>

<table>
<tr><th rowspan="2">활동유형 및 시간</th><th colspan="2">활 동 내 용</th><th rowspan="2">준비물 및 유의사항</th></tr>
<tr><th>1수준</th><th>2수준</th></tr>
<tr><td></td><td colspan="2">그럼 지갑은 왜 가져 왔을까요? 지난 번에 지갑에 얼마를 들고 갔었지요?
C : 500원 두 개, 천원이요.
T : 이번에는 김천역에 내려서 직지사 갈 때 버스비가 500원, 올 때 500원이에요.
그래서 총 천원인데, 여기서 500원을 더 가져갈 거예요. 가서 혹시나 풀빵이 있으면 풀빵도 사먹고, 물도 사먹고 할려고 비상금으로 500원을 더 가져갈 거예요. 그럼 총 얼마에요?
C : 천오백원이요.
T : 그래요. 천오백원을 가져갑니다. 오늘 가지고 온 목걸이 지갑에 천오백원을 넣어놓을 거예요. 친구들 저금통에서 천오백원 꺼내서 스스로 모아보도록 해요.
지갑은 선생님이 들고 있다가 기차에서 나누어 줄게요.
영천역에서 김천역까지는 1시간이 걸린대요. 기차는 우리만 탈까요?
C : 아니요. 다른 사람들도 타요.
T : 그럼 기차 안에서 지켜야 할 예절은 무엇이 있을까요?
C : 조용히 걸어요. 뛰지 않고 걸어요. 쿵쿵 뛰지 않아요. 소리 지르지 않아요.
T : 모두 잘 알고 있네요. 그럼 한시간 동안 무엇을 할 수 있을까?
C : 밖에 구경해요. 친구랑 이야기 해요.
T : 바깥을 구경해도 좋고, 친구랑 이야기 해도 좋아요. 선생님은 집에서 동화책을 한 권 가지고 와서 친구들과 함께 보면 좋을 거 같아요. 집에서 동화책 한권만 목요일에 가지고 와서 친구들과 함께 보도록 해요.</td><td></td></tr>
<tr><td rowspan="2">10:00 ~ 11:20
몬테소리 활동</td><td colspan="2">① 6세 등원.
② 인사 후 건강상태 확인.
③ 콩, 멸치, 오미자 먹기.</td><td></td></tr>
<tr><td colspan="2">① 몬테소리 활동.
· 관찰유아 이름 : 정지우
· 작업 명 : 땋기
· 순서 : 땋기 작업을 준비 한다. → 땋기 작업 틀을 자기 앞에 놓고 바르게 앉는다. → 3가지 색의 끈을 순서대로 엮는다. → 열심히 한 땋기 작업을 자랑한다. → 정리를 한다.
· 관찰 : 7세만 관찰하다가 오늘은 6세를 관찰해보았다. 6살이라 작업이 서툴거라 생각했는데 예상외로 잘 해내었다. 땋기 작업을 하려고 준비를 하다가 지우가 "내가 맑은반때 땋기 얼마나 잘했는데" 하며 옆에 있던 다희와 이야기를 나누었다. 그래서 지켜보았더니 정말 수월하게 땋기를 하고 있었다. 옆에서 다희가 "그 다음은 빨강." 이러니까 "어, 어떻게 알았지?" 하며, 둘이서 이야기를 나누며 서로 작업을 했다. 거의 땋기를 마무리 할 무렵 지우는 "선생님, 이쁘죠?" 하면서 나한테 보여주며 자랑을 했다. 그래서 "와, 정말 이쁘네?" 하면서 상호작용을 해주었더니 만족한 듯 기분좋은 웃음을 지었다.
· 평가 : 작업을 하면서 다희와 이야기를 좀 많이 나누는 편이었다. 그래도 자기 작업을 착실히 잘 수행하는 모습을 보니 기특하기도 했으면서도, 한편으로는 작업을 하면서 너무 많이 대화를 하는 것 같아서 작업에 집중이 안 될 것 같아 조금 자제를 시킬까 하는 생각도 들었다.</td><td></td></tr>
<tr><td>11:20 ~ 11:50</td><td colspan="2">① 호기심상자를 이용해 파도소리와 갈매기 사운드를 들려주고, 이야기</td><td>준비물 :</td></tr>
</table>

<table>
<tr><td>동시 배우기</td><td>나누기
(부분수업계획안 참조)
② 유아들과 돛단배에 대하여 알고 있는 것이 무엇인지 이야기 나누기
③ '돛단배' 동시를 소개하고 들려준다.
④ 갈매기소리, 파도소리와 함께 들려주기.
⑤ 친구들과 함께 동시 읽기.
⑥ 동시의 느낌과 내용에 대하여 이야기 나누기.</td><td>'돛단배' 동시판
파도소리, 갈매기소리
MP3
호기심상자
유의사항 :
바른 자세로
동시를 듣는다.</td></tr>
<tr><td>11:50 ~ 12:05
토픽 발표 및
6월 생일 축하식</td><td>① 토픽 발표.
T : 토픽 기자 김민수 나오세요. 토픽 노래 시작!
C : 토픽 기자님 토픽 들려주세요. 토픽 기자님 토픽 들려주세요.
시(짝짝) 작(짝짝) 큐~!
김민수 : 〈 현충원 〉

안녕하십니까. 저는 착한반 기자 김민수입니다. 오늘 제가 발표할 토픽은 현충일에 현충원 갔다온 토픽입니다. 저는 현충일에 현충원을 갔습니다. 현충원에 가서 할아버지 묘에서 절을 하고 밥을 먹고 집에 왔습니다. 할아버지가 많이 보고 싶었지만 참았습니다. 이 그림은 엄마, 아빠와 할아버지 묘에 있는 사진입니다. 이상입니다.
T : 김민수 형님에게 잘했다 박수.
C : 잘(짝) 했(짝) 다(짝)
T : 현충일에 아주 뜻 깊은 일을 했네요. 민수 할아버지는 군인이셨대요. 직업이 군인인 사람도 있는데, 민수 할아버지의 직업이 군인이셨어요. 여기에 소령 김영선이라고 있는데, 이건 군인 중에서 어린 군인, 나이 많은 군인을 나타내는 거예요. 계급을 나타내는 거예요. 민수는 어제 뜻 깊게 현충일을 보낸 것 같아서 선생님도 기쁘네요.
② 생일 축하식
T : 다음은 황다희 나오세요.
6월이 생일인 다희에게 생일축하 노래를 불러주도록 해요.
C : 생일 축하합니다. 생일 축하합니다. 생일 축하합니다. 황다희 예쁜 공주님 생일 축하합니다. 황다희 예쁜 공주님 생일 축하합니다.
다희야, 생일 축하해~!
황다희 : 고마워~
③ 기념촬영
: 형님과 친구 한명을 데리고 기념 촬영.

사진 속 친구들 : ○○○, ○○○, ○○○, ○○○</td><td></td></tr>
</table>

12:05 ~ 12:10 식사 준비	① 식탁 매트를 가져와 자기 자리에 놓기. ② 자기 가방을 가져와 도시락 준비. ③ 7세들은 식사당번을 번갈아가며 물 종지, 행주, 팀 이름 준비.		
12:10 ~ 13:20 기도 후 식사 및 정리정돈, 양치질하기	① 기도 후 맛있게 식사. ② 다 먹은 유아는 후식을 먹고 정리정돈. ③ 차례대로 줄을 서서 양치질을 깨끗이 한다.		유의사항 : 먹은 자리를 깨끗하게 정리 정돈한다.
13:20 ~ 13:40 바깥놀이	① 바깥놀이.		
13:40 ~ 13:50 간식 시간	① 간식 지도.		
13:50 ~ 14:20 6세 간식 7세 체육	① 간식 먹기.	② 체육 수업.	
14:20 ~ 14:30 1코스 하원 준비	① 종일제를 제외한 6세 하원 준비. ② 준비가 마치면 밑으로 내려가 인사를 하고 하원.	① 동화책 읽기.	※ 1코스 하원 차량 지도
14:30 ~ 15:30 별자리 수업 이동 및 수업	① 6세 별자리 수업 이동 후 수업. ·3층 강당 ○○○, ○○○ 선생님 폴라리스 및 아이스타 율동		
	① 7세 별자리 수업 이동 후 수업 **착한반 ○○○ 선생님 - 언어** **고운반 ○○○ 선생님 - 다도** **예쁜반 ○○○ 선생님 - 집중력** **밝은반 ○○○ 선생님 - 사진** **상상반 ○○○선생님 - 찰흙**		
15:30 ~ 15:40 마무리 및 귀가 지도	① 모두 마무리를 하고 하원 준비. ② 하원 준비가 끝이 나면 선생님들과 인사를 하원.		
15:40 ~ 17:20 종일제 이동 및 종일제 수업 (간식 후 바깥놀이)	〈 상상반 - ○○○ 선생님〉 ① 색종이로 배 접기 : 팀별로 배를 접고, 큰 배에 작은 배 붙이기 : 형님들이 배경을 물감으로 칠하기 	〈맑은반 - ○○○ 선생님〉 ① 화분 그리기	유의사항 : 사용한 물건들을 제자리에 바르게 정리한다.
17:20 ~ 17:30		① 종일제 유아들이 하원한 후 오늘	유의사항 : 버스 타기

<table>
<tr><td colspan="2">종일제 귀가지도</td><td></td><td>하루에 대해 수녀님과 선생님들과 이야기를 나눈다.</td><td>전 차례 지키기, 바르게 인사하기.</td></tr>
<tr><td rowspan="2">평가</td><td>실습생</td><td colspan="3">오늘 부분수업은 아이들에게 동시를 알려주는 것이었다. 동시판을 만들어 아이들에게 보여주니 좋아하였고, 역시 컴퓨터나 이런 매체들 보다 훨씬 효과는 좋은 것 같았다. 그리고 아이들도 재미있게 활동해주었다. 학교에서 부분수업발표를 했을 때, 오늘처럼 도입을 했더니 반응이 좋았다. 교수님도, 친구들도 칭찬을 해주어서 이번에는 실제로 아이들에게 써보면 어떨까? 아이들이 정말 좋아할까? 해서 도입방법을 써봤는데, 정말 아이들이 신기해하면서 그거 뭐냐고, 보여 달라고 하면서 좋아했다. 아쉬웠던 점이라면 동시판에 있는 돛단배의 비중이 좀 더 컸더라면 좋았을 것 같다. 또한 아이들이 발표를 하고 난 뒤엔 박수로 칭찬을 해주는 것을 했더라면 더 좋았을 텐데 아쉽고, 다음 발표 때는 이런 점들을 보완하여 더 나은 수업으로 아이들에게 다가가야겠다.</td></tr>
<tr><td>지도교사</td><td colspan="3"></td></tr>
</table>

부분수업계획안

결재	지도교사	원감	원장

일 시	2011년 6월 7일 화요일		학 급 명	착한 반
생 활 주 제	교통기관			
일 일 주 제	동시 - 돛단배			
목 표	· 돛단배에 관심을 가지고 육상교통의 종류임을 알 수 있다. · 동시를 듣고, 동시 '돛단배'에 대한 느낌을 이야기 할 수 있다.			
활동유형 및 시간	활 동 내 용			준비물 및 유의사항
	1수준		2수준	
11:00 ~ 11:50 동시 배우기	【 도입 】 ① 호기심상자를 이용해 파도소리와 갈매기 사운드를 들려주고, 이야기 나누기 T : 이 소리를 들어 본 적이 있나요? C : 네 T : 무슨 소리가 들려요? C : 파도소리, 갈매기소리요. T : 그래요. 파도소리도 들리고, 갈매기소리도 들리네요. 【 전개 】 ② 유아들과 돛단배에 대하여 알고 있는 것이 무엇인지 이야기 나누기 T : 짠. 선생님이 오늘은 재미있는 동시를 알려주려고 해요. 여기에 파도도 있고, 갈매기도 있네요. 또 뭐가 있어요? C : 물고기, 나무, 배 있어요. T : 그래요. 그리고 이 동시의 제목이 뭐에요? C : 돛단배요. T : 돛단배를 본 적 있나요? T : 어디서 봤나요? T : 돛단배는 어떤 배일까요? T : 돛이 무엇일까요? 돛대에 달아서 바람의 힘을 이용하여 배가 앞으로 나갈 수 있도록 한 천. ③ '돛단배' 동시를 소개하고 들려준다. T : 선생님이 먼저 '돛단배' 동시 한번 읽어볼게요. 친구들 잘 들어보도록 해요.  ④ 갈매기소리, 파도소리와 함께 들려주기. T : 이번에는 조금 전에 들어봤던 갈매기소리와, 파도소리를 함께 들으면서 선생님이 읽어볼게요.			준비물 : '돛단배' 동시판 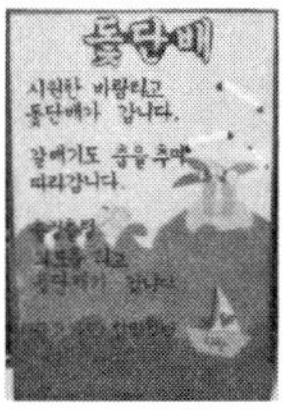 파도소리, 갈매기소리 MP3  호기심상자 

		⑤ 친구들과 함께 동시 읽기. T : 잘 들었나요? 어떤 내용인 것 같아요? C : 돛단배가 가는 내용이요. T : 돛단배가 어디로 가는 걸까요? C : 집으로요. T : 그럴 수도 있겠네요. 그럼 이번에는 우리 같이 한번 읽어볼까요? T : 이번에는 선생님이 먼저 한 줄을 읽으면 친구들이 다음 줄을 읽어 주세요. T : 잘했어요. 이번에는 어떻게 읽으면 좋을까? C : 남자친구들 먼저, 여자친구들 먼저 읽어요. T : 그럼 남자친구들 먼저 한 줄 읽고, 그 다음 줄은 여자친구들이 읽어볼까요? T : 친구들 너무 잘 읽어주었네요. 친구들이 더 쉽게 동시를 알 수 있게 노래를 만들어봤어요. 친구들 '커다란 수박하나 잘 익었나 통통 통~' 이 노래 알지요? 그 노래에 맞춰서 한번 불러볼게요. T : 친구들도 함께 해볼까요? 【 마무리 】 ⑥ 동시의 느낌과 내용에 대하여 이야기 나누기. T : 이 동시에서 돛단배가 무엇을 타고 갔어요? C : 바람이요. 파도요. T : 맞아요. 돛단배가 바람도 타고, 파도도 타면서 갔어요. 그럼 갈매기는 어떻게 따라갔다고 했어요? C : 춤을 추면서요. T : 어떻게 추면서 갔을까? C : 이렇게요. (흉내내기) T : 그렇게 갔을 수도 있겠구나. 그럼 물고기는 어떻게 따라갔어요? C : 첨벙첨벙이요. T : 맞아요. 첨벙첨벙 따라갔어요. 오늘 선생님이랑'돛단배' 동시를 같이 알아봤는데, 어땠어요? C : 재미있었어요. T : 선생님도 재미있었어요. 오늘 선생님이랑 같이 알아 본 동시의 제목은? C : 돛단배! T : 맞았어요. 이 '돛단배' 동시를 집에 가서 부모님께 오늘 배운 동시입니다. 하고 알려드리도록 해요. 다음 시간에는 더 재미있는 활동을 하기로 해요.	
평 가	실습생의 자기평가	동시판을 만들어 아이들에게 보여주니 좋아하였고, 역시 컴퓨터나 이런 매체들 보다 훨씬 효과는 좋은 것 같았다. 그리고 아이들도 재미있게 활동해주었다. 학교에서 부분수업발표를 했을 때, 오늘처럼 도입을 했더니 반응이 좋았다. 교수님도, 친구들도 칭찬을 해주어서 이번에는 실제로 아이들에게 써보면 어떨까? 아이들이 정말 좋아할까? 해서 도입방법을 써봤는데, 정말 아이들이 신기해하면서 그거 뭐냐고, 보여 달라고 하면서 좋아했다. 아쉬웠던 점이라면 동시판에 있는 돛단배의 비중이 좀 더 컸더라면 좋았을 것 같다. 또한 아이들이 발표를 하고 난 뒤엔 박수로 칭찬을 해주는 것을 했더라면 더 좋았을 텐데 아쉽고, 다음 발표 때는 이런 점들을 보완하여 더 나은 수업으로 아이들에게 다가가야겠다.	
	지도교사 의　견		
	수정 및 보완 사　　항		

일일교육실습일지

결재	지도교사	원감	원장

<table>
<tr><td>일 시</td><td>2011년 6월 8일 수요일</td><td>학 급 명</td><td>착한 반</td></tr>
<tr><td>생 활 주 제</td><td colspan="3">교통기관</td></tr>
<tr><td>일 일 주 제</td><td colspan="3">어디로 다닐까?, 7세 과학수업</td></tr>
<tr><td>목 표</td><td colspan="3">· 해상교통의 종류와 다니는 길을 알고, 육상교통의 공통점을 이야기 할 수 있다.
· 자신의 생각과 느낌을 바른 자세로 이야기 할 수 있다.</td></tr>
</table>

<table>
<tr><td rowspan="2">활동유형 및 시간</td><td colspan="2">활 동 내 용</td><td rowspan="2">준비물 및 유의사항</td></tr>
<tr><td>1수준</td><td>2수준</td></tr>
<tr><td>09:10 ~ 09:20
등원 및 인사,
기도 및 체조</td><td></td><td>① 유아들의 등원을 맞이하고 인사를 한 뒤 유아들의 건강상태를 확인.
② 아침기도 및 체조.</td><td></td></tr>
<tr><td>09:20 ~ 09:30
입실지도,
출석카드 및
가방정리</td><td></td><td>① 입실 후 출석카드에 출석도장 찍기.
② 가방을 정리.</td><td>준비물 : 출석카드
유의사항 : 차례를 지켜 출석카드를 할 수 있다.</td></tr>
<tr><td>09:30 ~ 10:10
정리정돈,
콩 · 멸치 · 오미자
먹기</td><td></td><td>① 가방 정리 정돈.
② 콩, 멸치, 오미자 먹기.</td><td></td></tr>
<tr><td>10:10 ~ 10:30
6세 체육수업 및
7세 기차환승체험
이야기 나누기</td><td colspan="2">① 기차 환승 체험 이야기 나누기.
T : 6세들이 지금 체육을 하러 가서 예쁜반이랑 함께 과학을 할거에요. 고운반은 어디 갔어요?
C : 기차체험이요.
T : 맞아요. 김천으로 기차 환승 체험을 갔지요. 그래서 예쁜반, 착한 반 형님들은 여기서 과학을 할 거예요. 내일 기차 체험에 대해서 이야기를 해보도록 해요.
내일은 어디 가요?
C : 김천으로 기차 체험이요.
T : 김천 가 본 친구 있어요?
C : 저요.
T : 그럼 직지사 가봤어요?
C : 아니요.
T : 내일 영천역에서 모여요. 9시 30분에 출발을 할거구요. 쭉 기차타고 김천역에서 내려서 버스타고 직지사 갈 거예요. 갈아타는 것을 환승이라고 한다 했지요? 내일 버스비는 얼마라구요?
C : 500원
T : 내일 복장에 대해서 이야기 해보도록 할게요. 내일은 비가 올 수도 있고 오늘처럼 더울 수도 있어요. 그래도 하복을 입고 오도록 해요. 그리고 양말을 신고 오세요.
내일 날씨가 더우면 냇가에서 양말벗고 발 담그고 놀건데, 긴 스타킹 신으면 벗기도 불편하고 신기도 불편하겠지요. 그리고 샌들을 신고 오세요. 샌들이 뭘까?
C : 구멍 뚫린 거요.
T : 맞아요. 여름에 신는 구멍이 뚫린 시원한 신발이고 물에 들어가도 금방 말라요.</td><td></td></tr>
</table>

<table>
<tr><th rowspan="2">활동유형 및 시간</th><th colspan="2">활 동 내 용</th><th rowspan="2">준비물 및
유의사항</th></tr>
<tr><th>1수준</th><th>2수준</th></tr>
<tr><td></td><td colspan="2">T : 그리고 내일 김천까지 오래 걸려요. 1시간 정도 걸리는데, 그 동안 뭘 할까요?
C : 동화책 읽어요.
T : 그래요. 기차 안에서 동화책을 읽으면 어때요?
C : 조용히 갈 수 있어요. 재미있게 갈 수 있어요. 똑똑해 질 수 있어요.
T : 그래요. 1시간동안 가만히 창밖을 보면서 가는 것도 좋지만, 책 보면서 좋은 생각 주머니 가지는 것이 더 좋을 것 같아요. 그리고 내일 간식은요, 초콜릿 과자, 튀긴 과자, 빼빼로, 초코송이 같은 과자들 안 됩니다. 몸에 좋지 않아요. 우리는 내일 건강 먹거리를 챙겨오도록 해요.</td><td></td></tr>
<tr><td>10:30 ~ 12:00
6세 체육수업
7세 과학수업
[분필로
써볼까요?]</td><td colspan="2">① 과학 수업. (7세 착한반, 예쁜반)
T : 먼저 동영상으로 어떤 건지 보도록 할게요.
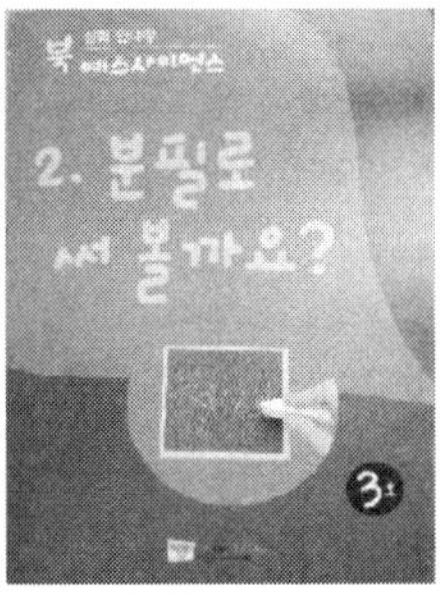
- 예스사이언스 열기 노래 부르기.
- 오늘의 동영상 보기.
: 분필로 글씨를 써요.
: 준비물 : 분필가루, 종이컵, 비닐, 분필틀, 나무판, 칠판 스티커, 투명 스티커, 막대, 휴지

- 만드는 방법
1. 분필 틀을 점선 따라 접은 후, 양 끝을 투명 스티커로 붙이고 비닐을 평평하게 깔아 넣으세요.
2. 종이컵에 분필 가루와 따뜻한 물 7mL를 넣고, 막대로 저으세요.
3. 분필 틀에 종이컵 속의 반죽을 넣고 막대로 눌러 평평하게 만든 후, 한 시간 정도 말리세요.
4. 칠판 스티커를 나무판에 붙이세요.
5. 반죽이 완전히 마르면 분필 틀에서 분필을 꺼내 칠판에 글씨를 써 보세요. 휴지에 물을 묻혀 칠판을 지울 수 있어요.

- 재료 탐색
T : 주의할 점은요, 이 분필 가루, 밀가루 아니구요, 쌀가루 아니에요. 먹으면?
C : 안 돼요.
T : 그래요. 이거는 실험하는 가루에요. 그래서 먹으면 몸에 안 좋겠지요. 선생님 분필로 칠판에 한 번 써볼게요. 그리고 정말 따뜻한 물에 지워질지 지워볼까요? 과연 지워질까요, 안 지워질까요?
C : 지워져요.
T : 와, 진짜 잘 지워지네요.
C : 찬물로도 지워져요?
T : 찬물에 하면 지워질까요? 한번 해볼까요?
찬물에 지워지긴 지워지는데, 휴지가 칠판에 묻어서 지저분해 보이네요.
따뜻한 물로 지우면 깔끔하게 지워져요.

- 선생님이 먼저 만들어보기.</td><td></td></tr>
</table>

	T : 분필이 마를 때까지 기다릴 동안 뭐해야할까요? C : 정리해요. T : 네. 정리하기로 해요. 칠판 스티커랑 가루를 담은 비닐은 비닐류 쓰레기통에 버리구요. 가루를 녹인 막대와 종이컵은 씻어서, 나무 막대기는 다시 쓸 수 있어요. 어려운 말로 뭐라 할까요? C : 재활용. T : 맞아요. 재활용이에요. 그럼 막대는 선생님에게 주고, 종이컵은 물에 젖어서 다시 쓸 수가 없기 때문에 종이류 쓰레기통에 버리도록 할게요. - '분필로 써 볼까요?' 만들기 T : 다 한 친구들은요, 모두 정리하고 책에 문제를 풀도록 할게요. - 마무리 T : 오늘 우리가 분필을 만들었어요. 분필가루에는 석고가루와, 탄산칼슘이라는 게 들어있어요. 분필가루는 밀가루도 아니고, 쌀가루도 아니고 석고가루, 탄산칼슘이라는 가루에요. 이 두 개를 섞어서 분필을 만들어요. T : 친구들이 분필로 이름을 적었지요. 적었다가 물로 지웠죠? 그런데 크레파스는 도화지에 색칠하고 물로 하면 지워질까요? C : 아니요. T : 왜냐하면, 분필은 물이랑 친해서, 물로 닦으면 지워진대요. 이걸 어려운 말로 친수성이라고 한 대요. 분필은 뭐랑 친하다구요? C : 물. T : 물이랑 친해요. 그걸 어려운 말로 친수성이라고 해요. 그래서 물로 지우면 잘 지워지지만 크레파스는 물이랑 사이가 안 좋대요. 별로 안 친하대. 그걸 어려운 말로 소수성이라고 한 대요. 그래서 크레파스는 물로 지워지지가 않아요. T : 이제 자기 자리로 돌아가 칠판에 어머니한테 하고 싶은 말을 쓰고 비닐에 싸서 큰 비닐에 모두 넣고, 집에 가서 어머니에게 보여드리도록 해요.	
12:00 ~ 12:05 정리정돈	① 정리정돈. T : 자기 자리 정리하고, 자기 반으로 돌아가도록 해요. 자기 물건은 스스로 챙기기로 해요.	
12:05 ~ 12:10 식사 준비	① 식탁 매트를 가져와 자기 자리에 놓기. ② 자기 가방을 가져와 도시락 준비. ③ 7세들은 식사당번을 번갈아가며 물 종지, 행주, 팀 이름 준비.	
12:10 ~ 13:20 기도 후 식사 및 정리정돈, 양치질하기	① 기도 후 맛있게 식사. ② 다 먹은 유아는 후식을 먹고 정리정돈. ③ 차례대로 줄을 서서 양치질을 깨끗이 한다.	유의사항 : 먹은 자리를 깨끗하게 정리 정돈한다.
13:20 ~ 13:40 바깥놀이	① 바깥놀이.	
13:40 ~ 14:05 해상교통 이야기 나누기	① 해상교통에 대하여 이야기 나누기(부분수업계획안 참조) - '작은 동물원' 노래로 주의집중 - 뱃고동 소리를 들려주며 이야기 나누기 (PPT) - 지난 번 육상교통 상기시키기 - 해상교통에 대하여 이야기 나누기 - 오늘 알아봤던 해상교통에 대해 다시 한번 이야기 나누기	

<table>
<tr><td>14:05 ~ 14:20
간식 시간</td><td colspan="2">① 간식 지도.</td><td></td></tr>
<tr><td>14:20 ~ 14:30
1코스 하원 준비</td><td>① 종일제를 제외한 6세 하원 준비.
② 준비가 마치면 밑으로 내려가 인사를 하고 하원.</td><td>① 동화책 읽기.</td><td>※ 1코스 하원 차량 지도</td></tr>
<tr><td>14:30 ~ 14:40
토픽 발표</td><td colspan="2">① 토픽 발표.
T : 토픽 기자 김소은 나오세요. 토픽 노래 시작!
C : 토픽 기자님 토픽 들려주세요. 토픽 기자님 토픽 들려주세요.
시(짝짝) 작(짝짝) 큐~!
김소은 : 〈 고양이 가족 〉
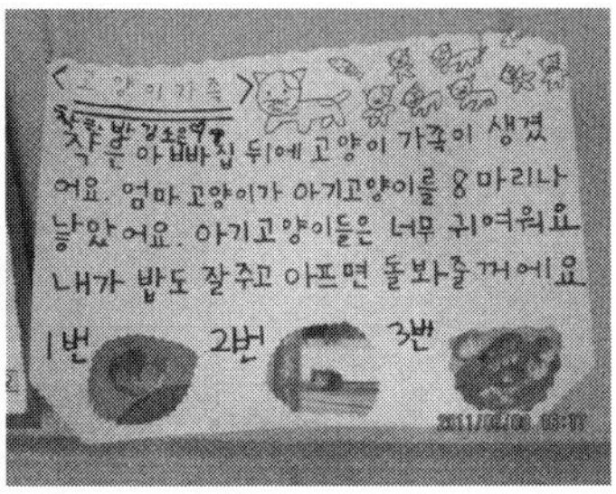
안녕하십니까. 저는 착한반 기자 김소은입니다. 오늘 제가 발표할 토픽은 고양이 가족 토픽입니다. 작은 아빠 집 뒤에 고양이 가족이 생겼어요. 엄마 고양이가 아기 고양이를 8마리나 낳았어요. 아기 고양이들은 너무 귀여워요. 내가 밥도 잘 주고 아프면 돌봐 줄꺼에요.
T : 작은 아빠 집에 누가 태어났어요?
C : 고양이
T : 몇 마리요?
김소은 : 8마리.
T : 소은이는 아기 고양이가 어떨 때 가장 귀여워요?
C : 다 귀여워요.
T : 고양이를 좋아하는 구나. 자, 우리 김소은에게 잘했다 박수.
C : 잘(짝) 했(짝) 다(짝).</td><td></td></tr>
<tr><td>14:40 ~ 15:30
미술 활동.</td><td colspan="2">① 이야기 나누기 후 가장 좋아하는 해상교통 그리기.
T : 오늘은 폴라리스와 별자리가 없는 날이지요. 고운반 선생님과 밝은반 선생님이 안 계시지요. 오늘 선생님이랑 파랑반은 돈을 확인할거에요. 조금 전에 해상교통에 대해 배웠어요. 해상교통이 뭐였어요?
C : 바다 위를 다니는 거.
T : 맞아요. 종류에는 뭐가 있었지요?
C : 여객선, 화물선, 유조선, 어선, 잠수함이요.
T : 이거 말고 또 뭐가 있었지요?
C : 보트, 해양경찰, 돛단배요.
T : 그래요. 그 중에서 좋아하는 배를 하나 골라서 자기 스케치북에 그려보는 활동을 할 거예요. 파랑반은 돈 확인 후에 그리구요, 빨강반은 색깔반 가방 가져와서 자기가 그리고 싶은 배 하나만 그려보도록 해요.</td><td>※ 별자리 수업 없는 날</td></tr>
<tr><td>15:30 ~ 15:40
마무리 및
귀가 지도</td><td colspan="2">① 모두 마무리를 하고 하원 준비.
② 하원 준비가 끝이 나면 선생님들과 인사를 하원.</td><td></td></tr>
<tr><td>15:40 ~ 17:20</td><td>〈 상상반 - ○○○ 선생님〉</td><td>〈맑은반 - ○○○ 선생님〉</td><td>유의사항 :</td></tr>
</table>

<table>
<tr><td colspan="2">종일제 이동 및
종일제 수업
(간식 후
바깥놀이)</td><td>① 배 접어 꾸미기 2
: 바닷 속 풍경 이야기 후
그림으로 표현하기.</td><td>① 이면지로 배 접기</td><td>사용한 물건들을 제자리에 바르게 정리한다.</td></tr>
<tr><td colspan="2">17:20 ~ 17:30
종일제 귀가지도</td><td></td><td>① 종일제 유아들이 하원 한 후 오늘 하루에 대해 수녀님과 선생님들과 이야기를 나눈다.</td><td>유의사항 : 버스 타기 전 차례 지키기, 바르게 인사하기.</td></tr>
<tr><td rowspan="2">평
가</td><td>실습생</td><td colspan="3">오늘 부분 수업은 나름대로 무난하게 한 것 같다. 목소리에 자신감이 없어 보인다는 선생님의 말씀이 정곡을 찔렀다. 열심히 하려고 노력했는데도 학교에서부터 지적받던 부분을 또 다시 지적을 받으니 더 노력해야겠다는 생각 외에는 아무 생각도 들지 않는다. 그래도 지난 부분수업 때의 보완점을 수용하여 이번에 적극적으로 이야기나누기를 했다. 그래서 그런지 저번보다는 아이들이 집중을 조금 더 잘해준 거 같아 기분이 좋았다. 이런 식으로 하면 나도 이제 더 잘할 수 있겠다는 생각이 들었다. 해상교통의 정의에 대해서 조금 더 반복하여 아이들에게 알려주었으면 좋았겠다. 또한 시간이 조금 여유가 없었던 것이 아쉬웠다. 그리고 5세들에게 동시-돛단배를 알려주었다. 5세들이 잘 따라해 주었고, 수업진행이 무난하게 잘 된 것 같다. 내일, 그리고 금요일 수업, 또 앞으로도 목소리에 조금 더 힘을 주어야겠다.</td></tr>
<tr><td>지도교사</td><td colspan="3"></td></tr>
</table>

부분수업계획안

결재	지도교사	원감	원장

일 시	2011년 6월 8일 수요일	학 급 명	착한 반
생 활 주 제	교통기관		
일 일 주 제	어디로 다닐까?		
목 표	· 해상교통의 종류와 다니는 길을 알고, 육상교통의 공통점을 이야기 할 수 있다. · 자신의 생각과 느낌을 바른 자세로 이야기 할 수 있다.		

활동유형 및 시간	활 동 내 용 (1수준)	활 동 내 용 (2수준)	준비물 및 유의사항
11:00 ~ 11:50 이야기 나누기	【 도입 】 ① '작은 동물원' 노래로 주의집중 T : 박수치면서 작은 동물원 노래 불러볼까요? 시-작! T,C : 삐약삐약 병아리, 음메 음메 송아지, 따당 따당 사냥꾼 뒤뚱 뒤뚱 물오리 푸우푸우 개구리, 집게 집게 집게 가재, 푸르르르르 물풀, 소-라! 【 전개 】 ② 뱃고동소리를 들려주며 이야기 나누기 T : 무슨 소리가 들리나요? C : 갈매기 소리요, 파도소리, 배 소리요. T : 갈매기 소리도 들리고, 파도소리도 들리네요. 그리고 배 소리도 들린다고 했는데 어떤 배일까? 배꼽이 있는 배일까? ○○이 배일까? C : 아니요, 물 위에 있는 배요.  T : 그 배의 소리가 맞는지 어디 볼까요? (PPT의 화면을 보여준다.) 맞았어요. 바로 이 배였어요. 배를 타 본 적이 있나요? C : 네 T : 누구와 함께 탔는지 발표할 친구는 손을 들어주세요. C : 가족과 함께 탔습니다. T : 그랬구나. 그럼 배를 타 본 다른 친구 중에서 배를 타고 가면서 어떤 기분이 들었는지 발표할 친구는 손을 들어주세요. C : 재미있었어요. ③ 해상교통에 대하여 이야기 나누기 T : 저번에 선생님이랑 같이 육상교통에 대해서 알아본 거 기억나나요? C : 네 T : 육상교통이 뭐였어요? C : 땅 위를 다니는 교통기관이요. 자동차요. T : 맞아요. 땅 위를 다니는 교통기관을 육상교통이라고 해요. 거기에는 버스, 택시, 승용차, 자전거, 오토바이, 기차가 있었지요. 그럼 오늘은 해상교통을 알아볼 건데, 해상교통은 무엇일까요? C : 모르겠어요.		준비물 : PPT 이야기 나누기 자료

	T : 해상교통은 한자인 바다 해(海)를 써서 바다에서 다니는 교통기관을 말해요. 바다에서 다니는 교통기관은 어떤 것이 있을까요? C : 배!  T : 맞아요. 배가 있죠. 배에도 여러 가지 종류가 있대요. 어떤 종류가 있는지 선생님이랑 보도록 해요.  T : 이 배를 본 적이 있나요? 이 배는 여행을 하는 사람들을 운반해 주는 배에요. 이 배의 이름은 여객선입니다. C : 여객선입니다. T : 여객선을 보니까 어떻게 생겼어요? C : 길어요. 커요. T : 길고 크죠? 여행을 하는 많은 사람들을 태우기 때문에 이렇게 크답니다.  T : 다음 배는 짐을 실어 나르는 배래요. 어떻게 생겼는지 한번 볼까요? 이렇게 생겼어요. 이 배는 짐을 운반해 주는 화물선입니다. C : 화물선입니다. T : 아까 여객선은 무엇을 운반하나요? C : 여행하는 사람이요. T : 맞아요. 여객선은 여행하는 사람들을 운반하지요. 그런데 화물선은 무엇을 운반해요? C : 짐이요. T : 그래요. 사람을 운반하는 배도 있고, 짐을 운반하는 배도 있어요. 또 어떤 배가 있을까요?  T : 다음 배는 이렇게 생긴 배에요. 이 배는 석유나 기름을 운반한 대요. 이 배의 이름은 유조선입니다. C : 유조선입니다. T : 제일 처음에 사람들을 운반해 주는 배가 이름이 뭐였죠? C : 여객선이요. T : 여객선이었죠. 그럼 짐을 운반하는 배의 이름이 뭐였죠? C : 화물선이요. T : 친구들 잘 기억하고 있네요. 그럼 유조선은 무엇을 운반한다고 했어요? C : 석유나 기름이요.  T : 맞아요. 석유나 기름을 운반하는 배의 이름은 유조선이에요. T : 다음 배는 무엇일까요? 선생님이 힌트를 줄게요. 이 배는 물고기를 잡을 수 있대요.	유의사항 : 바르게 앉아서 듣는 힘을 기른다.

	C : 물고기배. T : 물고기배? 한번 확인해 볼게요. 바닷 속에 그물을 넣어서 물고기를 잡는 이 배는 어선입니다. C : 어선입니다. T : 이 사진 속에 있는 아저씨 보이나요? 뭐 하고 있는 거 같아요? C : 그물 잡고 있어요. T : 네, 그물을 잡고 고기가 많이 잡혔으면 좋겠다고 하고 생각을 하고 있는 것 같아요. T : 다음 배는 조금 특이하게 생겼어요. 그리고 바닷 속으로도 다닐 수 있대요. C : 잠수함!  T : 잠수함일까요? 한번 볼게요. 와, 잠수함이네요. 잠수함은 물 위에서도 다니지만 대부분은 바닷 속에서 다니는 배라고 해요. 잠수함은 어떻게 생겼어요? C : 다 막혀있어요. T : 맞아요. 바닷 속으로 다니기 때문에 배 안으로 물이 들어오지 않게 하려고 다 막혀 있어요. 잠수함은 왜 물 속에서 다닐까요? C : 바닷 속을 구경하려고. T : 그래요. 바닷 속이 어떻게 생겼는지 보려고 만들었어요. 또 바닷 속에 무슨 일이 생겼는지도 알아 볼 수 있대요. 【 마무리 】 ④ 오늘 알아봤던 해상교통에 대해 다시 한번 이야기 나누기 T : 오늘은 바다에서 다니는 교통기관에 대해서 알아봤어요. 바다에서 다니는 교통기관을 뭐라고 할까요? C : 해상교통. T : 맞아요. 해상교통이라고 해요. 해상교통에는 배가 있었지요. 오늘 보았던 해상교통은 어떤 것들이 있었는지 다시 한 번 보여주도록 할게요. (PPT 다시 보여주기) T : 여행하는 사람들을 운반하는 배는 이름이 뭐였어요? C : 여객선 T : 그래요. 여객선이죠. 그럼 짐을 운반하는 배는 이름이 뭐였어요? C : 화물선. T : 맞아요. 또 기름이나 석유를 운반하는 배의 이름은 유조선이라고 했어요. 그리고 배의 이름이 어선이라는 것도 있었는데, 어선은 어떤 배에요? C : 물고기 잡는 배요. T : 어선은 물고기를 잡는 배에요. 또 바닷 속을 다니는 배의 이름은 무엇이었죠? C : 잠수함이요! T : 그래요. 잠수함이에요. T : 오늘 함께 알아봤던 해상교통 말고 다른 해상교통에는 어떤 것들이 있을까? T : 해상교통을 이용하면 어떤 점이 좋을까요? C : 편하게 다닐 수 있어요. 바다 위를 다닐 수 있어요. T : 그래요. 편하게 바다 위를 다닐 수 있지요. 오늘 같이 이야기 나눈 해상교통에는 어떤 것들이 있는지, 집에 가서 부모님께 말씀 드리도록 해요.	

평가	실습생의 자기평가	오늘 부분 수업은 나름대로 무난하게 한 것 같다. 목소리에 자신감이 없어 보인다는 선생님의 말씀이 정곡을 찔렀다. 열심히 하려고 노력했는데도 학교에서부터 지적받던 부분을 또 다시 지적을 받으니 더 노력해야겠다는 생각 외에는 아무 생각도 들지 않는다. 그래도 지난 부분수업 때의 보완점을 수용하여 이번에 적극적으로 이야기나누기를 했다. 그래서 그런지 저번보다는 아이들이 집중을 조금 더 잘해준 거 같아 기분이 좋았다. 이런 식으로 하면 나도 이제 더 잘할 수 있겠다는 생각이 들었다. 해상교통의 정의에 대해서 조금 더 반복하여 아이들에게 알려주었으면 좋았겠다. 또한 시간이 조금 여유가 없었던 것이 아쉬웠다.
	지도교사 의견	
	수정 및 보완 사항	

일일교육실습일지

결재	지도교사	원감	원장

일 시	2011년 6월 9일 목요일	학 급 명	착한 반
생 활 주 제	교통기관		
일 일 주 제	해상교통 모자이크(착한반,예쁜반 6세)		
목 표	· 해상교통에 관심을 가지고, 해상교통의 정의와 종류를 알 수 있다. · 신문지를 찢어 모자이크 활동을 함으로써, 소근육 발달을 돕는다. · 신문지를 이용하여 자신의 생각과 느낌을 창의적으로 표현할 수 있다.		

활동유형 및 시간	활 동 내 용		준비물 및 유의사항
	1수준	2수준	
08:50 ~ 09:00 등원 및 인사, 기도 및 체조		① 영천역에서 유아들의 등원을 맞이하고 인사를 한 뒤 유아들의 건강상태를 확인.	
09:00 ~ 09:30 기차 탑승 및 출발		① 기차 탑승 및 출발.	유의사항 : 모든 유아가 탑승했는지 확인한다.
09:30 ~ 10:30 김천역 출발		① 김천역 출발. ② 가지고 온 동화책 읽기.	유의사항 : 기차 안에서 지켜야 할 약속을 기억한다.
10:10 ~ 10:20 6세 등원 및 입실지도	① 유아들의 등원을 맞이하고 인사를 한 뒤 유아들의 건강상태를 확인. ② 아침기도 및 체조.		
10:20 ~ 10:45 명상 및 출석카드, 가방정리	① 출석카드에 출석도장 찍기. ② 가방을 정리.		준비물 : 출석카드 유의사항 : 차례를 지켜 출석카드를 할 수 있다.
10:45 ~ 11:00 이야기 나누기	① 이야기 나누기 T : 오늘은 2011년 6월 9일 목요일입니다. 오늘의 날씨는 어때요? C : 구름! T : 그래요. 창문을 보세요. 지금 구름이 있네요. T : 오늘은 착한반과 예쁜반이 함께 재미있는 작업을 할 거예요. 강민진선생님이 알려 주실 건데요. 작업할 때에 약속이 있어요. 허리를 곧게 펴구요, 눈은 선생님을 쳐다보는 바른자세로 앉아주어야 해요. 그리고 나 혼자 욕심내지 않구요, 사이좋게 나누어서 작업하도록 해요.		※ 착한반, 예쁜반 7세 김천기차환승체험.

활동유형 및 시간	활 동 내 용		준비물 및 유의사항
	1수준	2수준	
	T : 그리고 오늘은 선생님이 자리를 정해 주도록 할게요. 의자자리는 착한반 친구들이 앉구요, 바닥에 있는 책상자리는 예쁜반 친구들이 앉기로 해요. 그럼 이제 강민진 선생님을 초대해 보기로 해요. C : 강민진 선생님 초대합니다.		
11:00 ~ 11:50 육상교통 모자이크	(부분수업계획안 참조) ① 손유희로 주의집중 ② 해상교통에 대해 이야기 나누기 T : 해상교통이 무엇일까요? C : 바다 위로 다니는 교통기관이요! ③ 활동재료 소개 T : 오늘은 신문지를 이용해서 활동을 할 거예요. ④ 활동방법 소개 T : 친구들 모자이크를 들어봤나요? C : 아니요. T : 모자이크는 종이를 작게 잘라 붙여서 그림을 만드는 거예요. 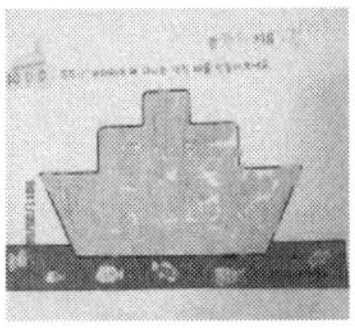  ⑤ 활동 착한반 정지우 / 예쁜반 김경표 ⑥ 활동 후 마무리		준비물 : 신문지, 풀, 연필, 활동지 주의사항 : 재료들을 친구와 나누어 쓴다.
11:50 ~ 11:55 화장실 다녀오기	① 화장실 다녀오기		
11:55 ~ 12:00 식사 준비	① 식탁 매트를 가져와 자기 자리에 놓기. ② 자기 가방을 가져와 도시락 준비. ③ 식사당번은 물 종지, 행주, 팀 이름 준비.		
12:00 ~ 13:20 기도 후 식사 및 정리정돈, 양치질하기	① 기도 후 맛있게 식사. ② 다 먹은 유아는 후식을 먹고 정리정돈. ③ 차례대로 줄을 서서 양치질을 깨끗이 한다.		유의사항 : 먹은 자리를 깨끗하게 정리 정돈한다.
13:20 ~ 13:50 바깥놀이	① 바깥놀이.		
13:50 ~ 14:10 간식 시간	① 간식 지도.		
14:10 ~ 14:30 1코스 하원 준비	① 종일제를 제외한 6세 하원 준비. ② 준비가 마치면 밑으로 내려가 인사를 하고 하원.	① 동화책 읽기.	※ 1코스 하원 차량 지도
14:30 ~ 15:20	① 조금 전에 했던 모자이크 활동에 대한 이야기 나누기		

<table>
<tr><td colspan="2">이야기 나누기 및
미술 활동</td><td colspan="2">② 오늘 있었던 일 중 가장 즐거웠던 일 그림으로 표현하기</td><td></td></tr>
<tr><td colspan="2">15:20 ~ 15:40
마무리 및
귀가 지도</td><td colspan="2">① 모두 마무리를 하고 하원 준비.
② 하원 준비가 끝이 나면 선생님들과 인사를 하원.</td><td></td></tr>
<tr><td colspan="2">15:40 ~ 17:20
종일제 이동 및
종일제 수업
(간식 후
바깥놀이)</td><td>〈 상상반 - ○○○ 선생님〉
① 실험 : 물에 뜨는 것과
물에 뜨지 않는 것</td><td>〈맑은반 - ○○○ 선생님〉
① 칸에 맞추어 배 그리기</td><td>유의사항 :
사용한 물건들을 제자리에 바르게 정리한다.</td></tr>
<tr><td colspan="2">17:20 ~ 17:30
종일제 귀가지도</td><td></td><td>① 종일제 유아들이 하원 한 후 오늘하루에 대해 수녀님과 선생님들과 이야기를 나눈다.</td><td>유의사항 : 버스 타기 전 차례 지키기, 바르게 인사하기.</td></tr>
<tr><td rowspan="2">평
가</td><td>실습생</td><td colspan="3">오늘은 착한반과 예쁜반 7세들이 김천으로 기차환승체험을 가는 날이다. 그래서 착한반 6세와 예쁜반 6세들과 손현주 선생님과 지냈다. 6세라서 그런지 모자이크라는 것에 대해 생소해 했다. 내 생각엔 알거 같기도 하고 모를거 같기도 하고, 이름 들으면 알 수 있을 것 같아 모자이크라는 명칭을 썼다. 모자이크는 잘 몰랐지만 막상 내가 시범도 보이고 내가 한 것도 가지고 와서 아이들에게 보여주고 하니까 모자이크라는 것을 잘 알 수 있었고 활동도 모두 잘 했다. 오늘 중 기특했던 것은 해상교통이 뭘까? 라고 물었더니 바다에서 다니는 교통기관이요! 라고 씩씩하게 말해주었으며, 또 다른 교통기관은 뭐가 있을까 했더니 항공교통이요. 라고 대답해주었다. 난 정말 놀래서 훌륭하다고 칭찬도 해주었다. 마지막에 아이들 활동 한 것을 모아서 다 보니까 대부분 정말로 잘 해주어서 오늘 수업은 만족스러웠다.</td></tr>
<tr><td>지도교사</td><td colspan="3"></td></tr>
</table>

부분수업계획안

결재	지도교사	원감	원장

일 시	2011년 6월 9일 목요일	학 급 명	착한 반
생 활 주 제	교통기관		
일 일 주 제	해상교통 모자이크		
목 표	·해상교통에 관심을 가지고, 해상교통의 정의와 종류를 알 수 있다. ·신문지를 뜯어 그림에 붙여 봄으로써, 모자이크가 무엇인지 알 수 있다. ·신문지를 이용하여 자신의 생각과 느낌을 창의적으로 표현할 수 있다.		

<table>
<tr><th rowspan="2">활동유형 및 시간</th><th colspan="2">활 동 내 용</th><th rowspan="2">준비물 및 유의사항</th></tr>
<tr><th>1수준</th><th>2수준</th></tr>
<tr><td>11:00 ~ 11:50
모자이크 활동</td><td colspan="2">【 도입 】
① '오리소풍' 손유희로 주의집중
아빠 오리가 점심 가지고 소풍을 간다. 뒤뚱~
돌다리를 건너서 언덕을 넘으면 야~ 시냇물이 흐르는
즐거운 오리소풍, 뒤뚱!

【 전개 】
② 해상교통에 대해 이야기 나누기
T : 바다에 다니는 교통기관은 무엇이 있을까요?
C : 배, 보트, 해양경찰.
③ 활동재료 소개
T : 선생님이 준비한 재료를 한번 보세요. 무엇이 있나요?
C : 신문지, 풀
T : 이것들을 가지고 무엇을 할 수 있을까요?
C : 찢기, 붙이기
④ 활동방법 소개
T : 오늘은 선생님이랑 빨강반 친구들이랑 재미있는 활동을 할거에요.
친구들 '모자이크'란 말을 들어 본 적이 있나요?
C : 네.
T : 모자이크는 어떻게 하는 걸까요?
C : 잘라서 붙여요.
T : 오늘은 신문지를 이용해서 모자이크를 해볼거에요.
그런데 종이를 자를 수 있는 방법은 어떤 게 있을까요?
C : 가위로 잘라요. 손으로 찢어요.
T : 여러 방법들이 있지요. 오늘은 신문지를 손으로 찢어 볼거에요.
선생님이 집에서 해보다가 이렇게 하는 게 맞는지 잘 몰라서 조금만 붙이고 가지고 왔어요. 이렇게 하는 거 맞아요?
C : 네. 맞아요.
T : 신문지를 손으로 찢어서 풀을 붙이고 여기에 붙이는 거 맞아요?
C : 네.</td><td>준비물 : 신문지, 풀, 연필, 활동지(첨부)</td></tr>
</table>

T : 그래요. 친구들 잘 알고 있네요. 선생님이 팀별로 신문지를 나누어 줄 거예요.
그러면 그 신문지를 나 혼자서 다 쓸까요?
C : 친구랑 나누어 써요.
T : 그래요. 친구와 함께 사이좋게 나누어서 쓰기로 해요. 그럼 그 신문지를 손으로 찢어서 그 다음은 어떻게 할까요?
C : 풀로 붙여요.
T : 풀로 붙일까요? 네. 그럼 풀로 붙이도록 해요. 그런데 여기서 선생님이 하나 물어볼게요. 이 활동지에 한꺼번에 풀을 발라놓고 신문지를 하나씩 하나씩 붙이면 될까요?
C : 아니요.
T : 왜 안될까?
C : 알아요 / 몰라요.
T : 풀칠을 한꺼번에 많이 하면 풀이 말라서 잘 붙지 않을 수가 있대요. 그래서 친구들이 필요한 만큼만 그 때 그 때 쓰도록 해요. 그리고 신문지를 가위로 자르지 않고 손으로 찢기 때문에 이 모양에서 벗어날 수 가 있어요. 튀어나와도 괜찮아요. 그리고 도움이 필요한 친구는 어떻게 하면 좋을까요?
C : 도와달라고 해요.
T : 그래요. "어려워요.", "잘 못하겠어요" 하는 친구들은 손을 들고 선생님께
"도와주세요."라고 하도록 해요.

⑤ 활동을 한다.
T : 다 한 친구들은 자기 자리 정리하고 바르게 앉아있도록 해요.

【 마무리 】

⑥ 활동 후 자리 정리 및 평가
T : 오늘 무엇을 했지요?
C : 모자이크.
T : 그래요. 그럼 자기가 한 활동을 발표할 친구는 손을 들어주세요.
T : 허리를 바르게 세우고 선생님 눈을 쳐다보고 있는 친구를 찾아봅시다.
〈황다희, 김경표 발표〉

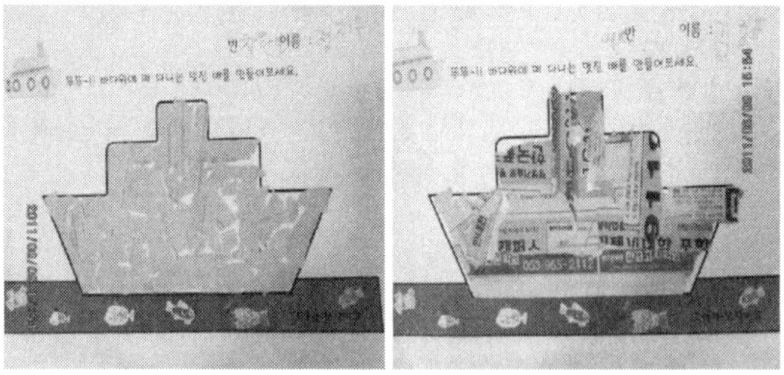

〈위 사진첨부 사진은 정지우, 김경표〉

T : 오늘은 해상교통인 배를 모자이크 했지요. 어떤 걸 이용해서 모자이크를 했나요?
C : 신문지요.
T : 신문지를 찢어서 하니까 느낌이 어때요? 잘 찢어지나요?
C : 네
T : 그랬구나. 이렇게 바다 위에서 다니는 교통기관 말고 또 다른 곳을 이

<table>
<tr><td colspan="2"></td><td>용해서 다니는 교통기관은 무엇이 있을까요?
C : 하늘, 땅
T : 네. 다음 시간에는 하늘로 다니는 교통기관에 대해서 이야기도 나누고 재미있는 활동도 하기로 해요.</td><td></td></tr>
<tr><td rowspan="3">평
가</td><td>실습생의
자기평가</td><td colspan="2">오늘은 착한반과 예쁜반 7세들이 김천으로 기차환승체험을 가는 날이다. 그래서 착한반 6세와 예쁜반 6세들과 손현주 선생님과 지냈다. 6세라서 그런지 모자이크라는 것에 대해 생소해 했다. 내 생각엔 알거 같기도 하고 모를거 같기도 하고, 이름 들으면 알 수 있을 것 같아 모자이크라는 명칭을 썼다. 모자이크는 잘 몰랐지만 막상 내가 시범도 보이고 내가 한 것도 가지고 와서 아이들에게 보여주고 하니까 모자이크라는 것을 잘 알 수 있었고 활동도 모두 잘 했다. 오늘 중 기특했던 것은 해상교통이 뭘까? 라고 물었더니 바다에서 다니는 교통기관이요! 라고 씩씩하게 말해주었으며, 또 다른 교통기관은 뭐가 있을까 했더니 항공교통이요. 라고 대답해주었다. 난 정말 놀래서 훌륭하다고 칭찬도 해주었다. 마지막에 아이들 활동 한 것을 모아서 다 보니까 대부분 정말로 잘 해주어서 오늘 수업은 만족스러웠다.</td></tr>
<tr><td>지도교사
의 견</td><td colspan="2"></td></tr>
<tr><td>수정 및 보완
사 항</td><td colspan="2"></td></tr>
</table>

연계수업계획안

<table>
<tr><td>일 시</td><td>2011. 06. 03</td><td>학 급 명</td><td>우정A반</td></tr>
<tr><td>유 아 연 령</td><td>만 4세</td><td>지 도 교 사
실 습 생</td><td>○○○선생님
○○○</td></tr>
<tr><td>생 활 주 제</td><td colspan="3">'무지개 물고기' (문학적 접근)</td></tr>
<tr><td>일 일 주 제</td><td colspan="3">▪ 물고기 동시 읽어보기
▪ 비늘 나누어 주기</td></tr>
<tr><td>목 표</td><td colspan="3">▪ 동시를 즐겁게 감상한다.
▪ 동시를 듣고 생각이나 느낌을 표현할 수 있다.
▪ 친구와의 우정, 협동, 나눔의 기쁨에 대해 안다.</td></tr>
<tr><td>활동유형 및 시간</td><td colspan="2">활동내용</td><td>준비물 및 유의사항</td></tr>
<tr><td>〈 도입 〉
6분</td><td colspan="2">① 유아들의 호기심을 자극할 수 있는 자료를 제시한다.
T : 친구들, 이게뭘까? (낚시대교구를 제시하며)
C : 낚시대인가? 몰라요. 막대기요. 등
T : 낚시대 같아요? 오늘 선생님과 함께 재미있는 수업을 해보도록 할 거에요.
(바구니를 제시하며) 여기에는 뭐가 있을까?
C : 저게뭐지?
T : 선생님과 함께 이 봉(낚시대)으로 여기에 무엇이 있을지 알아볼 거예요.
T : 선생님이 하나, 둘, 셋 하면 친구들이 나와라!!라고 외쳐 주는 거예요. 알겠나요?
C : 네
T : 하나, 둘, 셋
C : 나와라..
T : 우정반의 목소리가 작아서 이친구가 나오기 싫은가봐요. 한번 더 불러볼 까요? 하나, 둘, 셋
C : 나와라!!
T : (고기를 낚는다.) 우와~ 이게 뭐죠?
C : 물고기요!
T : 그래요. 물고기에요. 이 물고기는 무슨 색깔이죠? 어때요?
C : 귀여워요. 노란색이요.(상황에 맞게 대답한다.)
T : 이렇게 잡은 물고기를 어떻게 하면 좋을까?
(어항교구를 보여주며) 짜잔~
T : 이 물고기를 어떻게 할까?
C : 어항속에 넣어요.
T : 그럴까요? (붙인다.) 자, 그럼 이제 다른 물고기를 잡아볼 게요. (물고기를 낚는다.)

〈이러한 방식으로 바구니 속에 있는 교구를 다 잡고 어항을 꾸민다.〉</td><td>- 호기심자극을 위한 교구
-낚시대
-바구니
-어항교구</td></tr>
</table>

	T : 우와, 친구들 이렇게 많은 물고기를 잡았네요. 어항속이 어때요? C : 예뻐요 (다양한 대답예상) T : 예쁘죠? (물고기를 떼어 어항속을 헤엄치는 흉내를 낸다.) 랄라랄라라~ 어푸 어푸 T : 우정반 친구들, 물고기가 지금 뭐하고 있는것 같아요? C : 헤엄쳐요. T : 네. 헤엄치고 있어요. (물고기를 위로 헤엄치는 흉내를 내며) 물고기가 지금 어디로 헤엄을 치고 있어요? C : 위로 가고있어요. T : 위로헤엄치고 있네요.(물고기를 아래로 헤엄치는 흉내를 내며) 이 물고기는 지금 어디로 헤엄을 치고 있나요? C : 아래로요. T : 물고기가 아래로 헤엄치고 있네요. (물고기를 돌리며) 물고기가 지금은 뭐하고 있지? C : 돌고 있어요. T : 그래요. 물고기가 지금 뺑그르르~돌고 있구나.	
〈 전개 〉 15분	① 오늘 활동에 대해 설명한다. T : 친구들 오늘 선생님과 함께할 첫 번째 활동은 물고기라는 동시를 배워보는거에요. T : (동시를 보여주며) 동시의 제목은 물고기에요. 선생님이 먼저 동시를 한 번 들려줄게요. <물고기> 어항 속에 물고기 헤엄을 치네 뺑 돌고 위로 뺑 돌고 아래로 다시 돌고 위로 다시 돌고 아래로 어항 속에 물고기 헤엄을 치네 T : 친구들, 동시 잘 들었나요? C : 네. T : 동시속에서 물고기는 어디로 헤엄을 쳤나요? C : 위로요. 아래로요. T : 네 맞아요. 물고기는 위로도 가고 아래로도 갔어요. 그런데 물고기는 어떻게 하고 위로 갔을까? C : 뺑 돌고요.	-동시

<table>
<tr><td></td><td>T : 맞아요. 빵돌고 위로 아래로 헤엄쳐갔어요.

T : 친구들, 이번에는 선생님과 친구들이 함께 동시를 읽어보도록 할 거에요. 할 수 있죠?
C : 네
T : 시작
T,C : (동시를 읽는다)
T : 동시를 잘 읽어주었어요.
T : 이제는 선생님이 먼저 한 줄을 읽으면 우정반 친구들은 그다음 한 줄을 읽어주는 거에요. 할 수 있죠 우정반
C : 네
T,C : (한줄씩 번갈아 가며 읽는다.)
T : 그럼 이번에는 순서를 바꿔서 우정반친구들이 먼저 한 줄을 읽으면 선생님이 그 다음 한 줄을 읽어볼게요.
T : 시작
C,T : (한줄씩 번갈아 가며 읽는다.)

T : 친구들 아주 잘 읽어주었어요.
그런데 이번에는 우리가 동시를 바꾸어 볼 거예요.
어떤 것들을 바꿔볼 수 있을까?(손)
C : (다양한 대답예상) 물고기를요 불가사리로 바꿔요.
T : 그래요. 물고기를 불가사리로 바꿀 수 있겠구나.
또?(손)
C : (다양한 대답예상 - 그러나 이야기를 잘 하지 못 할 시, 교사가 몇가지를 이야기 해 줄 수 있다.)
T : 선생님은 여기 빵 돌고를 뽕~하고 돌고 라고 바꾸고 싶어요. 또 무엇을 바꿀 수 있을까?
C : (다양한 대답예상) 위로요. 아래로요
〈위로, 아래로 ☞ 뒤로, 앞으로, 옆으로 등〉
T : 그러면 이제 바꾼 내용을 동시속에 넣어서 읽어보도록 해요.
T : (바꾼 단어를 넣고 동시를 다시 읽어본다.)</td><td></td></tr>
<tr><td>〈 마무리 〉
1분</td><td>① 활동을 마무리 한다.
T : 친구들, 이렇게 동시내용을 바꿔서 읽어보니까 어때요?
C : 재밌어요
T : 재밌었나요?
C : 네.
T : 선생님도 친구들이 열심히 동시를 같이 읽어보기도 하고 바꿔보기도 해서 너무 좋았어요.</td><td></td></tr>
</table>

〈 도입 〉 4분	① 지난시간의 기억을 돌이켜보도록 한다. T : 친구들 이제는 다른 활동을 해 볼 건데요. 지난번에 선생님 시간에 약속했던것 기억나나요? C : 네, 아니오. T : 기억나는 친구도 있고 안나는 친구도 있구나. 그럼 무엇을 이야기 나누었는지 기억나나요? C : 네, 아니오 T : 누가한 번 이야기 해 볼까?(손) C : (다양한 대답 예상)등장인물을 그렸어요. T : 지난번 선생님 시간에 선생님이 무슨 동화를 들려주었지? C : 무지개 물고기요. T : 네, 지난시간에는 무지개 물고기 동화책의 등장인물을 그려보았어요. 자, 친구들 무지개 물고기 동화는 어떤 내용이었을까?(손-바르게 앉아 눈빛을 보내는 유아를 시킨다.) C : (다양한 대답 예상) 비늘나누어 주는거요. T : 맞아요. 무지개 물고기는 아름다운 비늘을 아주 많이 갖고 있었는데도 나누어 주지 않고 혼자 다 갖으려고 해서 친구들이 함께 어울려 놀아주지 않았어요. 그런데 나중에 무지개 물고기가 비늘을 나누어 주었는데 그때 무지개 물고기의 마음은 어땠을까? C : 행복했어요. T : 우리 우정반 친구들은 만약 무지개 물고기가 된다면 아름다운 비늘을 나누어 줄 수 있나요? C : 네, 아니오. T : 우정반친구들이 무지개 물고기가 되어 비늘을 나누어 주면 기분이 어떨까? C : 좋아요. 행복해요. T : 그렇구나. 우정반 친구들, T : 친구들이 보너스 가지고 오죠? 친구들이 아끼고 좋아하는 보너스를 가지고 와서 다른 친구들에게 보너스를 나누어주었는데 그때는 기분이 어떨것 같아요? C : 좋아요. 나빠요 (다양한 대답예상) T : 보너스를 받고 그 친구가 너무나도 행복해하는 모습을 보면 기분이 어떨까요? C : 행복해요. 기뻐요 T : 이렇게 자기에게 소중한 것을 나누어 주었는데 친구가 행복해 하는 모습을 보고 내 마음까지 행복해지는 것이 바로 나눔의 기쁨이랍니다.	

<table>
<tr>
<td>〈 전개 〉
10분</td>
<td>① 오늘 활동에 대해 설명한다.
T : 오늘 선생님과 함께할 활동은 '너의 비늘을 나누어 줄 수 있니?'라는 나눔의 기쁨을 아는 활동을 해 볼 거예요. - [칠판에 적는다]
T : 짜잔~ (물고기 허리띠를 보여준다.) 선생님이 한 가지 색으로 된 물고기허리띠를 나누어 줄 거예요. (유아를 한명 초대하고 허리띠를 채워준다. 교사도 허리띠를 찬다.) 그리고 친구들은 돌아다니면서 다른 색의 물고기 친구를 만나서, '너의 비늘이 참 예쁘다. 너의 비늘을 나에게 나누어 줄 수 있니?'라고 말하는 거예요. 여러 색깔의 물고기 친구를 만나야 무지개 물고기가 되겠죠?
C : 네
C : (초대된 유아는 제자리로 돌아간다.)
T : 친구들 잘 할 수 있겠나요?
C : 네!!
T : 활동을 하기 전에 선생님과 지켜야 할 약속이 있어요.
어떤 약속들이 있을까?(손)
C : (다양한 대답 예상) 뛰지 않아요. 다투지 않아요. - [칠판에 적는다.]
T : 네. 그런데 만약에 약속을 지키지 않을 경우 어떻게 하면 좋을까?
C : (다양한 대답 예상)
T : (유아의 의견 반영)
T : 그럼 1번가족과 3번가족이 먼저 해 볼건데요. 2번가족과 4번가족은 각자 가족자리에 앉아서 다른 친구들이 잘 하고있나 보도록해요.
T : 2번가족과 4번가족은 자기 자리에 가서 앉아주세요.
C : (2번가족과 4번가족은 자신의 자리에 앉는다.)
T : 그리고 1번가족은 선생님에게 한 줄로 나와주세요.
C : (한줄로 나와 허리띠를 받는다.)
T : 다음은 3번가족 선생님에게 한 줄로 나와주세요.

<활동 방법>
·유아들이 물고기 허리띠를 찬다.
·자유롭게 돌아다니면서 비늘을 나눈다.

T : 친구들 허리띠 다 찼나요?
C : 네!
T : 그럼 이제 출발해 볼까요?
C : 네</td>
<td>-유아들과 함께 이야기 나눈 약속을 칠판에 적는다.

-허리띠를 차는 것에 어려움을 겪는 유아는 도움을 줄 수 있다.</td>
</tr>
</table>

	T : 하나, 둘, 셋! 출발~	
〈 마무리 〉 15분	① 유아들의 상황을 보고 종료한다. T : 친구들~ 모두 제자리! ② 완성된 물고기를 허리에 찬 채로 앞에 세운다. T : 물고기 친구들 앞으로 나와주세요. T : 친구들 비늘을 나눠주어 봤나요? C : 네 ③ 자신의 물고기를 보고, 비늘을 나누어 보니 어떤 느낌이었는지 이야기 해본다. T : 물고기 친구들, 자신의 물고기를 관찰해 보도록 해요. 자신의 물고기가 어때요? C : (다양한 대답 예상) T : 아까와 무엇이 달라졌나요? C : (다양한 대답 예상) T : 무지개 물고기가 되었나요? C : 네. T : 친구들과 비늘을 나누어 보니 어떤 느낌이었나요? (앞에 나온 유아들이 이야기 할 수 있게 유도한다.) C : (다양한 대답 예상) T : 그런 것들을 느꼈구나. 친구들끼리 이렇게 나누어 가져서 아주 아름다운 물고기가 되었어요. 그렇죠? C : 네 T : 이제 친구들이 차고 있는 허리띠를 바닥에 내려놓도록 해요. (물고기를 걷는다. 1번가족과 3번가족이 각자 자리를 찾아 갈 때 교사는 물고기를 처음상태로 해논다. or 처음의 물고기의 모습을 되찾는 활동을 할 수 있다.) * 2번가족과 4번가족이 준비가 되어있는지 확인한 후 초대를 하여 위와 같은 활동을 한다. =====2개의조가 활동을 마친 후===== T : 우정반친구들 노란선으로 모이도록 해요. C : (노란선으로 모인다.) T : 친구들, 비늘을 나누어주는 활동을 해 보았는데 어땠어요?(손) C : 재미있었어요. T : 친구에게 말을 할 때 어려운 점은 없었나요? (손) C : (다양한 대답 예상) ③ 활동을 마무리 한다. T : 오늘 선생님과 함께 나눔의 기쁨을 느끼는 활동도 해보고, 동시도 읽어 보았는데 친구들이 열심히 해 주어서 선생님이 너무 기뻐요. T : 이제 우정반 친구들은 나눔의 기쁨이 어떤 느낌인지 알았나요?	

	C : 네. T : 그렇구나. 우정반 친구들이 나눔의 기쁨이 어떤 느낌인지 느꼈다니 선생님은 참 기뻐요. T : 나눔의 기쁨을 아는 우정반친구들, 맛있는 점심을 먹도록 준비해요~	
실습생의 자기평가		
지도교사 의 견		
수정 및 보완 사 항		

종일수업계획안

결재	지도교사	원감	원장

일 시	2011년 6월 10일 목요일	학 급 명	착한 반
생 활 주 제	교통기관		
일 일 주 제	배의 교통신호		
목 표	· 배의 교통신호에 대해 알고, 등대의 역할을 알 수 있다.		

활동유형 및 시간	활 동 내 용		준비물 및 유의사항
	1수준	2수준	
09:10 ~ 09:20 등원 및 인사 기도 및 체조		① 유아들의 등원을 맞이하고 인사를 한 뒤 유아들의 건강상태를 확인 ② 아침기도 및 체조.	
09:20 ~ 09:40 출석카드 및 가방정리		① 출석카드에 출석도장 찍기. ② 가방을 정리.	준비물 : 출석카드 유의사항 : 날짜에 맞는 도장을 찍을 수 있도록 하고 차례를 지켜 출석카드를 할 수 있다.
09:40 ~ 10:20 바르게 글쓰기 및 정리정돈, 콩·멸치·우유 먹기		① 바르게 글쓰기 활동자료를 자기 파일 에 넣기. ② 스스로 바르게 글쓰기 활동지를 가져가 바르게 글쓰기. ③ 콩, 멸치, 오미자 먹기.	유의사항 : 바르게 글을 쓸 수 있도록 한다.
10:20 ~ 10:40 6세 등원	① 6세 등원. ② 인사 후 건강상태 확인. ③ 콩, 멸치, 오미자 먹기.		
10:40 ~ 11:50 이야기 나누기	① 이야기 나누기 T.C : 〈오리소풍 손유희〉 T : 오늘은 2011년 6월 10일 즐거운 금요일입니다. 오늘 날씨는 뿅! 오늘 날씨는 뿅! 어때요? C : 구름 있어요. 쌀쌀해요. T : 그렇죠. 주말에 비가 온다는 소식이 있어요. 그래서 구름도 보이고 날씨도 조금 쌀쌀한 것 같아요. 파랑반 형님들은 어제 어디에 다녀왔나요? C : 김천 기차 환승 체험이요. T : 우와, 재미있었어요? C : 네. T : 어제 어디서 출발을 했나요? C : 영천. T : 영천에서 기차타고 어딜 갔어요? C : 김천이요. T : 영천에서 김천까지 가는데 피곤하지 않았어요? C : 네. 괜찮았어요. T : 파랑반 형님들은 씩씩하게 영천에서 김천까지 1시간 정도가 걸리는데도 힘들다고 하지 않고 부지런히 다녀왔네요. 씩씩한 파랑반 형님들에게 박수!		준비물 : PPT 자료

T : 어제 빨강반은요, 예쁜반 빨강반친구들이랑 재미있는 활동을 했대요. 무엇을 했는지 형님들에게 말해 줄 친구는 손을 들어 주십시오.
C : 저희는 어제 모자이크로 배를 꾸몄습니다.
T : 어제 선생님이 신문지를 이용해서 모자이크라는 것을 해봤어요.
모자이크는 종이를 작게 뜯어서 붙이면 되는 활동이에요.
어제 빨강반 친구들이 한 걸 보여줄게요.
다음에는 다 함께 해보기로 해요. 오늘은요, 저번에 같이 알아봤던 해상교통과 관련된 이야기 나누기를 할 거에요. 해상교통이 뭐였더라?
C : 바다 위를 다니는 교통기관이요. 배.
T : 바다 위를 다니는 교통기관은 해상교통입니다.
C : 해상교통입니다.
T : 바다 위를 다니는 교통기관은 해상교통입니다.
C : 해상교통입니다.
T : 해상교통의 종류에는 무엇이 있었지요?
C : 화물선, 유조선, 돛단배, 유람선
T : 모두들 기억하는 힘이 훌륭합니다. 그러면 육상교통은 뭐였지요?
C : 땅 위를 다니는 교통기관.
T : 땅 위를 다니는 교통기관은 육상교통입니다.
C : 육상교통입니다.
T : 이 육상교통에는 자동차, 버스 이런 것들이 있지요. 이 육상교통을 이용할 때에는 안전하게 이용하라고 교통신호가 있지요. 맞나요?
빨간불일 때는 어떻게 할까? 초록불일 때는 어떻게 할까요?
C : 빨간불일 때 가고 초록불일 때는 멈춰요.
T : 맞아요. 빨간불일 때는 가고, 초록불일 때는 멈춘다고 했지요. 우리가 길을 건널 때에는 빨간불일 때 멈추고, 초록불일 때 간답니다. 이렇게 안전하게 이용하라고 약속을 정했지요. 그러면 해상교통에도 이런 교통신호가 있을까요?
C : 있어요, 없어요.
T : 배가 넓은 바다를 건널 때 길을 잃어버리는 배 본 적 있나요?
C : 아니요.
T : 어떻게 길을 잃어버리지 않고 갈 수 있을까요?
C : 교통신호가 있어서.
T : 그래요. 육상교통의 교통신호는 신호등이 있는 것처럼, 해상교통의 교통신호는 등대가 있대요. 다 같이 등대.
C : 등대.
T : 해상교통의 교통신호는 등대입니다.
C : 등대입니다.
T : 등대를 들어봤나요? 본 적이 있나요? 어디서 봤어요?
등대를 밤에 본 적이 있나요?
T : (등대 사진 보여줌.) 등대가 어떻게 생겼나요?
T : 등대는 먼 바다에서 육지로 가는 배나, 가까운 바다를 돌아다니는 배들에게 배가 가는 길을 안내해준대요. 낮에는 우뚝 서서 모습과 색깔로 "나 여기 있어요." 하고 알려주고요, 캄캄한 밤에는 환하게 불을 밝혀서 멀리 있는 배들에게까지 길을 안내해준대요. 그런데 눈이나 비가 내리고 안개가 자욱한 날엔 불이 보일까요?
C : 안보여요.
T : 그런데 어떻게 배에게 길을 알려줄까요?
C : 몰라요.
T : 등대는 그런 날에는 소리를 내서 알려준대요.
어떤 소리를 내는지 한번 들어볼까요? (소리듣기)

	 T : 등대가 하는 일이 무엇이라구요? C : 길을 안내해줘요. T : 누구의 길을 안내해줘요? C : 배. T : 배는 무슨 교통? C : 해상교통. T : 등대는 해상교통의 교통신호입니다. ② 등대의 사진 감상.   T : 낮에 본 등대의 모습은 어때요? C : 그냥 서있어요. T : 등대가 작아요 커요? C : 커요. T : 맞아요. 그래서 멀리서도 등대가 어디에 있는지 알 수 있대요. 낮에는 이렇게 서있으면 등대는 저 곳에 있구나 하고 생각할 수 있어요. T : 밤에 본 등대의 모습은 어때요? C : 빛을 비추고 있어요. T : 빛을 왜 비추는 걸까? C : 배가 길을 잃어버리지 않고 갈 수 있게 하려고. T : 맞아요. 등대는 해상교통의 교통신호라고 했지요. 낮에는 이렇게 가만히 서 있고, 밤에는 빛을 내서 배가 길을 잃어버리지 않고 갈 수 있게 해준대요. ③ 마무리. T : 바다에서 다니는 교통기관은 뭐죠? C : 해상교통. T : 해상교통의 교통신호는? C : 등대. T : 맞아요. 그럼 해상교통 말고 다른 곳을 이용해서 가는 교통기관은 어떤 것이 있을까요? C : 비행기, 우주선, 버스 T : 그래요. 다음에는 하늘을 이용해서 다니는 교통기관인 항공교통에 대해서 알아보도록 할게요.	
11:50 ~ 12:10 식사 준비	① 각 팀별로 식사 준비. ② 식탁 매트를 가져와 자기 자리에 놓기. ③ 자기 가방을 가져와서 도시락 준비.	준비물 : 도시락

<table>
<tr><td></td><td colspan="2">④ 7세들은 식사당번을 번갈아가며 물 종지, 행주, 팀 이름 준비.</td><td></td></tr>
<tr><td>12:10 ~ 13:20
기도 후 식사
및 정리정돈,
양치질하기</td><td colspan="2">① 기도 후 맛있게 식사.
T : 기도 손.
C : 아멘.
T.C : 성부와 성자와 성령의 이름으로 아멘.
주님, 은혜로이 내려주신 이 음식과 저희에게 강복하소서. 아멘.
C : 선생님들 먼저 드세요. 맛있게 잘 먹겠습니다. 선생님 먼저 드세요~
② 다 먹은 유아는 후식을 먹고 정리정돈.
③ 차례대로 줄을 서서 양치질을 깨끗이 한다.</td><td>유의사항 :
먹은 자리를 깨끗하게 정리 정돈한다.</td></tr>
<tr><td>13:20 ~ 13:50
바깥놀이</td><td colspan="2">① 바깥놀이.</td><td></td></tr>
<tr><td>13:50 ~ 14:00
손 씻기 및
화장실 다녀오기</td><td colspan="2">① 손 씻기
② 화장실 다녀오기</td><td>유의사항 : 깨끗하게 손을 씻도록 한다.</td></tr>
<tr><td>14:00 ~ 14:20
간식 시간</td><td colspan="2">① 기도 후 간식 지도.
T : 기도 손.
C : 아멘.
T.C : 성부와 성자와 성령의 이름으로 아멘. 간식 주신 하느님께 늘 감사합니다.
아멘.
C : 선생님들 먼저 드세요. 맛있게 잘 먹겠습니다. 선생님 먼저 드세요~</td><td></td></tr>
<tr><td>14:20 ~ 14:30
하원 준비 및 하원</td><td>① 6세 하원 준비.
② 준비가 마치면 밑으로 내려가 인사를 하고 하원.</td><td>① 책 읽기.</td><td></td></tr>
<tr><td>14:30 ~ 14:45
동화듣기</td><td colspan="2">① 동화 듣기 - "검피 아저씨의 뱃놀이"

T : 동화 노래 시작!
C : 선생님 손에서 그림동화 나와라. 선생님 손에서 그림동화 나라와. 시(짝짝짝)작(짝짝짝) 큐~!
T : 검피 아저씨의 뱃놀이.
〈 동화내용 〉
검피아저씨가 배를 타고 가려는데 꼬마들, 토끼, 고양이, 개, 돼지, 양, 닭, 송아지, 염소가 태워달라함. 말썽부리지 않겠다 했지만 말썽부려서 배는 결국 뒤집히고 말았다. 따뜻한 햇볕 아래서 몸을 말리고 집으로 돌아옴.

T : 무슨 내용이었어요?
C : 뱃놀이 가는 내용이요.
T : 이 동화에 누가 나왔죠?
배가 왜 뒤집혔을까요? 배에서 지켜야 할 예절은 어떤 것들이 있을까?</td><td>준비물 :
'검피 아저씨의 뱃놀이' 동화책

유의사항 :
동화를 들을 때 바르게 듣는 힘 가지기.</td></tr>
<tr><td>14:45 ~ 15:25
별자리 수업 이동
및 수업</td><td colspan="2">① 6세 별자리 수업 이동 후 수업.
·3층 강당 ○○○, ○○○ 선생님
폴라리스 및 아이스타 율동</td><td></td></tr>
</table>

<table>
<tr><td colspan="2"></td><td colspan="2">① 7세 별자리 수업 이동 후 수업

착한반 ○○○ 선생님 - 언어
고운반 ○○○ 선생님 - 다도
예쁜반 ○○○ 선생님 - 집중력
밝은반 ○○○선생님 - 사진
상상반 ○○○ 선생님 - 찰흙</td><td></td></tr>
<tr><td colspan="2">15:25 ~ 15:40
마무리 및
귀가 지도</td><td colspan="2">① 모두 마무리를 하고 하원 준비.
② 하원 준비가 끝이 나면 선생님들과 인사를 하원.</td><td></td></tr>
<tr><td colspan="2">15:40 ~ 17:20
종일제 이동 및
종일제 수업</td><td colspan="2">〈종일제 합반〉
3층 강당에서 수업 후, 바깥놀이 및 간식</td><td>※ 어머니 대청소날</td></tr>
<tr><td colspan="2">17:20 ~ 17:30
종일제 귀가지도</td><td></td><td>① 종일제 유아들이 하원한 후 오늘 하루에 대해 수녀님과 선생님들과 이야기를 나눈다.</td><td>유의사항 : 버스 타기 전 차례 지키기, 바르게 인사하기.</td></tr>
<tr><td rowspan="3">평
가</td><td>실습생</td><td colspan="3">마지막 실습 날이다. 오늘은 전체수업도 있는 날이라서 전 날 한숨도 못자고 준비도 하고 아이들 선물도 준비를 했다. 정말 긴장도 많이 되고 떨렸다. 하루 종일 시간에 얽매인 듯한 진행이었고 조금 불안한 수업 진행도 있었지만 그래도 대체로 전체수업 흐름이 좋았던 것 같다. 이야기 나누기로 아이들에게 해상교통의 교통신호는 '등대'라는 것을 알려주는 것이었는데, 아이들이 이야기도 잘 들어주고 수업집중도 좋았던 것 같다. 아쉬운 점이 있었다면, 수업흐름이 잠깐 끊긴 적이 있었다. 뭘 해야 할 지 몰라서 머뭇거리다가 계획에도 없던 '등대되어보기'활동을 해보았다. 친구 한명은 배가 되어 길을 잃고 있을 때, 한 친구가 등대가 되어 친구의 길을 찾아주는 것이었는데, 아이들이 재미있어 했고 또 하고 싶어 했다. 그 모습을 보니, 생각을 잘했다.라고 내 자신을 칭찬할 수 있었다. 이제 나중에 내가 정교사가 되어 상황대처능력을 능숙하게 할 수 있길 연습 또 연습을 해야겠다. 만약의 상황을 대비해서.. 이번 실습으로 얻은 것도, 배운 것도, 느낀 점도 많았고 선생님들, 수녀님, 그리고 기사님, 주방어머니들 모두에게 감사하고 또 감사하다. 정말 행복한 실습이었다.</td></tr>
<tr><td>지도교사</td><td colspan="3"></td></tr>
<tr><td>수정 및 보완
사항</td><td colspan="3"></td></tr>
</table>

참고문헌

강봉규, 『교육학』, 서울 : 형설출판사, 1999.
강재태 외, 『교육사회학』, 서울 : 교육과학사, 2009.
고문숙 외, 『유아교과교육론』, 서울 : 창지사, 2007.
교육과학기술부, 『유치원 교육 과정 해설 Ⅰ』, 2008.
교육과학기술부, 『유치원 교육 과정 해설 Ⅱ』, 2008.
교육과학기술부, "유치원 및 초등·중등·특수학교 등의 교사자격 취득을 위한 세부기준," 교육과학기술부고시 제2009-29호, 2009.
교육부, 『국민학교 교육과정』, 교육부 고시 제1992-16호, 1992.
교육부, 『중학교 교육과정』, 교육부 고시 제1992-11호, 1992.
교육부, 『고등학교 교육과정(1)』, 교육부 고시 제1992-19호, 1992.
교육부, 『사회과 교육 과정』, 교육부 고시 제1997-15호(별책 7), 1997.
교육인적자원부, 『사회과 교육 과정』, 교육부 고시 제2007-79호(별책 7), 2007.
교육인적자원부, 『초·중등 교육 과정』, 교육부 고시 제2007-79호, 2007.
교육인적자원부, 『유치원 교육 과정』, 교육부 고시 제2007-153호, 2007.
권민균외, 『아동발달』, 서울 : 창지사, 2006.
김규수·고정곤, 『유아사회교육』, 서울 : 양서원, 2005.
김진한, 『교사를 위한 교직실무』, 서울 : 학지사, 2009.
김태련 외, 『발달심리학』, 서울 : 학지사, 2004.
김헌수, 『교과교육의 이론과 실제』, 서울 : 동문사, 2007.
류진희, 『유아교사를 위한 교육실습과 교육활동』, 서울 : 양서원, 2000.
문혁준외, 『보육실습』, 서울 : 창지사, 2010.
박순이·최국남, 『교사를 위한 유아사회교육』, 서울 : 창지사, 1996.
박아청 외, 『교직실무』, 서울 : 공동체, 2010.
박은혜·조운주, 『반성적 실천을 위한 유아교육실습』, 서울 : 창지사, 2006.
배소연, "유아교사교육에 있어 교생실습이 예비교사들에게 미치는 영향," 『경원대학교 논문집』, 11, 603-631.
서영숙·천혜정·윤매자, 『보육실습』, 서울 : 학지사, 2007.
서울대학교 교육연구소편, 『교육학 용어사전』, 서울 : 도서출판 하우, 1994.
우수경 외, 『유아교과교육론』, 서울 : 창지사, 2009.
윤기영 외, 『유아교육실습지도서』, 서울 : 양서원, 2006.
윤희경 외, 『보육실습』, 서울 : 창지사, 2011.
이기숙, 『유아교육과정』, 서울 : 교문사, 1992.
이기숙· 강숙현 역, 『유아를 위한 친사회적 행동지도』, 서울 : 이화여자대학교 출판부, 2001.
이경영, 『유아를 위한 사회교육』, 서울 : 교육과학사, 1997.
이돈희, 『교과교육학 탐구』, 서울 : 교육과학사, 1998.

이소희 외, 『보육실습』, 서울 : 양서원, 2006.
이영자 · 권영례,『유아교육기관의 운영관리』, 서울 : 창지사, 1997.
이영자 · 유효순 · 이정욱, 『주제중심의 통합적 접근방법에 의한 유아사회교육』, 서울 : 교문사, 2001.
이은화 · 김영옥, 『유아사회교육』, 서울 : 양서원, 2008.
장혜순, 『유아사회교육의 이론과 실제』, 서울 : 창지사, 2007.
전남련, 『보육실습의 이론과 실제』, 서울 : 양서원, 2006.
전예화 외, 『유아사회교육』, 서울 : 양서원, 2006.
정옥분, 『아동발달의 이론』, 서울 : 학지사, 2003.
조운주, 『교육실습생과 지도교사를 위한 유아교육실습』, 서울 : 지누미디어, 2003.
정용부 · 오성숙, 『교과교재연구 및 지도법』, 서울 : 학지사, 2007.
조복희, 『아동발달』, 서울 : 교육과학사, 2006.
진영은 · 조인진, 『교과교육의 이해』, 서울 : 학지사, 2005.
추정훈, 『가치교육의 단계적 접근』, 한국사회과교육학회, 1998.
추정훈, 『교과교육론』, 서울 : 청목출판사, 2010.
추정훈, 『교육학의 이해』, 서울 : 형설출판사, 2005.
추정훈, 『실기교육방법론』, 충북 : 도서출판 협신사, 2007.
추정훈, 『유아사회과교육』, 서울 : 청목출판사, 2011.
추정훈, 『윤리의 본질과 직업윤리』, 서울 : 형설출판사, 2003.
한국교육행정학회, 『교육제도』, 서울 : 한국교육행정학회, 1995.
한국정신문화연구원, 『한국민족문화대백과사전 3』, 서울 : 웅진출판, 1991.
홍용희 역, 『어린이들의 사회적 능력배양 : 교사의 역할』, 서울 : 양서원, 2001.
황해익, 『유아교육 평가의 이해』, 서울 : 정민사, 2009.
황해익 · 송연숙 · 정혜영, 『유아행동관찰법』, 서울 : 창지사, 2009.

교육학 사전 편찬 위원회편, 『교육학 대사전』, 서울 : 교육서관, 1986.
네이버 백과사전
브리태니커 세계 대백과사전(Britannica World Encyclopaedia) 11권.
특수교육학 용어사전 국립특수교육원
Oxford English Dictionary, Oxford University Press, 2nd ed., 1989.
Wikipedia The Free encyclopedia

Ainsworth, M., Bell, S., & Stayton, D. J., Indivisual Differences in Strange Situation Behavior of one-year-old, In H. R. Scaffer(Ed.), *The Origins of Human Social Relations*, London : Academic Press, 1971.
Ainsworth, M. D. S., Blehar, M. C., Waters, E., & Wall, S., *Patterns of attachment: A psychological study of the strange situation*, Hillsdale, N.J.: Erlbaum, 1978.
Bee, H., *The Developing Child*, N. Y. : Harp & Row, 1989.
Bem, S. L., Genital Knowledge and Gender Constancy in Preschool Children, *Child Development*, 60, 1989, 649-662.
Bloom, B. S.(ed.), *Taxonomy of Educational Objectives*, Handbook I : Cognitive Domain, New

York : David McKay, 1956.

Bloom, B. S., *Individual differences in School Achievement : a Vanishing Point, Education at Chicago*, Chicago : University of Chicago, Department and graduate school of education, 1971.

Bowlby, J., Attachment and loss, Vol. 1, Attachment, N.Y. : Basic Books, 1969.

Brophy, J. F. & T. L. Good, Teacher's Communication of Differential Expections for Children's Classroom Performance : Some Behavioral Data, *Journal of Educational Psychology*, 1970.

Bruner, J. S., *The Process of Education*. Harvard paperback, 1960.

Coopersmith, S., The Antecedents of Self-esteem, N. Y. : W. H. Freeman, 1967.

Corey, Stephen M., "The Nature of Instruction," in Phil C. Lange(ed.), *Programed Instruction*, The Sixty-sixth Yearbook of the National Society for the Study of Education, Chicago : University of Chicago Press, 1967.

de Melendez, Wilma, Robles, Vesna Beck, Melba Fletcher, Teaching Social *Studies in Early Education,* Belmont : Delmar, Cengage Learning, 2000.

Dewey, J., *The Child and the Curriculum*, Chicago : The University of Chicago Press, 1902.

Dewey, J., *How We Think,* Chicago : Henry Regnery Co., 1933, 임한영 역, 『사고하는 방법』, 서울 : 법문사, 1986.

Durkheim, E. *Moral Eucation: a study in the Theory and Application of theSociolgy of Education*. Trans. Everett K. Wilon and Herman Schnurer. New York : Macmillan. 1973.

Emas, R., "Implementing the Knowledge Base : Redesigning the Function of Cooperating Teachers and College Supervisors," *Journal of Teacher Education*, 34(3), 1983, pp. 14-17.

Farrington, D. P., Childhood Origins of Teenage Antisocial Behavior and Adult Social Dysfunction, *Journal of the Royal Society of Medicine,* 86, 1993, 13-16.

John P, Wyne, *Theories of Education*, N.Y. : Harper & Row, 1963.

Joyce, B. & Weil, M., *Models of Teaching*, 2nd ed., Englewood Cliff, N. J. : Pentice Hall Inc., 1980.

Harlow, H. F., & Zimmerman, R. R., Affectional Responses in the Infant Monkeys, Science, 120, 1959, 421-423.

Havighurst, R., *Developmental Tasks and Education*, N.Y.: Longman Green, 1952.

Hilgard, E. R., *Theories of Learning*, second ed., N. Y. : Appleton- Century- Crofts, 1956.

Holden, J., "Changing the Way Kids settle Conflicts," *Educational Leadership*, 54(8), 1997.

Hopkin, W. S. & K. D. Moore, *Clinical Supervision : A Practical Guide to Student Teacher Supervision*, N. Y. : Wm. C. Brown Communication, Inc., 1993.

Krathwohl, D. R., Bloom, B. S. & Masia, B. B., *Taxonomy of Educational Objectives, Handbook II : Affective Domain*, New York : David McKay, 1964.

Lewis, M., Alessandri, S. M., & Sullivan, M. W., Violation of Expectancy, Loss of Control and Anger Expression in young infants, *Developmental Psychology*, 26, 1990, 745-751.

Mager, Robert F., *Preparing Instructional Objectives*, Palo Alto, California : Fearon Publishers, 1962.

Main, M and Solomon, J., "Procedures for identifying infants as disorganised/disoriented during the Ainsworth Strange Situation". M.T. Greenberg, D. Cicchetti and E.M. Cummings (eds) Attachment in the Preschool Years. Chicago, University of Chicago Press, 1990, pp. 121 - 160.

Mallick, S. K., & McCandless, B. R., A Study of catharsis on Aggression, *Journal of Biosocial Science*, 2, 1996, 213-226.

Mischel, H. N., & Mischel, W., The Development of Children's Knowledge of Self-control Strategies, *Developmental Psychology*, 54, 1983, 603-619.

Owens, L., *The International Encyclopedia of Teaching and Teacher Education*, Great Britain : Wheaton & Co., 1986, pp. 345-347.

Piaget, J., *The Construction of Reality in Child*, New York : Basic Books.

Ricord, O., "A Developmental Study of the Teaching Self in Student Teaching," *Journal of Education for Teaching*, 12(1), 1986, pp. 65-76.

Roe, D. Betty, Sandra H. Smith, Elinor P. Ross, *Student Teaching and Field Experiences Handbook*, seventh ed. Upper Saddler River New Jersey : Pearson Education, Inc., 2010.

Roe, D. B. & Ross, E. P., *Student Teaching and Field Experiences Handbook*, New Jersey : Prentice Hall, Inc., 1998.

Rogers, C. R., *Client-Centered Therapy*, Boston : Houghton Mifflin Co., 1993.

Rosenthal, K. & Jacobson, L. *Pygmalion in the Classroom*, N. Y. : Holt, Rinhart and Winston, 1968.

Schaffer, H. R., & Emerson, P. E., The Development of Social Attachments in Infancy, *Monographs of Society for Research in Child Development*, 29, 1964.

Schwebel, Sara L., David C. Schwebel, Bernice L. Schwebel, Carol R. Schwebel, *The Student Teacher's Handbook*, 4th ed., Mahwah New Jersey : Lawrence Erlbaum Associates, Publishers, 2002.

Tanck, Marlin L., "Teaching Concept, Generalization and Constructs," *In the Social Studies Curriculum Development*. D. M. Fraser. NCSS, 39th Yearbook, pp.99-138, 1969.

Taylor, Ralph. "An Assessment: The Edge of the Future," *The Social Studies: Curriculum Proposals for the Future*.(Edited by G. Wesley Sowards.) Palo Alto, Calif.: Scott, Foresman and Co., 1963.

Tyler R. W., *Curriculum Development in the Twenties and Thirties*, R. M. Mcclure(ed), The Curriculum : Retrospect and prospect, 70th year book, part 1, NSSE, 1971.

Zeichner, K. M., "Content and Context," *Journal of Education for Teaching*, 12(1), 1986, pp. 5-24.

Zerr, R. G., "What Supervisors of Student Teaching and Student Teachers tell us about Student Teaching?" *ERIC* Document No. ED 300 362, 1988.

부 록

부록 : 교육실습일지 양식

교육실습일지

예비유아교사의 꿈

○○대학(교) 유아교육과

목 차

Ⅰ. 교육실습의 이해

1. 교육실습의 의의 및 목적

교육실습은 student-teaching이 의미하듯 교사양성 교육과정의 한 요소로서 예비유아교사들이 교사로서 갖추어야 할 지식, 기술, 태도 등을 실제 교육현장에서 직·간접적 경험을 통해서 배우는 모든 과정을 의미한다. 교육실습의 현대적 성격은 다음과 같이 규정지을 수 있다.

□ 교육실습은 교사양성교육과정의 일환으로서 통합·연계과정이다.
□ 교육실습은 교육자로서의 첫 출발이다.
□ 교육실습은 전문직으로서의 교사직 직업교육과정이다.
□ 교육실습은 교육실습생의 자기이해 및 자기평가의 과정이다.
□ 교육실습은 새로운 학습의 장이다.

유아교사로서 대학에서 배워온 교육이론 및 교수법 등을 교육현장에 적용함으로써 교사로서의 자질을 갖추게 하는 교육실습의 세부적인 목적은 다음과 같다.

□ 대학에서 배운 교육이론 및 지식을 현장 수업에 직접 적용해 봄으로써 이론과 실제를 연결시키고 수업 기술을 함양한다.
□ 교직에 대한 종합적인 이해와 교직자로서의 직업적 소양과 능력 및 전문적 기술을 습득한다.
□ 유치원 학급실태 등에 대하여 관심을 가지고 관찰함으로써 교육활동 관찰에 대한 이해를 높이고 올바른 교직관을 정립한다.
□ 교육현장에서 일어나는 구체적이고 특수한 교육사례의 실제를 경험함으로써 교직실무에 대한 제반 기능을 습득한다.
□ 교육실습을 통하여 교육실습생 자신의 교육자적 자질을 검증한다.

2. 교육 실습생의 유의사항

1) 실습 유치원 및 지도교사와의 관계

☐ 교육법규와 실습유치원의 교육방침에 순응하고 교육실습생으로서 자신의 책무를 다하도록 노력한다.

☐ 교육실습생은 상호 협조하여 유치원의 지도교사와 함께 유아에 대한 교육 활동과 관련된 사무 전반에 대하여 숙지한다.

☐ 지도 교사의 의견을 존중하고, 교육실습 과정 중 어려움이나 문제 발생시 대화와 토론으로 갈등상황을 해결하도록 한다.

☐ 교육실습 기간 중 교사회의, 협의회 등에 참여하고 그 결과를 기록한다.

2) 유아 및 부모와의 관계

☐ 유아들에게 직접적인 영향을 미치는 학습, 생활, 급식, 질서, 교통, 안전 지도 등에 최선을 다한다.

☐ 단정한 옷차림과 몸가짐을 유지하여 명랑하고 밝은 미소로 생활하도록 한다.

☐ 부모와의 상담은 실습생 임의대로 해서는 안 되며 반드시 지도교사가 하도록 안내한다.

3) 복장 및 근무태도

☐ 교육활동이 용이하고 교사로서의 품위를 유지할 수 있는 단정한 복장이어야 한다.

☐ 명찰은 출근시간부터 퇴근시간까지 왼쪽 가슴에 항상 착용한다.

☐ 신체 활동 시간에는 바지 또는 운동복, 운동화 차림으로 활동에 임한다.

☐ 실내에서는 덧신을 신고 지정된 사물함과 신발장을 사용하도록 한다.

☐ 지나치게 화려한 화장과 액세서리 사용은 피하고 활동에 간편한 머리 모양을 유지한다.

☐ 교육실습생은 학생인 동시에 실습유치원의 준교원임을 명심하여 복무규정을 준수하도록 한다.

□ 유치원에 근무하는 모든 분들께는 '선생님'이란 호칭을 쓰며, 실습생 간에도 '선생님'이란 호칭과 함께 존댓말을 사용한다.

□ 학습효과를 높이기 위해 수업에 대한 사전연구와 학습자료 준비를 철저히 한다.

첫째, 각종 기자재의 조작 및 활용 방법을 충분히 숙지한 후에 사용한다. (컴퓨터, 프로젝션 TV, 실물 제시기, 복사기, 등사기, 코팅기, 디지털 카메라 등)

둘째, 교재·교구 제작에 필요한 소모품은 사전에 구입신청하거나 자료실에 비치된 곳을 활용한다.

□ 원내의 필요한 자료는 지도교사를 통하여 대여받도록 하며, 빠른 시간 내에 반납한다.

4) 실습일지 작성 요령

□ 교육실습일지는 실습기간 중 항상 소지하고 실습 내용을 상세하게 정리하여 매일 기록한다.

□ 실습시간은 교사로서 많은 것을 배울 수 있는 기회이므로 발생할 수 있는 문제 상황이나 교육활동의 진행사항을 메모하여, 실습일지에 옮겨 적도록 한다.

□ 시간별 활동유형과 활동명, 교육내용을 적고 활동에 필요한 준비물 및 참고사항 등을 적어 두도록 하며, 필요한 경우 그림이나 사진자료를 보완해서 덧붙인다. 또한 교사와 유아의 상호 작용도 관심을 가지고 지켜보아 실습일지에 기록한다.

□ 실습일지는 가능한 한 상세하게 기록하여 유치원 교사가 되었을 때 참고자료가 되도록 한다.

□ 실습일지는 매일 담임교사의 확인을 받아야한다.

□ 교수·학습 지도안은 지도교사와 충분한 검토·협의 후 수업 하루 전 오전까지 작성·제출하며 제작한 학습 자료는 활용한 후 지도교사에게 제출한다.

□ 실습에 필요한 모든 자료는 데이터베이스화하여 CD 또는 디스켓에 저장·활용한다.

II. 유아교육실습을 위한 준비

1. 실습기관의 현황 및 실습생 신상정보

【실습기관 현황】

· 실습기관명 :

· 주 소 :	· 전화번호(fax) :
· E - mail :	· 홈 페 이 지 :

· 원 장 : · 총교사수 : · 총원아수 :

· 학 급 수 : 3세반( ), 4세반( ), 5세반( ), 혼합연령반( )

【실습학급 현황】

· 지도교사 : · 학급 : ( )세반 · 학급 원아수 :

· 프로그램 : 반일제( ) 종일제( ) 연장제( )

【실습생 신상 정보】

· 주 소 :		· E-mail :
· 전 화 :	· 홈페이지 :	· 종교 :

사 진
부 착

*실습장면 혹은 개인 인물사진 부착

2. 실습기관의 교육환경(사전기관 승인 후 사진 촬영)

1) 실내 환경

(사진첨부)

*사진촬영이 불가능한 경우 도면 그리고 설명하기

2) 실외 환경

(사진첨부)

*사진촬영이 불가능한 경우 도면 그리고 설명하기

3. 교육과정 운영의 실제

1) 유치원 운영 전반

※ 실습기관의 교육철학, 교육목표, 교육내용, 교육방법 등에 대한 전반적인 사항을 기록하세요.(유치원 운영계획서 참조)

*용지추가 복사 사용

2) 교육계획안

(1) 연간교육계획안

*기관승인 후 유인물 복사/첨부

(2) 월간교육계획안

*기관승인 후 유인물 복사/첨부

(3) 주간교육계획안

〈주간교육계획안 1〉

* 기관 승인 후 유치원의 주간교육계획안을 기록하거나 복사하여 첨부

〈주간교육계획안 2〉

〈주간교육계획안 3〉

〈주간교육계획안 4〉

3) 특별활동운영

※ 주요 행사, 부모교육, 기타(오후에 실시하고 있는 특별활동)

4) 일과 운영

· **반일제( ), 연장제( ), 종일제( )** · **교육 시간 :**

일과진행과정		
시 간	활 동 명	활동 내용

Ⅲ. 유아교육실습일지

1. 일일교육실습일지

결재	지도교사	원감	원장

일 시		학 급 명	
생 활 주 제			
일 일 주 제			
목 표			

활동유형 및 시간	활 동 내 용	준비물 및 유의사항

<table>
<tr><th colspan="2">활동유형 및 시간</th><th>활 동 내 용</th><th>준비물 및 유의사항</th></tr>
<tr><td colspan="2"></td><td></td><td></td></tr>
<tr><td rowspan="2">평
가</td><td>실습생</td><td colspan="2"></td></tr>
<tr><td>지도교사</td><td colspan="2"></td></tr>
</table>

일일교육실습일지

결재	지도교사	원감	원장

일 시		학급명	
생활주제			
일일주제			
목 표			

활동유형 및 시간	활 동 내 용	준비물 및 유의사항

활동유형 및 시간		활 동 내 용	준비물 및 유의사항
평 가	실습생		
	지도교사		

일일교육실습일지

결재	지도교사	원감	원장

일 시		학급명	
생활주제			
일일주제			
목 표			

활동유형 및 시간	활 동 내 용	준비물 및 유의사항

<table>
<tr><th colspan="2">활동유형 및 시간</th><th>활 동 내 용</th><th>준비물 및 유의사항</th></tr>
<tr><td colspan="2"></td><td></td><td></td></tr>
<tr><td rowspan="2">평
가</td><td>실습생</td><td colspan="2"></td></tr>
<tr><td>지도교사</td><td colspan="2"></td></tr>
</table>

2. 수업활동계획안

결재	지도교사	원감	원장

일 시		학 급 명	
생 활 주 제			
일 일 주 제			
목 표			

활동유형 및 시간	활 동 내 용	준비물 및 유의사항

활동유형 및 시간	활 동 내 용	준비물 및 유의사항

활동유형 및 시간	활 동 내 용	준비물 및 유의사항
실습생의 자기평가		
지도교사 의 견		
수정 및 보완 사 항		

Ⅳ. 유아교육실습평가 및 정리

1. 실습 소감 및 지도 조언

실습생의 소감
지도교사 및 원장님의 지도 조언

2. 출근현황표

실습기관명____________
실 습 생 명____________

실습기간 : 　　년　월　일 ~ 　　년　월　일

1주	월 일 요일	월 일 요일	월 일 요일	월 일 요일	월 일 요일	월 일 요일
2주	월 일 요일	월 일 요일	월 일 요일	월 일 요일	월 일 요일	월 일 요일
3주	월 일 요일	월 일 요일	월 일 요일	월 일 요일	월 일 요일	월 일 요일
4주	월 일 요일	월 일 요일	월 일 요일	월 일 요일	월 일 요일	월 일 요일
5주	월 일 요일	월 일 요일	월 일 요일	월 일 요일	월 일 요일	월 일 요일
실습일수시간	총실습일수 : 　일 결근일수 : 　일 출근일수 : 　일 총실습시간 : 　시간 (4주 이상 160시간 이상)					

* 실습생은 출근월일을 기입하고 실습기관(기관장)의 날인을 받는다.

〈부록〉

실습성적 평가서(실습기관에서 학교로 송부)

교 육 실 습 평 가 서

1. 실습기관명 :
2. 실습 기간 : 년 월 일 ~ 년 월 일(결석일수 : 지각일수 :)
3. 실습지도교사

직 명	성 명	담 당	내 용	비 고

4. 실습평가

실습생 성 명 (연락처)	학과명 (학번)	평가항목 및 점수					총 점 (100점)	비고
		근 무 태 도 (10점)	자 질 (15점)	교육활동 지도능력 (50점)	연구조사 활 동 (15점)	사무처리능력 (10점)		

위 사실을 증명함.

년 월 일

실습기관장 (직인)

찾아보기

[저자 약력]

경북대학교 사범대학 일반사회교육과 졸업
한국교원대학교 대학원 일반사회교육과 석사
한국교원대학교 대학원 일반사회교육과 사회과교육학 박사
한국교원대학교 대학원 강사
대구교육대학교 대학원 강사
부산대학교 사범대학 일반사회교육과 강사
경북교육연수원 교육 연구사
현 경북도립대학 유아교육과 교수

▷주요논문◁
공동체형성논리에서 본 사회통합교육
Durkheim의 교육론적 시각에서 본 사회과 교육
문제해결학습을 통한 시민성 함양
시민성교육의 본질로서의 사회통합교육
가치교육의 단계적 접근
전통윤리의 본질과 현대사회의 통합
공동체형성의 논리
공동체참여와 시민성교육
교육의 본질과 두뇌발달단계에 따른 교육
사회과교육의 목표로서의 민주시민성
민주시민성교육의 단계적 전략
민주시민성 교육과정 속에서의 민주주의 교육
가치화의 과정과 가치교육의 문제
사회과 지적영역 목표별 발문법
한국 유아사회과교육의 변천과 과제
외 논문 다수

▷주요저서◁
『윤리의 본질과 직업윤리』(형설출판사, 2003)
『교육학의 이해』(형설출판사, 2005)
『실기교육방법론』(도서출판 협신사, 2007)
『교과교육론』(청목출판사, 2010)
『유아사회과교육』(청목출판사, 2011)

유아교육실습

2012년 2월 20일 초판인쇄
2012년 2월 29일 초판발행

저 자 추 정 훈
발행인 유 성 열
발행처 **청목출판사**
서울특별시 영등포구 신길로 40길 20
전화 (02) 849-6157(代) · 2820 / 833-6090~1
FAX (02) 849-0817
등록 제318-1994-000090호

파본은 바꾸어 드립니다.
값 16,000원

http : //www.chongmok.co.kr

ISBN 978-89-5565-455-4